GOLPE DERROTADO

A VERDADE SOBRE A CONSPIRAÇÃO PARA DESTRUIR **RODRIGO NEVES** E CAPTURAR A PREFEITURA DE NITERÓI

Direção: **Bruno Thys** e **Luiz André Alzer**
Capa, projeto gráfico e diagramação: **Renata Maneschy**
Coordenação editorial: **Ronaldo Lapa**
Transcrições de entrevistas: **Thomaz Aragão**
Revisão: **Camilla Mota**
Foto da capa: **Luciana Carneiro**
Foto do autor: **Arquivo pessoal**
Tratamento de imagens: **Sidnei Sales**

Dados Internacionais de Catalogação na Publicação (CIP)
(eDOC BRASIL, Belo Horizonte/MG)

N852g Noronha, PH de.
Golpe derrotado: a verdade sobre a conspiração para destruir Rodrigo Neves e capturar a Prefeitura de Niterói / PH de Noronha. – Rio de Janeiro, RJ: Máquina de Livros, 2022.
320 p. : foto. color.; 16 x 23 cm

ISBN: 978-65-00-40284-1

1. Democracia – Brasil. 2. Niterói (RJ) – Política e governo – História. 3. Política. I. Título.

CDD 981-53

Elaborado por Maurício Amormino Júnior – CRB6/2422

A produção deste livro teve o apoio da Fundação Leonel Brizola - Alberto Pasqualini

Grafia atualizada segundo o Acordo Ortográfico da Língua Portuguesa de 1990, em vigor no Brasil desde 2009.

1ª edição, 2022

Rua Francisco Serrador 90/902, Centro, Rio de Janeiro/RJ – CEP 20031-060
www.maquinadelivros.com.br
contato@maquinadelivros.com.br

GOLPE
D E R R O T A D O

A VERDADE SOBRE A CONSPIRAÇÃO PARA DESTRUIR **RODRIGO NEVES** E CAPTURAR A PREFEITURA DE NITERÓI

máquina de livros

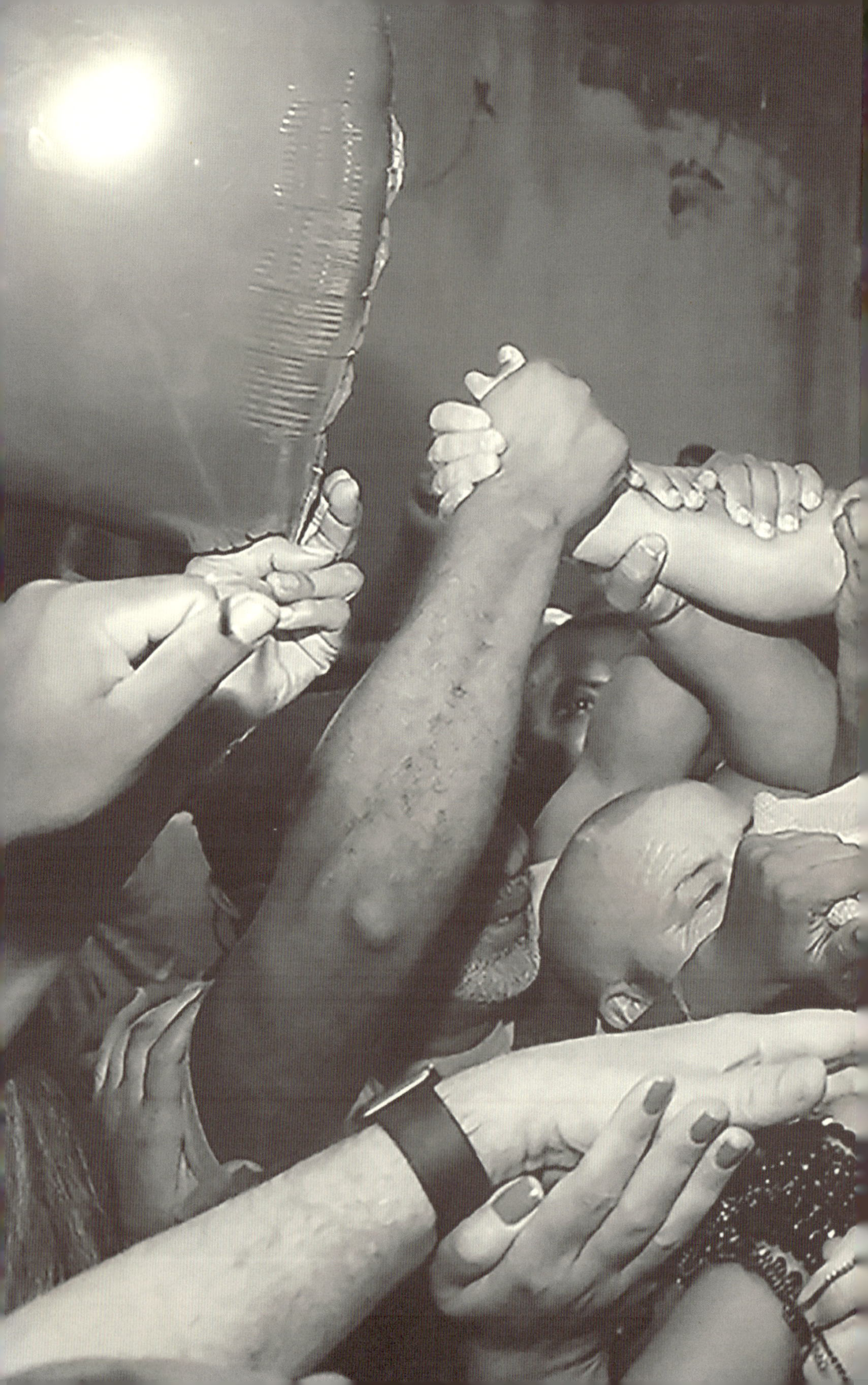

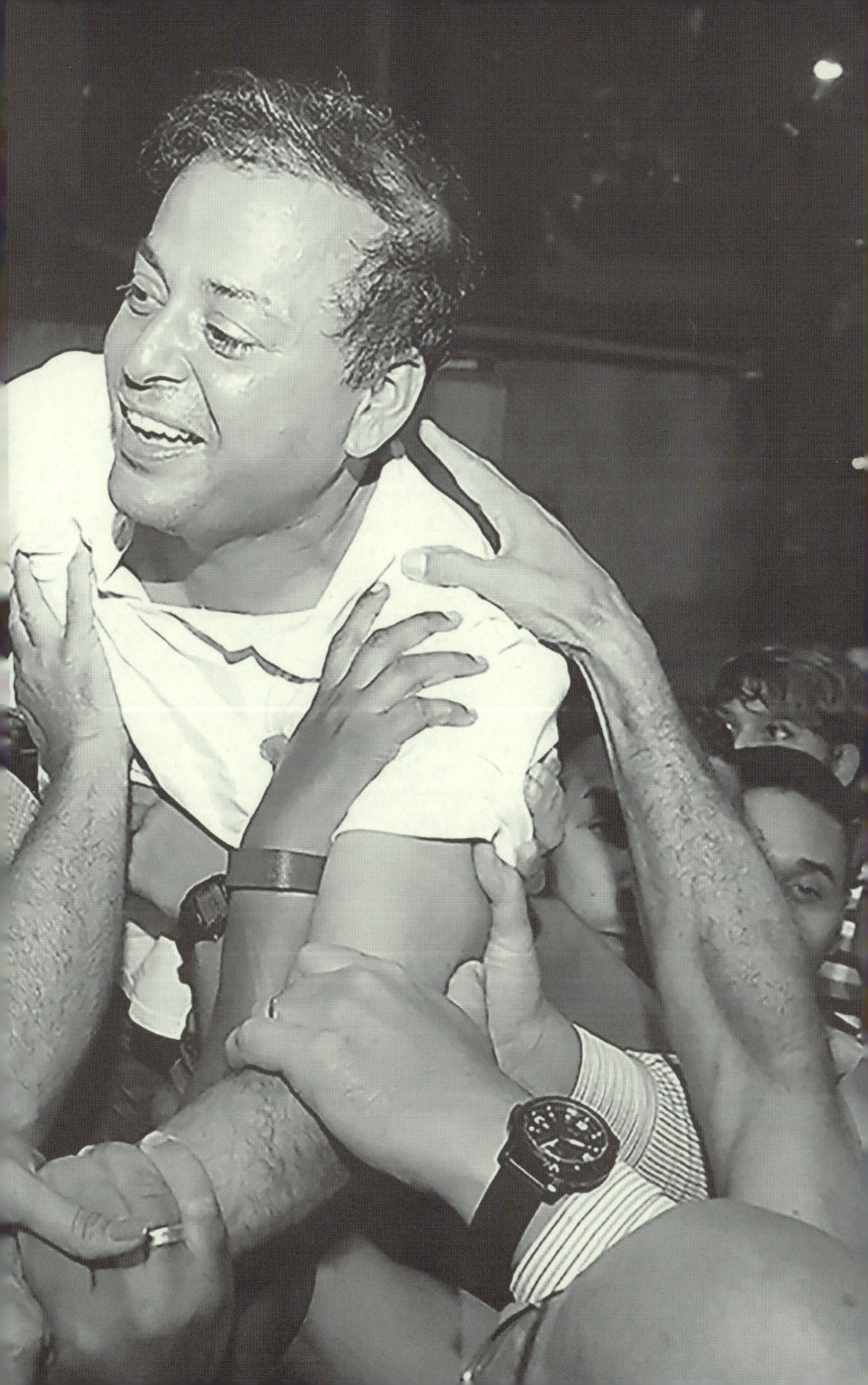

ÍNDICE

APRESENTAÇÃO

Técio Lins e Silva

O relato que começa aqui é absolutamente comovente!

Mais do que um livro, trata-se de um registro emocionante sobre uma das figuras mais marcantes da política do Rio.

Um gestor eficiente, sério, um homem dedicado ao próximo como raras vezes conheci nos meus quase 60 anos de militância na Advocacia da Liberdade: Rodrigo Neves, prefeito duas vezes da belíssima cidade de Niterói, joia banhada pela Baía de Guanabara, "ex-capital da velha província fluminense", como é chamada pelas pessoas com origem nas tradições dessa cidade modernizada.

Costumo dizer que nasci advogado. Desde garoto acompanhei com admiração o trabalho que o velho Raul, meu pai que me inspira até hoje, dedicou à Advocacia Criminal. Entre tantas coisas que aprendi na vida e, especialmente, no convívio dos poucos anos que o acompanhei no escritório, até a sua morte causada por uma cirurgia malsucedida aos 54 anos de idade, foi dedicar aos clientes atenção total e compreender os dramas humanos trazidos em cada causa.

Assim aconteceu com Rodrigo. O destino trouxe ao escritório a causa do então prefeito em pleno exercício do cargo e que dele foi retirado por uma conspiração diabólica.

Comecei a estudar Direito no ano em que o Brasil foi vítima de um golpe de estado que derrubou o governo constituído democraticamente.

Dali em diante, a experiência de um governo ditatorial em todos os níveis, inclusive perseguindo os estudantes, foi implacável, culminando com o golpe dentro do golpe, simbolizado pelo Ato Institucional nº 5, de 13 de dezembro de 1968, ano em que, graduado em Direito, tornei-me apto para receber a inscrição de advogado na OAB.

Nos anos seguintes, e por cerca de 20 anos, trabalhamos muito na defesa de perseguidos políticos em todas as áreas, atuando em processos do Brasil inteiro, haja vista que o Superior Tribunal Militar (STM) teve sede no Rio até 1973. Portanto, no pior tempo dos anos chamados de chumbo, a Advocacia como a que nós praticávamos dedicou-se a defender perseguidos políticos.

Veio a redemocratização, com ela a eleição presidencial que somente conheci depois de 27 anos com o título de eleitor amarelando na gaveta, e, tirando umas e outras investidas de ditadura ainda infiltrada no tecido democrático, nunca mais havia convivido de perto com uma perseguição tão claramente política como a que o prefeito Rodrigo sofreu.

Agora chamam de *lawfare*.

Mas a Advocacia da Liberdade conhece esse neologismo desde sempre, sem a sofisticação das definições sibilinas e *intelectuosas*.

Na academia, podemos dizer que Rodrigo Neves sofreu *lawfare*. Na Advocacia de Guerrilha, aquela que enfrenta um inimigo disfarçado de autoridade, na defesa que se defronta com o uso inaceitável do poder do Estado, lida-se com autoridades que subvertem seu papel para serem autoritárias, rompem com a expectativa de um procedimento democrático e garantista e só se dedicam à violência, à mentira e às notícias falsas para conseguirem neutralizar quem elegeram inimigo. Essa prática conhecemos bem.

O processo político não tem barreiras e muito menos ética; o processo político é perverso e luta sem regras para abater o inimigo; o processo inspirado pela acusação de cunho político não tem limites nem pudor.

Rodrigo Neves foi vítima de uma conspiração política inaceitável para destruí-lo. Mas resistiu!

O relato aqui, muito bem-feito, é realmente comovente, sobretudo na narrativa da violência imposta a Rodrigo e repelida pela Justiça.

Das lições do relato da perseguição sofrida por Rodrigo Neves em pleno exercício do cargo de prefeito eleito pelo povo, há vários ensinamentos muito caros à democracia.

A resistência firme e sem temores é fundamental, junto com a crença de que a Justiça pode ser feita se claramente demonstrada a juízes que nela acreditam.

O sonho da crença na Justiça é o lenitivo para a alma, mas também o é para a realização da própria Justiça, crença que precisamos todos ter para vencer esses obstáculos dos que se utilizam da lei para promover a guerra!

Quero viver para ver o que o destino ainda reserva para Rodrigo Neves nesta vida, sobretudo para fazer o bem, ajudar o povo a ter esperanças e realizar todos os sonhos possíveis para ser feliz!

***Técio Lins e Silva** é bacharel em Direito pela Faculdade Nacional de Direito da antiga Universidade do Brasil (UFRJ), turma de 1968. Advogado criminal, com mestrado em Direito Penal e doutorado em Direito Político, é militante na advocacia contenciosa perante a Justiça Comum (estadual/federal), na primeira e segunda instâncias (Tribunais de Justiça do Estado e Regional Federal), na Justiça Militar, no Superior Tribunal de Justiça e no Supremo Tribunal Federal. Professor licenciado de Direito Penal da Faculdade de Direito da Universidade Cândido Mendes (RJ), foi presidente do Instituto dos Advogados Brasileiros (2014/2018). Em 2013, tornou-se membro do Conselho de Defesa dos Direitos da Pessoa Humana (CDDPH), vinculado à Secretaria de Direitos Humanos da Presidência da República. Foi conselheiro da OAB-RJ e do Conselho Federal da Ordem por vários biênios (1975/1981, 1983/1985 e 2007/2010); secretário de Estado de Justiça do Rio de Janeiro (1987/1990); procurador-geral de Defensoria Pública do Estado do Rio de Janeiro (1987/1990); e membro do Conselho Nacional de Justiça (2007/2010).*

PREÂMBULO

NEM TODOS FICARAM SURPRESOS

Os 511 mil habitantes do município de Niterói levaram um susto no café da manhã da segunda-feira 10 de dezembro de 2018.

A surpresa veio pelo noticiário de TV, rádio e sites de jornalismo, com direito ao helicóptero da TV Globo (o popular Globocop) transmitindo ao vivo imagens aéreas. Era a Operação Alameda, ação do Ministério Público do Rio de Janeiro (MP-RJ), com apoio da Polícia Civil, de busca e apreensão – seguida de prisão preventiva – contra o prefeito da cidade, o sociólogo Rodrigo Neves, à época com 42 anos. O MP estadual era comandado pelo procurador-geral de Justiça do Rio de Janeiro, José Eduardo Ciotola Gussem, mais conhecido como Eduardo Gussem.

Começava ali uma das histórias mais inacreditáveis da jovem democracia brasileira nestes tempos bolsonaristas de ataques às instituições, instrumentalização da ordem legal por grupos políticos, disseminação de notícias falsas e de negação da vida; um roteiro escabroso de uma prisão de caráter claramente político, no qual a Justiça foi usada para tentar destruir uma liderança em ascensão na esquerda fluminense.

Rodrigo Neves passou um dia inteiro preso, entre a Cidade da Polícia e o centro de triagem do sistema penitenciário no bairro de Benfica, e outros 93 (de 11 de dezembro de 2018 a 13 de março de 2019) no Complexo de Gericinó, no pavilhão Bangu 8. Detido sem provas, por força de decisão monocrática de um desembargador, às vésperas do recesso judiciário, sem direito a ser ouvido, sem justificativa para que fosse mantido em cárcere, sem julgamento, por tempo indeterminado e com uma burocracia que o impediria de receber a visita de sua mulher e de seus filhos por mais de um mês.

O impacto físico, emocional, psicológico e político que se abateu sobre a vida de Rodrigo é incalculável. Soma-se a isso o sofrimento da esposa, Fernanda; de seus filhos Mayara (na época, grávida de cinco meses), Carlos Eduardo (Cadu) e Marina; de sua mãe, Maria Luiza; e do pai, o professor Edison. Não é uma história simples de contar. Mas é o que tentamos fazer neste livro, a partir dos depoimentos de 25 pessoas que acompanharam o martírio de Rodrigo. Antes, porém, é importante apresentar o contexto em que se desenrolou o caso.

Naquele dezembro de 2018, Rodrigo fechava seu sexto ano à frente da Prefeitura de Niterói. Elegera-se em segundo mandato em 2016, concorrendo pelo Partido Verde (em 2017, migraria para o Partido Democrático Trabalhista, o PDT, onde está até hoje). Teve mais de 130 mil votos no segundo turno (quase 60% dos votos válidos), 38 mil a mais que seu concorrente, o ex-deputado estadual Felipe Peixoto (ex-PSB, hoje no PSD). Rodrigo chegou ao fim do mandato com a gestão aprovada por 85% da população, de acordo com pesquisa do instituto Ideia Big Data.

Sua prisão pegou de surpresa os parentes, vizinhos, amigos, parceiros de política, funcionários da prefeitura, empresários, líderes religiosos e comunitários. O Rodrigo Neves que conheciam não se encaixava no perfil de político corrupto. O jovem prefeito militava na política desde os 14 anos: fora líder estudantil, vereador, secretário municipal, deputado estadual e secretário estadual sem jamais ter o nome envolvido em ilegalidades. Além disso, fazia uma gestão elogiada e premiada, com resultados incomuns num estado da federação à beira da falência; tampouco havia escândalos envolvendo auxiliares ou a equipe de secretários municipais.

Diferentemente da grande maioria das cidades fluminenses, Niterói, no apagar das luzes de 2018, tinha dinheiro em caixa – bastante –, estava com as contas ajustadas e realizava investimentos que melhoravam significativamente a vida da população.

Em 2013, quando se elegeu prefeito pela primeira vez, Rodrigo encontrou a administração municipal pendurada em dívidas, com compromissos e salários atrasados. Fez uma gestão de controle de gastos, com ajuste financeiro e organizacional. Foram tempos duros. A cidade precisava de investimentos, faltava dinheiro e sobravam contas em atraso. Sua administração foi reconhecida pela população, que o reelegeu com folga.

No entanto, só conseguiria alçar voos mais altos a partir de 2017, quando começaram a chegar os royalties do pré-sal, receita nova e promissora. Da noite para o dia, os royalties do petróleo que Niterói recebia saltaram de R$ 200 milhões ao ano para a casa de R$ 1,1 bilhão. Rodrigo e sua equipe na prefeitura decidiram fazer a chamada "poupança dos royalties", ou seja, reservar anualmente uma parte da dinheirama (cerca de 10%) para um fundo de reserva destinado a futuros investimentos ou emergências.

Com esse dinheiro novo, Rodrigo começou a acertar as dívidas municipais e investir fortemente na cidade. Um ano depois, no fim de 2018, ele era reconhecido pela população como um prefeito competente e realizador. Quando veio a pandemia, no início de 2020, último ano de seu mandato, Niterói tinha uma reserva de caixa na faixa dos R$ 400 milhões, permitindo que a cidade enfrentasse a crise melhor do que a grande maioria dos municípios fluminenses. Além disso, em outubro, Rodrigo elegeria seu secretário de Planejamento, Orçamento e Modernização da Gestão, Axel Grael, com quase 63% dos votos válidos, vencendo a disputa para prefeito em primeiro turno.

Ao longo de sua trajetória de oito anos na prefeitura, Rodrigo levou uma vida simples, sem ostentação. Quando foi preso, sequer tinha carro próprio. Como milhares de servidores públicos, pagava mensalmente parcelas de um empréstimo consignado. Era conhecido por ser extremamente trabalhador: dava canseira em secretários e assessores. Não frequentava grandes festas nem viajava a passeio à Europa ou aos Estados Unidos. Seus programas, fora do gabinete, eram junto à família. Além da esposa, Fernanda, e dos três filhos, Rodrigo tem em Niterói 38 primos de primeiro grau e mais de cem de segundo. Quando sobrava tempo, jogava pelada com eles, atuando na lateral direita (apesar de, na política, atacar pela esquerda); adorava dar um mergulho na Praia de Piratininga. Morava com a mulher e os filhos num apartamento de cobertura – seu único bem patrimonial – em um prédio convencional de Santa Rosa, bairro de classe média.

Rodrigo fez Niterói chegar a 2018 como uma ilha de prosperidade em contraste com as demais cidades fluminenses, que sucumbiam a dificuldades financeiras. A principal causa foi a queda no preço internacional do petróleo, que se refletiu diretamente no valor dos royalties.

Em julho de 2014, o preço médio do barril de petróleo bruto (Brent) no mercado internacional estava em US$ 105. Em apenas seis meses, despencou para menos da metade (US$ 47). Recuperou-se, chegando a US$ 61, ainda em 2015, para novamente desabar para US$ 31, no início de 2016. Só se recuperaria em 2018, quando estabilizou na faixa dos US$ 60, até sofrer novo aumento, em 2021, e atingir o patamar de US$ 80 – ainda assim, abaixo dos US$ 105 de 2014. Em abril de 2021, uma Comissão Parlamentar de Inquérito da Assembleia Legislativa do Rio, criada para investigar a queda brutal da arrecadação do governo estadual nos anos anteriores, calculou que o estado do Rio e os municípios fluminenses perderam cerca de R$ 10 bilhões em royalties do petróleo ao longo de uma década.

Além da redução dos recursos, a interrupção das obras de grandes empreiteiras, que tiveram seus contratos suspensos pela Operação Lava Jato, resultou em milhares de demissões e uma queda drástica na receita de impostos municipais e estaduais, afetando principalmente os municípios do Grande Rio. Em 2018, a Federação Única dos Petroleiros (FUP) estimou que, apenas em Itaboraí, haviam sido demitidos cerca de 25 mil profissionais que trabalhavam na construção do Complexo Petroquímico do Estado do Rio de Janeiro (Comperj).

Some-se a isso uma queda geral da economia brasileira, iniciada no fim do primeiro mandato de Dilma Rousseff, efeito tardio da crise mundial causada pela quebra do banco de investimentos norte-americano Lehman Brothers. Um quadro que, em seu início, em 2008, o então presidente Lula chamou de "marolinha", mas que cinco anos depois viraria uma ressaca de ondas fortes para sua sucessora no Palácio do Planalto. O crescimento do Produto Interno Bruto (PIB) do país despencou em 2014, de 3% (2013) para apenas 0,5%, e nos dois anos seguintes teve crescimento negativo, respectivamente de -3,55% e -3,28%.

Naquele dezembro de 2018, Rodrigo Neves era um ponto fora da curva entre os políticos do estado do Rio: um gestor municipal empreendedor, premiado, com dinheiro em caixa e popularidade; um prefeito com convicções e uma prática à esquerda do espectro político, num estado onde os gestores das cidades eram e ainda são majoritariamente conservadores ou liberais. Em 2018, Rodrigo coordenou no Rio a campanha do candidato de seu partido à presidência, Ciro Gomes, e no segundo turno empenhou-se para eleger Fernando Haddad, do PT, contribuindo para que o petista mais do que dobrasse o total de votos em Niterói – de 42,3 mil no primeiro turno para 105,6 mil.

Por tudo isso, no início daquele ano eleitoral, o nome de Rodrigo Neves surgiu naturalmente como um potencial candidato a governador pelo PDT. Ele só não concorreu porque não quis; avaliou que ainda tinha uma missão a cumprir como prefeito e que uma mudança para o outro lado da Baía de Guanabara representaria um impacto forte para sua família, que tinha a vida organizada em Niterói. Ainda não era o momento. Porém, mesmo sem se candidatar, ele ficou marcado pela extrema-direita bolsonarista como um adversário político de estrela ascendente que precisaria ser contido ou até anulado.

Em 2018, essa corrente ideológica emplacou seu primeiro presidente pela via democrática e, com isso, criou um tsunami de votos que elegeu dezenas de senadores e centenas de deputados federais e estaduais.

Um dos beneficiados foi o deputado federal Carlos Jordy (PSL), que tinha sua base eleitoral em Niterói. Amigo dos filhos de Bolsonaro, Jordy elegeu-se vereador na cidade em 2016, com apenas 2.388 votos. Dois anos depois, saiu candidato a deputado federal e surfou na onda bolsonarista, multiplicando exponencialmente sua votação para 204 mil votos, com cerca de 90% desse total vindos de fora de Niterói. Naquele fim de 2018, Jordy já estava eleito deputado federal, mas ainda era vereador, pois só assumiria o mandato em Brasília em 1º de fevereiro de 2019.

Além do presidente, a onda bolsonarista elegeu o governador estadual (Wilson Witzel) e seu vice (Cláudio Castro), dois senadores (Flávio Bolsonaro e Arolde de Oliveira), a maior bancada de deputados federais fluminenses no Congresso e a maior representação também na Assembleia Legislativa – onde fez quatro dos cinco deputados estaduais mais votados.

O bolsonarismo ainda selou em 2018 aliança com Marcello Crivella na Prefeitura do Rio e passou a sonhar com o domínio político das maiores cidades do entorno da capital – especialmente as mais populosas, como

Duque de Caxias, Nova Iguaçu, São Gonçalo e a mais próspera de todas, Niterói, que na época detinha o segundo maior orçamento do estado, perdendo apenas para o Rio de Janeiro.

Foi nesse contexto que aconteceu a prisão de Rodrigo Neves, cercada de fatos estranhos e suspeitos.

Hoje, advogados e políticos que acompanharam o caso têm a clareza de que a detenção foi uma típica ação de *lawfare* – prática descrita pelo doutor em Direito Internacional Benigno Núñez Novo como "*a utilização da lei e dos procedimentos legais pelos agentes do sistema de Justiça para perseguir quem seja declarado inimigo*". Ainda segundo Núñez Novo, no *lawfare*, "*o sistema jurídico é manipulado para dar aparência de legalidade às perseguições aos adversários. Ao oponente, são formuladas acusações frívolas, por vezes apenas para intranquilizar*". Em outras palavras, foi uma prisão literalmente política, similar às que eram feitas na ditadura militar, com o objetivo não de se fazer justiça, mas de usar a máquina judicial para destruir politicamente um adversário com potencial de crescimento.

A acusação contra Rodrigo revelou-se uma farsa. Segundo o Ministério Público estadual, ele teria montado um esquema de corrupção para achacar empresários do setor de transportes públicos de Niterói e recebido mais de R$ 10 milhões em propina.

Porém, em nenhum momento do processo, em curso até hoje, o MP estadual exibiu registros de movimentação financeira desse volume de recursos – seja nas contas bancárias, no cofre ou debaixo da cama de Rodrigo Neves ou dos demais presos com ele. De acordo com o Conselho de Controle de Atividades Financeiras (Coaf), ligado ao Banco Central, não havia qualquer movimentação suspeita ou atípica de recursos nas contas de Rodrigo.

Em verdade, o MP chegou à soma de R$ 10 milhões não através de provas, mas por meio de uma dedução aritmética: a propina corresponderia a 20% de R$ 50 milhões, valor que os procuradores encontraram no Portal de Transparência da própria Prefeitura de Niterói referente a uma dívida da administração com as empresas de ônibus. Dinheiro mesmo o MP não viu, apenas concluiu o valor da propina apresentado na denúncia, porque os tais 20% seriam o percentual "usualmente" cobrado na área de transportes.

A acusação era incongruente com a realidade. A Prefeitura de Niterói tinha uma dívida substancial com as empresas de transporte da cidade desde a administração anterior, por conta da gratuidade das passagens a estudantes e pessoas com deficiência, entre outros beneficiados. A passagem era grátis para esses usuários, mas a prefeitura pagava o custo dela às empresas. Só que, com a receita em baixa, havia mais de quatro anos que a gestão municipal não honrava o ressarcimento na íntegra.

Quando os royalties do pré-sal começaram a entrar, em meados de 2017, a dívida nominal acumulada por conta das gratuidades não pagas estava na casa dos R$ 50 milhões. Acrescido de juros, multa e correção monetária, o montante chegava a R$ 80 milhões. Com dinheiro no caixa, a prefeitura, após duras negociações, impôs aos empresários do setor uma solução que eles tiveram que engolir: pagaria os R$ 50 milhões do principal da dívida e os quase R$ 30 milhões de acréscimos pelos encargos do atraso seriam esquecidos. Além disso, o pagamento dos R$ 50 milhões foi parcelado em 25 prestações. As empresas não ficaram satisfeitas, mas acabaram aceitando o acordo.

Em resumo, Rodrigo Neves tratou a pão e água as empresas de ônibus – não só na questão da dívida, como também ao controlar os aumentos de preços das passagens e impor tarifa única para reduzir os gastos da população com transportes. Então, por que essas mesmas empresas iriam dar a ele R$ 10 milhões se, ao final, deixaram de ganhar R$ 30 milhões?

Como agravante, o Ministério Público do Rio jamais colocou Rodrigo numa mesa de interrogatório para tomar seu depoimento e ouvir sua defesa. O prefeito simplesmente foi arrancado de seu cargo e de seu lar, na frente da mulher e dos filhos, e jogado num presídio a mais de uma hora de sua cidade. Isso a poucos dias do início do recesso do Judiciário, dificultando a ação de seus advogados para tentar um habeas corpus.

Outro dado curioso da acusação está registrado nos autos de uma comunicação do Ministério Público Federal (MPF) ao MP estadual fluminense. O procurador federal Carlos Aguiar, com autorização do Tribunal Regional Federal da 2ª Região (TRF-2), encaminhou delações colhidas pela Operação Lava Jato e por outras operações dela desdobradas, que poderiam ter algum impacto em investigações criminais da alçada estadual. Primeiro enviou anexos e, em seguida, as mídias. Nesse segundo envio, o MPF informou a seus colegas do Rio que, apesar de o nome de Rodrigo Neves ter sido citado numa delação premiada do empresário de transportes Marcelo Traça, nada fora encontrado contra o prefeito.

Mesmo com a ressalva, o MP-RJ construiu uma acusação baseada nessa delação não corroborada pelo MPF e convenceu o desembargador Luiz Noronha Dantas a emitir a ordem de prisão preventiva.

Em complemento, na acusação foi incluída uma informação inverídica: de que a mulher de Rodrigo, Fernanda Sixel Neves, seria sócia de uma empresa de serviço de ambulâncias, a Toesa Service, acusada pela Operação Lava Jato de lavar dinheiro da corrupção na Saúde do governo Sérgio Cabral. Fernanda nunca tinha ouvido falar da empresa, jamais atuara na área de Saúde e seu nome em nenhum momento constou da lista de sócios da Toesa. O próprio MP admitiu que a informação era falsa, mas o fez apenas em 12 de março de 2019, diante dos desembargadores, no julgamento que libertou Rodrigo. E não assumiu a mentira: o procurador Ricardo Martins disse apenas que se tratava de "um equívoco".

Dos meios políticos aos líderes religiosos, de empresários a dirigentes de associações de moradores, todos foram pegos de surpresa com a prisão. Porém, em Niterói, tudo indica que alguns souberam com antecedência da operação do MP para prender Rodrigo.

- Dois dias antes da prisão de Rodrigo (sábado, 8 de dezembro), o vereador bolsonarista Carlos Jordy (PSL) teria sido ouvido dizendo, em tom de vitória: "*Segunda-feira, Niterói vai mudar...*".

- Na própria segunda-feira, menos de cinco horas após a prisão de Rodrigo, o gabinete de Jordy na Câmara já tinha em mãos e fazia circular na casa uma minuta de um pedido de impeachment assinado por quatro advogados (um deles funcionário do gabinete de Jordy), um empresário e um estudante. Tinha 13 páginas em papel timbrado com as marcas de quatro escritórios de advocacia de Niterói e trazia detalhes da denúncia do Ministério Público. Pouco provável que essas seis pessoas tenham se reunido após a prisão de Rodrigo ser noticiada e redigido, em tempo recorde, uma petição de impeachment com interpretação inédita da Lei Orgânica do Município – na qual defendiam a tese de que, logo após o impedimento aprovado, eleições para um novo prefeito deveriam ser realizadas imediatamente.

• O pedido patrocinado pelo gabinete de Jordy só foi protocolado na Câmara no dia seguinte, juntamente com outro, assinado pelo advogado Leonardo Almendra Honorato, do escritório Almeida Honorato Pimenta, e pelo Movimento Brasil Livre – Niterói (representado no documento por Rafael Bender, Silvano Fontes e Liz Werner). Esse pedido foi encaminhado pelo vereador Bruno Lessa, outro opositor de Rodrigo Neves que, na época, era do PSDB e hoje está no DEM. Lessa era aliado do MBL e representava um braço da direita niteroiense que fazia oposição a Rodrigo na Câmara. Esse pedido de impeachment era um pouco maior, 17 páginas, e trazia, a partir da folha 3, algumas dezenas de parágrafos de transcrição da denúncia do MP, que ocuparam oito das 17 páginas. Na véspera, ainda na Cidade da Polícia, um dos advogados de Rodrigo Neves, Marcello Ramalho, pedira acesso à denúncia, negado pelo Ministério Público, sob alegação de sigilo no processo. O documento também foi requerido oficialmente pelo presidente em exercício da Câmara de Vereadores, Milton Cal (Progressistas), para subsidiar a sessão de votação dos pedidos de impeachment, no dia 12 de dezembro (quarta-feira), mas jamais chegou à casa. Só na semana seguinte, o advogado de Rodrigo conseguiu ler a denúncia. Porém, o advogado Leonardo Almendra Honorato e o MBL tiveram acesso a ela em tempo recorde. No rodapé do pedido de impeachment, inclusive, citam a fonte: "*Denúncia do Ministério Público nos autos do processo nº 0068811-80.2018.81.9.0000*".

• Uma curiosa coincidência: os dois pedidos de impeachment, patrocinados por Jordy e Lessa/MBL, traziam, em sua abertura, literalmente as mesmas citações: uma de Santo Tomás de Aquino e outra de Rui Barbosa.

Em janeiro, mais de um mês após a prisão, o advogado de Rodrigo Neves no processo, o veterano criminalista carioca Técio Lins e Silva, fez uma descoberta igualmente intrigante. O processo fora parar nas mãos do procurador-geral Eduardo Gussem, obedecendo à regra de prerrogativa de foro, pelo fato de Rodrigo ser prefeito. Porém, Gussem repassou-o para o subprocurador-geral de Justiça Fernando Chaves da Costa. Até aí, nada demais, o procurador-geral tem essa prerrogativa.

Técio, entretanto, descobriu que Gussem, mesmo não estando mais responsável por aquele processo – ou seja, não tendo mais a atribuição para oficiar no processo, pois declinara do poder inerente ao seu cargo –, fizera uma visita ao desembargador Luiz Noronha Dantas. A visita ocorreu dias antes de Noronha Dantas receber a denúncia do MP-RJ e, monocraticamente, acatá-la e decretar a prisão preventiva de Rodrigo e seu afastamento do cargo de prefeito. "*Uma visita desse tipo é incomum, sobretudo para quem declinou de sua atribuição para agir no processo. Logo que eu soube, fui a Gussem e o questionei firmemente, exigindo explicações. Ele saiu pela tangente, sorriu e se esforçou para minimizar o fato e não dar explicações*", lembra Técio, destacando que Gussem, na época, era simpatizante de Bolsonaro.

Aqui, vale destacar uma observação sobre a atuação de Gussem à frente do MP-RJ naquele ano de 2018, em um caso fartamente noticiado: a acusação de rachadinha no gabinete do então deputado estadual Flavio Bolsonaro, tendo como protagonista o policial militar Fabrício Queiroz, seu assessor parlamentar.

Uma reportagem da revista "Época", de 21 de fevereiro de 2019, intitulada "O que esperar de Eduardo Gussem, procurador que cuida dos casos Marielle, Queiroz e Flamengo", pontuou alguns fatos que vale destacar. Cerca de dois meses antes, em 6 de dezembro de 2018 – Rodrigo seria preso quatro dias depois –, o jornal "O Estado de S. Paulo" revelou que o Coaf detectara operações bancárias suspeitas de deputados estaduais e funcionários da Assembleia Legislativa do Estado do Rio de Janeiro. Segundo a "Época", entre elas estavam as "*esquisitas movimentações de Queiroz, que totalizavam R$ 1,2 milhão entre 2016 e 2017, valor incompatível com seus rendimentos declarados*". Além disso, informou a revista, os técnicos do Coaf descobriram que "*vários assessores de Flávio depositavam com certa frequência quantias na conta do policial militar, le-*

vantando a hipótese de uma rachadinha nos salários do gabinete em benefício do parlamentar".

A reportagem da "Época" apontou morosidade do MP-RJ neste caso, e Gussem se defendeu.

> *420 páginas com essas informações já haviam chegado a ele (Gussem, em janeiro de 2018) e ao Grupo de Atribuição Originária Criminal (Gaocrim), ligado a seu gabinete. No entanto, as prioridades dessa equipe do MP em 2018 foram outras. Ao longo do ano passado, o Gaocrim ocupou-se de prisões e buscas e apreensões, tendo como alvo vereadores e prefeitos de cidades do interior, como Mangaratiba, Petrópolis e Itaboraí. O peixe mais graúdo fisgado pelo grupo foi o prefeito de Niterói, Rodrigo Neves, preso graças a um compartilhamento de provas obtidas pela Lava Jato. Gussem negou que o calendário eleitoral tenha influenciado sua agenda. Disse que o caso Queiroz foi tratado como qualquer outro e que o MP se importa com fatos, e não com pessoas.*

A reportagem da "Época", porém, contestou as justificativas do MP:

> *As apurações envolvendo o filho do presidente e seu assessor tramitaram dessa forma no Rio: em 7 março (de 2018), mais de 60 dias depois de Gussem receber o documento do Coaf, um laboratório do MP especializado em lavagem de dinheiro produziu um segundo relatório com base nas mesmas informações do primeiro. Só em 30 de julho, seis meses depois de o procurador-geral receber os dados de Queiroz, o caso passou a ser formalmente investigado no MP. Mesmo assim, por meio de um Procedimento Investigatório Criminal (PIC), houve uma averiguação antes de um inquérito para valer. Desde a abertura do PIC até 22 de novembro, absolutamente nada aconteceu na investigação. Somente nesse dia, três semanas depois das eleições, é que Queiroz foi chamado para depor. O PM até hoje não apareceu para falar, devido a um câncer no intestino, já retirado no início do ano no hospital Albert Einstein, em São Paulo. Três datas foram sugeridas para sua defesa, mas ele faltou todas as vezes. No entanto, não dei-*

xou de dar uma entrevista ao SBT – o mesmo que abriu os microfones para Flávio – para dizer aos risos que era um "cara de negócios" e que "fazia dinheiro" com revenda de carros.

Em fevereiro de 2019, as investigações sobre a rachadinha de Queiroz e Flávio Bolsonaro continuavam estagnadas, como constatou a "Época":

Até agora, de 11 pessoas chamadas a depor na investigação, apenas uma, Agostinho Moraes da Silva, ex-assessor de Flávio, falou nos autos. Nenhum sinal do paradeiro das outras. Por ser senador, Flávio foi convidado – e não convocado – a comparecer, mas também nunca o fez. O MP também não requisitou os recibos dos custos da internação de Queiroz no Einstein, um caro hospital da rede privada paulistana. Contentou-se em saber informalmente pela defesa do ex-assessor que exames, cirurgia e internação custaram cerca de R$ 60 mil. Não se sabe até agora quem pagou pelos serviços e muito menos como está sendo financiada a estadia de Queiroz, mulher e filha em São Paulo, já que antes a família morava em uma modesta casa da Zona Oeste carioca.

O MP teria relegado, no período eleitoral, as sólidas informações do Coaf apontando ilegalidades na movimentação bancária do gabinete de Flávio Bolsonaro; por outro lado, com a corroboração do mesmo Coaf de que as contas de Rodrigo Neves não apresentavam qualquer indício de irregularidade, o MP pediu a prisão do prefeito de Niterói.

Outro fato ao mesmo tempo grave e curioso ocorreu quase dois meses após a prisão. No fim de janeiro, Rodrigo foi avisado, durante o fim de semana, que na segunda-feira cedo seria retirado do presídio – muito provavelmente algemado no camburão – para prestar depoimento em um processo administrativo, parado há muito tempo no Fórum de Niterói e do qual era apenas testemunha. Com outro agravante: as audiências para esse tipo de processo ocorriam apenas às quartas-feiras.

Naquela segunda-feira, à espera de sua chegada ao fórum, ao lado do prédio da prefeitura, estava um grupo do MBL, com uma câmera de vídeo, aguardando para registrar o prefeito sendo retirado algemado do camburão. Rodrigo conseguiu escapar de forma engenhosa da armadilha, conforme relatado mais à frente, mas ficou a dúvida: quem mexeu no processo parado para exigir um depoimento de Rodrigo, alertando previamente o MBL, que se preparou para tirar proveito político da situação?

Como dizia Aparício Torelly, o Barão de Itararé (1895-1971), *"há qualquer coisa no ar, além dos aviões de carreira"*. Como poderá ser lido nas páginas seguintes, há bastante material para que o Conselho Nacional do Ministério Público (CNMP) e o Conselho Nacional de Justiça apurem responsabilidades.

Aqui, narramos o que aconteceu, com interpretações políticas e contextualizações. Mostramos o que a prisão causou a Rodrigo e sua família. E contamos como ele conseguiu superar 94 dias de sofrimento psicológico e humilhação pública para voltar ao cargo de prefeito, gerenciar o combate à pandemia, concluir seu mandato com forte aprovação popular e despontar como candidato a governador do Rio em 2022.

Na construção do livro, aproveitamos bastante os depoimentos que colhemos com 26 diferentes personagens (incluindo o próprio Rodrigo Neves), procurando manter as falas o mais próximo da forma com que cada entrevistado se expressou. Em alguns trechos há redundâncias, necessárias, porém, para manter o clima da narrativa dessa complicada história.

Por fim, vale destacar três datas simbólicas. No dia da prisão de Rodrigo Neves – 10 de dezembro de 2018 –, Jair Bolsonaro era diplomado em Brasília presidente da República. Em 12 de março de 2019, dia do julgamento que decretou o fim da prisão preventiva de Rodrigo e sua volta à Prefeitura, foram detidos o sargento reformado da Polícia Militar do Rio Ronnie Lessa e o ex-PM Élcio Vieira de Queiroz, acusados do assassinato da vereadora Marielle Franco (Psol) e de seu motorista, Anderson Gomes[1]. E no dia em que Rodrigo reassumiu o cargo de prefeito de Niterói – 14 de março de 2019 – completava-se um ano do assassinato de Marielle, cujos mandantes até hoje não foram identificados.

Como bem disse o maestro Tom Jobim, *"o Brasil não é para amadores"*.

Boa leitura!

---

[1] Segundo denúncia do Ministério Público do Rio, Lessa teria atirado e matado Marielle Franco e Anderson Gomes, e Élcio era quem dirigia o veículo Cobalt prata usado na emboscada.

CAPÍTULO 1

BONANÇA ANTES DA TEMPESTADE

Quando o Pezão foi preso (em 29 de novembro de 2018), *lembro que minha mãe falou: "Ô, Rodrigo, mas isso é uma loucura! Como é que se prende um governador democraticamente eleito no exercício do cargo?". A gente discutiu isso muito lá em casa, já acompanhávamos a questão do Lula preso. Como podia acontecer uma prisão daquele jeito? Era uma loucura. Aí, minha mãe falou pro meu pai: "Imagina, um dia a gente vai acordar e você vai ser preso". Ela falou isso... Meu pai retrucou na hora: "Que maluquice, Fernanda, não existe essa possibilidade, não tem motivos, não tem nada. A gente não tem nenhuma questão de corrupção dentro da prefeitura, não tem nenhuma denúncia, não tem nenhum processo correndo. Isso que aconteceu com o Pezão foi uma violência ao processo legal". Onze dias depois, foi exatamente o que aconteceu com meu pai.* **Mayara Sixel Neves, filha mais velha de Rodrigo Neves, que chegava ao quinto mês de gravidez quando o pai foi preso**

Os verdadeiros motivos que levaram à articulação político-judicial para a prisão – sem provas – de Rodrigo Neves podem ser encontrados no cenário político de Niterói e do Brasil naquele fatídico ano de 2018, marcado por um avanço inédito e inesperado da extrema-direita brasileira.

Para entender melhor o que aconteceu – e por quê – é importante conhecer a trajetória de Rodrigo na política fluminense e sua gestão como prefeito de Niterói. Em 2018, quando completou 42 anos, ele já estava na política há quase três décadas – e sempre pela esquerda. Aos 14 anos, começou a militar na Pastoral da Juventude da Igreja Católica, atuando em comunidades e favelas. Tornou-se também um dos líderes da União Niteroiense de Estudantes Secundaristas (Unes), onde defendeu bandeiras como o passe livre para os alunos e a ética na política.

Logo após completar a maioridade, Rodrigo Neves teve uma carreira meteórica: vereador aos 21 anos (o mais jovem da história da Câmara de Niterói); vereador mais votado da cidade aos 28; secretário municipal aos 29; deputado estadual aos 30; secretário estadual aos 34; prefeito aos 36, reeleito para mais quatro anos aos 40. Agora, em 2022, com 45, é pré-candidato do PDT ao governo do estado do Rio de Janeiro.

Na eleição municipal de 1996, com apenas 20 anos, concorreu a vereador pelo Partido dos Trabalhadores (PT). Obteve 1.997 votos e tornou-se primeiro suplente da pequena bancada petista, que elegera dois candidatos: José Alaor Boschetti (2.569 votos) e João Batista Petersen Mendes (2.362 votos). Um ano e meio depois, em 29 de março de 1998, Petersen morria vítima de um aneurisma cerebral, e Rodrigo assumiu a cadeira como vereador do PT.

Reeleito por mais dois mandatos, ele foi o vereador mais votado em 2004, com 6.086 votos. No ano seguinte, licenciou-se da Câmara para assumir a Secretaria Municipal de Desenvolvimento, Ciência e Tecnologia, a convite do prefeito Godofredo Pinto (PT). Em 2006, elegeu-se deputado estadual com 41.288 votos, reelegendo-se em 2010, com uma votação um pouco menor, 38.856 votos. Em 2008, tentou pela primeira vez a Prefeitura de Niterói: chegou em segundo lugar, com 62.666 votos (22,66% do total de votos válidos), derrotado pelo veterano Jorge Roberto Silveira, do PDT, que partia para seu quarto e último mandato.

Conheci Rodrigo como candidato a vereador, adolescente ainda. Ele sempre foi um político predestinado, trazia a determinação de que chegaria a prefeito da nossa cidade. Em 2008, provocou um conflito interno no PT: lançou-se candidato a prefeito, contrariando a direção partidária, que já tinha chapa formada com Jorge Roberto Silveira. Foi uma grande batalha que travamos, fomos para os debates e lá conseguimos aprovar a chapa do Rodrigo para a prefeitura. Perdemos a eleição, mas Rodrigo era obstinado.

Em algumas reuniões falamos com ele: "Você não tem nenhum empresário apoiando, nenhum vereador, isso não tem cabimento...". E ele respondia. "Não, não, nós vamos ganhar, nós vamos ganhar". Ele era obstinado, mas deu no que deu, perdemos. **Manuel Amâncio, presidente da Federação das Associações de Moradores de Niterói (Famnit).**

Segundo Amâncio, dois anos depois, Rodrigo deu um salto que o habilitou com mais força à eleição seguinte para prefeito. Em abril de 2010, um temporal provocou várias tragédias na cidade. A maior delas foi um deslizamento de terra na favela do Morro do Bumba, no bairro de Viçoso Jardim, na Zona Norte de Niterói. Estima-se que 270 pessoas morreram (apenas 48 corpos foram encontrados) e centenas de famílias ficaram desabrigadas.

A cidade de Niterói derreteu, o governo estava falido e secretários disseram muita besteira. A cidade estava acéfala, a prefeitura não ajudou em nada, só botou outdoor nas ruas pedindo dinheiro à população para ajudar. Aí, Rodrigo se juntou com o pessoal dele e com os empresários e recolheu roupas e comida e distribuiu para as famílias afetadas, ele, ao lado do nosso pessoal, de manhã, de tarde e de noite. A própria população de Niterói, junto com Rodrigo, é que conseguiu amenizar o sofrimento das vítimas. Isso fortaleceu o sentimento de nossas comunidades com o Rodrigo. **Manuel Amâncio**

Cláudio Gama – antropólogo e mestre em Sociologia, diretor do Instituto Mapear, trabalhou no Ibope e atua em pesquisa de opinião há 30 anos – fez pesquisas qualitativas sobre a gestão de Rodrigo Neves em Niterói e concorda com a avaliação de Manuel Amâncio.

Rodrigo se sobressaiu muito naquele evento da tragédia do Bumba. O prefeito Jorge Roberto Silveira sumiu, não apareceu, e o Rodrigo marcou presença ali, ajudou efetivamente. Acho que a atuação dele naquela tragédia representou um salto significativo, mostrou que era um político presente junto à população. **Cláudio Gama**

Em 2011, por um curto período, Rodrigo teve uma nova experiência no Executivo, dessa vez no governo estadual, como secretário de Assistência Social e Direitos Humanos no segundo governo de Sérgio Cabral. Lá, criou o programa Renda Melhor, de combate à pobreza extrema, que beneficiou mais de um milhão de pessoas, e coordenou o aluguel social às vítimas das enchentes de Teresópolis, Petrópolis, Nova Friburgo, Areal, Bom Jardim, Sapucaia e São José do Vale do Rio Preto.

Veio mais um ano eleitoral, 2012, e Rodrigo tentou novamente a Prefeitura de Niterói e foi vitorioso: ganhou no segundo turno, com 130.473 votos (52,55%), derrotando o candidato da situação, Felipe Peixoto (PDT), apoiado pelo então prefeito Jorge Roberto Silveira.

Quando chegou na época eleitoral em 2012, ele já tinha muito apoio dos movimentos comunitários e sociais. Eu voltei a falar: "Como nós vamos para a mesma peleja mais uma vez, rapaz?" E ele: "Não, não, nós vamos ganhar, nós vamos ganhar!". E começamos a entrar nas comunidades. Uma das grandes qualidades que o Rodrigo tem é a facilidade de conviver e conversar com as comunidades. Como prefeito, acho que ele ficou mais tempo dentro das comunidades do que na casa dele ou no gabinete... rsrs... E aí levamos a eleição para o segundo turno e, já viu, né, ganhamos! **Manuel Amâncio**

O advogado eleitoral Luciano Alvarenga trabalhou com Rodrigo desde a primeira vez em que concorreu à prefeitura, em 2008. Ele conta que em 2012 a disputa foi bem acirrada e com questionamentos legais.

Fizemos uma campanha linda, muito aguerrida. A gente foi vítima de alguns dos maiores casos de fake news, já em 2012. Teve até jornal falso, com matérias mentirosas, que nós questionamos na Justiça Eleitoral. **Luciano Alvarenga**

Rodrigo Neves assumiu a prefeitura em 1º de janeiro de 2013 e se deparou com uma dívida da ordem de R$ 433 milhões, de acordo com relatório do Tribunal de Contas do Estado (TCE). Aquela dívida, corrigida pelo IGP-M para valores atuais (novembro de 2021), aponta um volume de R$ 926 milhões.

Eu peguei a prefeitura com vários pagamentos atrasados: coleta de lixo sem receber havia um ano, gratuidade das passagens de ônibus, salários, merenda escolar... E durante quatro anos fui botando a casa em ordem, e a prioridade foi o quê? Pagar salário atrasado e pagar coleta de lixo para Niterói não ficar um caos, como ficaram outras cidades. **Rodrigo Neves**

Quando chegou à prefeitura é que ele viu que não fora depositada a folha de pagamento do pessoal referente a dezembro de 2012, a ser paga em janeiro de 2013. A dívida do município era imensurável. Ele chamou um grupo de especialistas: a Patrícia Audi (secretária de Planejamento, Modernização da Gestão e Controle, Seplag), *o Cesar Augusto Barbiero* (Fazenda) *e a Giovanna Victer* (da equipe de Patrícia Audi na Seplag). *Rodrigo começou a fazer um ajuste fiscal e eles foram o tripé dele.* **Manuel Amâncio**

Giovanna Victer, especialista em Políticas Públicas e Gestão Governamental e mestre em Políticas Sociais pela London School of Economics, trabalhou no governo de Rodrigo desde o início de 2013. Começou no segundo escalão, levada pela secretária da Seplag, Patrícia Audi. Em 2015, substituiu Patrícia no comando da Seplag e, no segundo mandato, após a libertação de Rodrigo, foi transferida para a Secretaria de Fazenda. Giovanna era uma técnica altamente qualificada – nunca foi política – e tornou-se uma profissional fundamental no esforço de reorganização da máquina administrativa.

> *Quando chegamos à prefeitura em janeiro de 2013, a gente encontrou uma situação de terra arrasada, do ponto de vista da gestão. O Rodrigo deu muita organicidade ao governo, muita coordenação, todo mundo sabia quem conduzia cada processo. Tinha meta, gestão por resultado, todos sabiam o que tinham que fazer. Isso foi muito importante. Fomos construindo as coisas com um tijolinho de cada vez – com atualização de sistemas, cadastramento do servidor, planejamento estratégico, fazer caixa para poder investir. A gente organizou muito bem a gestão e Rodrigo ganhou o Prêmio Sebrae Prefeito Empreendedor 2015/2016. Em 2015 e 2016, também fomos primeiro lugar no Índice Firjan de Boa Gestão Fiscal (IFGF)*[2] *e primeiro lugar no ranking de transparência da CGU*[3]. *A gente fez um trabalho técnico que tinha que ser feito, mas que, politicamente, era muito difícil. Era preciso fazer muita costura, ser político, porque uma gestão fiscal responsável desgasta politicamente. Tem que dizer muito "não", adiar para depois, ter diálogo... E o Rodrigo soube fazer isso, soube ser um bom político e um ótimo gestor.* **Giovanna Victer**

Verônica Lima, vereadora do PT em Niterói, acompanha a carreira de Rodrigo desde a adolescência, quando foi colega de militância e amiga no movimento estudantil. Mesmo sendo de outro partido, é uma de suas

---

2 Levantamento da Federação das Indústrias do Estado do Rio de Janeiro (Firjan) com dados da Secretaria do Tesouro Nacional. Niterói foi o único município fluminense a alcançar a excelência na gestão de suas contas públicas em 2016 e também conquistou o sexto lugar no ranking nacional.

3 Em 2015, o município alcançou a pontuação máxima nos rankings de Transparência do Ministério Público Federal (MPF) e da Controladoria Geral da União (CGU) que avaliaram, respectivamente, a qualidade das informações dos portais da transparência e o nível de implementação da Lei de Acesso à Informação nos municípios e estados brasileiros.

principais apoiadoras na Câmara de Vereadores. Para Verônica, a eleição de Rodrigo como prefeito representou uma quebra de paradigma na política tradicional de Niterói.

Rodrigo chegou à prefeitura rompendo com uma lógica política prevalecente: só vencia as eleições para prefeito quem tivesse apoio de grande parte da Câmara e da maioria da classe média, da Zona Sul e de Icaraí (bairro nobre de Niterói). *Além disso, tradicionalmente, os vencedores eram os que tinham apoio da máquina municipal. De 1988 em diante, os governantes que estiveram à frente da prefeitura sempre receberam apoio do antecessor: João Sampaio foi apoiado por Jorge Roberto Silveira; Godofredo Pinto era vice do Jorge Roberto Silveira; e aí volta Jorge Roberto Silveira para mais dois mandatos. Rodrigo rompeu essa lógica: era um filho da Zona Norte da cidade, com sustentação de base popular. E já começou fazendo muita inversão de prioridade. Niterói nunca havia tido um programa de moradia popular para quem ganha de zero a três salários mínimos; Rodrigo entregou mais de duas mil moradias. Também assumiu o restaurante popular da cidade, fez programa de transferência de renda. Isso tudo aumentou sua capilaridade e sua base popular, sobretudo na Zona Norte* (região de mais baixa renda e com os maiores índices de violência de Niterói). **Verônica Lima**

Outro político que já acompanhava Rodrigo há muito tempo, o deputado federal e médico Chico D'Angelo (PDT), participou do primeiro mandato como secretário municipal de Saúde.

Eu havia sido secretário de Saúde de Niterói de 2002 a 2006, quando saí pra ser candidato a deputado e me elegi. Quando Rodrigo ganhou a eleição em 2012, ele me chamou para ser secretário de Saúde e fiquei um ano no cargo. Aí pude conhecer mais de perto o Rodrigo gestor. Eu já o conhecia desde quando havia sido candidato a vereador, em 1996. Era um garoto, teve uma votação grande, foi uma revelação, um fenômeno na cidade naquela época. Surpreendeu o campo progressista, por seu dinamismo. Era dessas pessoas que a gente diz na política: "Esse é acima da média". Muito preparado, inteligente, sagaz, via as coisas longe. Mas eu não conhecia o Rodrigo na gestão. E, como secretário de Saúde dele, para mim foi uma grata surpresa. Vi a maneira como trabalhava, a capacidade de planejar, organizar e conhecer as coisas. Era um grande gestor. Por isso foi reeleito e fez o sucessor. Mérito da capacidade dele de montar a equipe, saber escolher os nomes no lugar certo, saber agregar. Ele tem essa capacidade, uma coisa rara na política. Já sabíamos que articulava a política com muita competência, mas capacidade de gestão, como ele demonstrou à frente da prefeitura, confesso que foi pra mim uma grata surpresa. **Chico D'Angelo**

O contador Manuel Amâncio, veterano líder da Associação de Moradores de Maria Paula e presidente da Federação das Associações de Moradores de Niterói (Famnit) desde 2013, relembra um lado menos noticiado da atuação do então novo prefeito.

Na primeira oportunidade, ele encheu o ônibus de secretários e foi visitar as comunidades. E fez com que seu pessoal anotasse as demandas de cada liderança popular. Depois de 2012, a coisa virou da água para o vinho nas comunidades. Tudo que nós alinhamos com Rodrigo, ele cumpriu. Nenhuma outra cidade do estado teve tanto benefício com habitação popular como Niterói. Na questão de crianças na creche, também fomos muito bem assistidos com as políticas públicas do Rodrigo. Teve ainda a construção do Túnel Charitas-Cafubá: com ou sem pedágio? Rodrigo garantiu que não haveria pedágio. E não tem pedágio até hoje! **Manuel Amâncio**

Atual prefeito de Niterói, o engenheiro ambiental, ambientalista e velejador Axel Grael foi o braço direito de Rodrigo Neves em seus oito anos como prefeito. Mas isso só aconteceu após um insistente trabalho de convencimento de Rodrigo. Axel estava estabilizado na iniciativa privada (após um período na área ambiental do governo estadual nos anos 90) e resistiu a embarcar na chapa de Rodrigo para prefeito.

Em 2012, acho que no começo do ano, o Rodrigo me procurou e me propôs ser candidato a vice-prefeito na chapa dele. Minha primeira resposta foi "não". Eu era empresário, estava com outro encaminhamento na vida. E vinha de uma trajetória como ambientalista, tinha sido presidente do órgão ambiental do estado, a Feema (Fundação Estadual de Engenharia do Meio Ambiente), *criei o Inea* (Instituto Estadual do Ambiente), *que é o atual órgão ambiental do estado. Também tinha sido presidente do Instituto Estadual de Florestas, minha trajetória era muito na área ambiental, embora eu seja servidor público de carreira, como engenheiro da Prefeitura do Rio. Eu já conhecia o Rodrigo, mas a gente não tinha tanta proximidade assim. Expliquei a ele que, para mim, seria uma guinada muito grande na vida, não me interessava. Aí ele marcou mais uma reunião, e a gente continuou a conversar. Até que houve um encontro na minha casa e ficamos cinco horas falando. Minha esposa, Christa, de vez em quando ia lá para ver se estava tudo bem... rsrs. A gente foi encontrando várias convergências de ideias e de propostas para Niterói, e acabei concordando com ele. O engraçado é que eu havia prometido pra minha mulher: "Deixa comigo, que eu hoje vou dizer pra ele que de jeito nenhum". Aí, na saída, o Rodrigo abraçou a Christa daquele jeito dele, bem afetuoso, e falou assim: "Vai ser muito bom!". E a Christa olhando para mim por cima do ombro dele, me questionando com os olhos, sem entender nada... rsrs. A partir dali, fizemos juntos a campanha, que inicialmente parecia pouco provável em termos de resultado. Mas deu certo, fomos eleitos.* **Axel Grael**

Axel não foi um vice-prefeito decorativo; teve um papel importante naquele difícil início da gestão de Rodrigo.

Eu tinha uma atuação muito próxima ao Rodrigo. Peguei algumas tarefas como, por exemplo, captar recursos para a prefeitura, que tinha um problema de falta de capacidade de elaboração de projetos – surgiam oportunidades e a prefeitura perdia. Como eu tinha experiência nessa área, com projetos de grande porte financiados com recursos internacionais, criamos o Escritório de Gestão de Projetos de Niterói, e comecei a cuidar dessa parte da captação de recursos. A gente tinha um endividamento enorme. A dívida de curto prazo da prefeitura, no começo da gestão, era da ordem de R$ 400 milhões, para um orçamento em torno de R$ 1,2 bilhão. Ou seja, um terço do orçamento do ano inteiro era para pagar atrasados de fornecedores, empresa de coleta de lixo etc. Foi um início muito difícil. Por isso, captar recursos era importante e eu fui para esse lado, mas sempre acompanhando o Rodrigo de perto na gestão. Aí, a coisa foi andando. Rodrigo era muito hábil na parte de comunicação e em fazer a gestão, mesmo com toda aquela dificuldade financeira. **Axel Grael**

Os resultados do trabalho de Axel não tardaram em aparecer e foram importantes para que Niterói superasse aquela fase.

Era um ritmo avassalador, cada dia tinha uma novidade, um fato novo, e isso foi dando um pique importante na gestão. Eu consegui captar recursos no Banco Interamericano de Desenvolvimento e depois na CAF (Cooperação Andina de Fomento, do Banco de Desenvolvimento da América Latina). *A gente conseguiu montar uma carteira de projetos* *para Niterói da ordem de R$ 1 bilhão; mais do que o orçamento do primeiro ano do governo, né? Isso foi muito importante para os resultados. Porque a gente vinha enfrentando uma crise, no momento em que o Brasil e o Rio de Janeiro estavam bem. Era a Copa do Mundo chegando, Olimpíada chegando, tudo parecia que ia bem para o Rio de Janeiro, mas, aqui, do outro lado da Ponte, o bicho estava pegando, tínhamos uma série de desafios. A gente foi estruturando o governo, fazendo as reformas e todas as mudanças necessárias para superar a crise, enquanto todo mundo ao redor surfava na onda. Quando a onda passou e vieram as crises, nós estávamos muito mais bem preparados, porque tínhamos acabado de fazer os ajustes necessários. Então, o município e o estado do Rio tiveram uma sucessão de problemas: o Sérgio Cabral foi preso, o Pezão também enfrentou dificuldades... E aqui, em Niterói, a gente teve recursos, capacidade de investimento e uma agenda de projetos bem estruturada, com financiamento com dinheiro carimbado*[4]*. A gente começava a deslanchar quando todo mundo estava mal. Isso criou essa reputação de uma boa gestão – e era, de fato, uma boa gestão. Enquanto todo mundo passava por dificuldades, tivemos uma agenda muito positiva.* **Axel Grael**

Sobre esse momento, Rodrigo Neves diz que sua formação como sociólogo foi importante na formulação do governo. Ele destaca dois pensadores em especial que o influenciaram: o italiano Norberto Bobbio e o polonês Zygmunt Bauman.

Uma das principais preocupações que eu tinha era com o mal-estar da democracia liberal. Teve um livro que me marcou muito, escrito pelo Norberto Bobbio, "O futuro da democracia". Ele escreveu antes da Operação Mãos Limpas[5]*, antes do Berlusconi* (Silvio, bilionário e ex-primeiro-ministro

[4] Recursos que só podem ser utilizados para fins específicos, previstos no contrato de financiamento.

[5] Investigação judicial de grande envergadura realizada na Itália nos anos 90 para esclarecer inúmeros casos de corrupção – principalmente o pagamento de suborno, por grandes empresas, a políticos e altos funcionários governamentais e vencer licitações de grandes obras públicas. Coordenada pelo procurador da República Antonio Di Pietro, causou o desaparecimento de vários partidos políticos – incluindo os dois maiores, a Democracia Cristã (DC) e o Partido Socialista Italiano (PSI). Durante a operação, 2.993 mandados de prisão foram expedidos e 6.059 pessoas foram investigadas, incluindo 872 empresários, 1.978 administradores locais e 438 parlamentares (quatro deles ex-primeiros-ministros). Um terço dos acusados foi condenado.

italiano), *antes da queda do Muro de Berlim*[6]. *Mas ali ele já falava de uma crise de desempenho da democracia, ou seja, as demandas dos cidadãos são cada vez mais crescentes, e, por outro lado, os governos democráticos respondem a essas demandas com lentidão e frustram a sociedade. Norberto Bobbio não era um comunista, era um social-democrata, mas falava sobre a importância de responder às demandas. Depois eu li o Bauman, que fala do mal-estar da pós-modernidade*[7]*, que é a modernidade líquida, e da explosão das redes sociais e do papel da internet. Aquilo ficou muito na minha cabeça. Então, quando eu assumi em 2013, eu tinha uma leitura que poucas pessoas tinham: de que os autoritários respondiam coerentemente a esse mal-estar da democracia sufocando a demanda e os movimentos sociais e, ao mesmo tempo, estabelecendo o controle de órgãos como a polícia, o Ministério Público e o Judiciário.* **Rodrigo Neves**

Influenciado por essas ideias, Rodrigo fez seu primeiro governo de forma diferente de todos os prefeitos fluminenses.

Quando assumi em 2013, priorizei algumas pautas que não eram propriamente de esquerda; iam além dos direitos humanos e das políticas sociais. Eu trabalhei os temas da segurança pública, da gestão para resultados e da participação social. Nós desenvolvemos aplicativos, como o Colab, em que o cidadão participava do dia a dia da administração da cidade. Estruturamos um planejamento de longo prazo chamado "Niterói que queremos", para 20 anos à frente, tudo com a participação de milhares de cidadãos. **Rodrigo Neves**

Segundo Rodrigo, essa visão de sua gestão foi fundamental para que Niterói enfrentasse, com sucesso, as manifestações de junho de 2013, contra o aumento das passagens de ônibus urbanos.

Estávamos bem instrumentalizados para lidar com aquela situação. Em

---

[6] "O futuro da democracia" reúne sete ensaios que haviam sido publicados originalmente entre 1978 e 1984.

[7] "O mal-estar da pós-modernidade", do sociólogo e filósofo polonês Zygmunt Bauman, professor emérito de Sociologia das Universidades de Leeds e Varsóvia, foi lançado em 1998. O título parodia uma obra de Sigmund Freud, "O mal-estar da civilização". Na obra, Bauman trata dos relacionamentos menos duradouros, do medo difuso que deixa as pessoas inseguras e autocentradas, da segurança gerada pelo prazer imediato do consumismo e das relações fugazes que não suportam erros ou contrariedades. Ele diz que na pós-modernidade "as relações escorrem pelo espaço entre os dedos" e cunhou os conceitos de modernidade líquida, amor líquido e medo líquido.

Niterói, fizemos mesas de diálogo. Minha secretária-executiva, Maria Célia, que é uma veterana comunista, hoje uma senhora com seus 70 anos, era um de meus braços direitos. No dia das grandes mobilizações dos 20 centavos, ela subiu no carro de som e falou para aqueles 20 mil jovens.
Rodrigo Neves

O jovem prefeito enfrentou também protestos com acampamentos na porta de seu prédio, tal como acontecera com Sérgio Cabral. Mas sua resposta foi bem diferente.

Uns 15 estudantes acamparam na porta da minha casa, no auge das manifestações. Pois bem, depois de quatro dias, eu cheguei à seguinte conclusão: pedir a polícia para retirá-los à força de lá, com a história que eu tenho, não tinha o menor cabimento. Por outro lado, ignorar aquele pessoal também não fazia sentido. Daí, eu botei uma calça jeans e um tênis, e desci. Sentei no chão com os caras. Eles ficaram completamente desorientados. Falei: "Pessoal, alguns anos atrás, eu estava fazendo o que vocês estão fazendo agora. O que é que vocês querem?". Aquilo foi um divisor de águas no plano simbólico. Porque, enquanto no Rio as pessoas estavam apanhando, eu fiquei duas horas sentado com os manifestantes, dentro da barraca, de perna cruzada, ouvindo. Me apresentaram umas 15 reivindicações, as mais absurdas – estatização do sistema de transportes, fim do ordenamento de ambulante etc. Mas tinha uma que era plausível. A gente tem em Niterói uma espécie de Lapa, que é a Cantareira[8], em frente à UFF, perto do cinema Reserva Cultural. E estava tendo ali um projeto que a gente fez, chamado Calçada Livre[9]. Os estudantes, então, me pediram que fosse suspensa a operação do Calçada Livre, porque batia de frente com a liberdade que eles tinham para

[8] Oficialmente batizada como Praça Leoni Ramos, a Cantareira é uma área tradicional da boemia a céu aberto de Niterói, reduto livre de reunião e lazer dos estudantes da Universidade Federal Fluminense (UFF), que a apelidam de "quintal da UFF". Assim a Cantareira foi definida numa reportagem do jornal "O Globo" (4/8/2013): "Cercada de bares, restaurantes e barracas de ambulantes, a badalada pracinha virou ponto de encontro das mais diversas tribos, no melhor estilo 'tudo junto e misturado'".

[9] Calçada Livre era um projeto da Secretaria Municipal de Ordem Pública (Seop) de Niterói que previa o combate a ambulantes irregulares, moradores de rua, flanelinhas e à ocupação indevida do espaço público pelas mesas dos bares nas ruas, além de fiscalização contra lava jatos irregulares e instalações ilegais de água e de luz, carros estacionados em local proibido, comércio sem alvará e mercadorias expostas na calçada. O projeto chegou à Cantareira em 3 de julho de 2013.

ficar na rua. Dentre aquelas pautas, essa me parecia razoável. Eu aceitei e no dia seguinte determinei a suspensão dessa operação. Pô, foi uma baita vitória para eles. Uns três dias depois de eu ter sentado no chão, os estudantes saíram da porta da minha casa, sem polícia e sendo ouvidos. **Rodrigo Neves**

Seu estilo muito particular de resolver as coisas foi importante para que Niterói passasse pelas manifestações de 2013 de forma diferente do Rio de Janeiro, sem a violência nas ruas.

No dia daquela manifestação em que os black blocs saíram destruindo o Centro do Rio, eu montei um gabinete de inteligência. Tal como no Rio, aqui em Niterói eles deitaram na rua, no coração da cidade, na Amaral Peixoto. O Batalhão de Choque foi enviado e a orientação era de sentar a pancada no pessoal. Eu acompanhei aquela situação com o comandante da polícia e falei: "Olha, é isso que eles querem, que vocês ataquem". Assim, nós conseguimos evitar quebra-quebra em Niterói. A única vez naqueles episódios em que eu apoiei uma ação policial mais forte foi quando uns 60 a 70 manifestantes estavam subindo a Ponte Rio-Niterói e tínhamos a informação de que queriam paralisar o trânsito no horário do rush. Aí eu falei: "Isso não dá!". A PM teve que usar alguma violência, não teve jeito. Logo depois das manifestações de junho, fizemos uma pesquisa de opinião qualitativa em Niterói e o resultado foi muito interessante. As pessoas falavam: "Ó, em Niterói foi diferente...". De maneira geral, a gente se saiu muito bem daquela crise. **Rodrigo Neves**

A boa gestão de Rodrigo no comando da cidade é referendada pelo padre João Cláudio, um religioso muito popular e carismático, com um perfil diferente: é lutador graduado de jiu-jítsu, apaixonado por carnaval, especialista em exorcismo e com mais de 20 tatuagens pelo corpo. No dia 29 de cada mês, desde setembro de 2008, padre João atrai milhares de pessoas a sua paróquia, a Igreja de Nossa Senhora de Fátima, no pacato Bairro de Fátima. Nesse dia, realiza uma missa mensal para São Miguel Arcanjo[10].

[10] São Miguel Arcanjo, príncipe, guerreiro e grande combatente, é considerado o vencedor sobre as forças do mal. Guardião do trono celestial, defensor e protetor do Povo de Deus, além de padroeiro da Igreja Católica, São Miguel Arcanjo é o chefe supremo do exército celestial dos anjos fiéis a Deus. É conhecido ainda como Arcanjo da Justiça e Arcanjo do Arrependimento. A São Miguel Arcanjo são dirigidas novenas e orações pedindo sua proteção contra o mal e a direção no caminho de Deus.

O culto virou um fenômeno, está sempre lotado e atrai fiéis até de outros estados e religiões.

O pároco há muito acompanha de perto a política niteroiense, através de conversas regulares com políticos, de diferentes partidos e ideologias, que frequentam a missa do dia 29.

Desde antes da eleição de Rodrigo, muita gente da prefeitura (servidores) *vinha à Missa de São Miguel em busca de força para seu trabalho e sua vida. Também sempre recebi políticos de todas as vertentes, alguns de maneira mais discreta, até anônimos mesmo. E percebi que esse pessoal da prefeitura, no início do mandato, já havia notado no governo de Rodrigo um grande diferencial em relação aos anteriores, principalmente da última gestão, que havia feito muitas promessas, mas nenhuma realização. Rodrigo pegou uma cidade bem endividada e foi enxugando a máquina. Estou aqui desde 2005, então, paralelamente ao trabalho que exerço, vi Niterói politicamente nesses anos todos. Eu vi a involução e a evolução, e vi o auge. Que, para mim, foi o governo de Rodrigo Neves. Ele foi o auge de gestão.* **Padre João Cláudio**

A Missa de São Miguel acabou exercendo um papel discreto (mas importante) na política niteroiense.

Eu nunca olhei para a política como um elemento demonizador, eu acho que, como disse o Papa Francisco, temos que construir pontes, e não muros. Pontes de diálogo, de pegar a pessoa que está passando dificuldade e dizer a ela: "Ó, está ali o vereador tal, conversa com ele", "Está ali o secretário tal", "Está ali até o próprio prefeito, bate um papo com ele". As pessoas na Missa de São Miguel tinham essa oportunidade, conversavam com os políticos, e muitas delas me agradeciam por ter tido um acesso que, pelas vias burocráticas, seria bem mais difícil. A Missa de São Miguel se tornou esse elemento aglutinador em Niterói. **Padre João Cláudio**

Outro que confirma o bom desempenho de Rodrigo na prefeitura é o empresário e arquiteto Joaquim Andrade, que há muitos anos exerce cargos de liderança em entidades empresariais de Niterói, entre elas a Associação de Empresas do Mercado Imobiliário (Ademi) e a Associação Conselho Empresarial e Cidadania (Acec).

Joaquim não conhecia Rodrigo Neves até ele se tornar vereador. Na campanha eleitoral de 2012, o empresário chegou a ser sondado por Rodrigo para participar do governo, mas não teve interesse, estava focado em sua atividade na iniciativa privada e nas entidades empresariais. Porém, acompanhou de perto a gestão de Rodrigo e, aos poucos, foi descobrindo qualidades no novo prefeito.

Eu sempre enxerguei Rodrigo como uma pessoa muito nova, cheia de sonhos, mas também obstinado e disciplinado. Participei de reuniões com ele no início, quando comandava e cobrava o cumprimento de prazos. E aquilo começou a me surpreender, percebi que aquele governo ia dar certo. Quando a gente vê uma pessoa tão envolvida e determinada a fazer com que as coisas aconteçam, isso se torna no mínimo uma agradável surpresa. E foi isso que eu e muitos outros da iniciativa privada começamos a ver no Rodrigo: uma pessoa preparada, cheia de sonhos, determinada e muito disciplinada. A primeira preocupação dele foi fazer um processo de gestão da prefeitura. Ele organizou a casa internamente. É uma coisa que pouca gente vê na cidade. É como se tivesse executando o esgoto, a drenagem, aquele tipo de obra que ninguém percebe, só sente. As coisas começavam a funcionar. E Rodrigo fez um processo de reestruturação da gestão da prefeitura que deu muito resultado. Nós, que tivemos a oportunidade de olhar isso de perto, vimos que funcionou. Mesmo sendo um cara novo e idealista, estava conseguindo imprimir na administração de Niterói alguma coisa que ia dar certo. Ele organizou um plano de metas, sei lá, com 30 e poucas metas, fruto de uma consulta à sociedade em que ouviu gente de todos os níveis e camadas sociais, não só empresários e pessoas dos segmentos econômicos. Ele traçou um plano e fazia reunião de acompanhamento. Tudo isso deixou a gente, da iniciativa privada, com um olhar muito bom em relação ao governo do Rodrigo. **Joaquim Andrade**

O plano estratégico "Niterói que queremos", criado com participação popular e que foi (e ainda é) o guia de todas as ações do governo municipal, deu resultados ao longo das duas gestões de Rodrigo Neves na prefeitura. Alguns exemplos mais expressivos:

- 90% da frota de ônibus com ar-condicionado em 2019. A cidade passou a ter a frota de maior qualidade entre as cidades do Grande Rio.

- Inauguração, em 2019, da via expressa TransOceânica, com 9,3 quilômetros e corredor exclusivo para ônibus do sistema BHLS (Bus of High Level of Service). Maior obra viária da cidade, o projeto assinado pelo arquiteto Guto Índio da Costa ganhou o Prêmio Brazil Design Award, da Associação Brasileira de Empresas de Design (Abedesign).

- Túnel Charitas-Cafubá (que integra a TransOceânica), inaugurado em 2017. Talvez a obra de maior impacto da gestão de Rodrigo – era uma lenda em Niterói, prometida há mais de 40 anos. Reduziu em 40 minutos a ligação entre o Centro e a Zona Sul com a Região Oceânica, beneficiando 125 mil pessoas.

- Programa Niterói Presente, de policiamento militar das ruas da cidade, numa parceria da prefeitura com o governo estadual, firmada em 2017: reduziu os principais índices de criminalidade do município.

- Ampliação do efetivo da Guarda Municipal de 280 (2013) para 714 guardas (2020).

- 125 obras de contenção de encostas em áreas de favelas.

- Reabertura em 2013, com reforma e ampliação, da emergência do Hospital Pediátrico Getulinho, referência em saúde infantil. Em cinco anos, os atendimentos ambulatoriais triplicaram, enquanto os atendimentos de emergência cresceram 57%.

- Reforma do Hospital Carlos Tortelly. Em cinco anos, os atendimentos aumentaram em 84%. O hospital recebeu o primeiro Centro de Diagnóstico Integrado (CDI) da rede municipal, com aparelhos de radiologia digital, mamografia, tomografia, ultrassonografia e laboratório.

- Implantação de 14 novas unidades do Programa Médico de Família e requalificação de seis unidades. Inauguração da Unidade Municipal de Emergência Mário Monteiro (atualmente UPA 24 horas). Reforma e modernização, com informatização, de 27 unidades de saúde.

• Aumento de 39% dos investimentos municipais em educação, de 2015 a 2019. Em 2018, Niterói passou a ser o segundo município do país acima de 200 mil habitantes que mais investia em educação, de acordo com o "Anuário multicidades", da Frente Nacional de Prefeitos. De 2013 a 2019, 25 escolas foram inauguradas, gerando 5.100 novas vagas.

• Criação de quatro bibliotecas municipais, duas plataformas digitais e 53 ambientes digitais voltados para estudantes, professores e a população em geral.

• Apoio a novos negócios na cidade, nas áreas de audiovisual e cervejaria, entre outras, contando ainda com a restauração do Mercado Municipal Feliciano Sodré, criação da Casa do Empreendedor e de um programa de incentivo ao turismo.

• Criação da Controladoria Geral do Município, da Escola de Governo e Gestão e do MBA em Gestão Pública de Niterói (em parceria com a UFF), exclusivo para os servidores municipais.

• Gestão fiscal: com dívidas de mais de R$ 400 milhões em 2013, Niterói apresentou, em 2019, um superávit de R$ 1,2 bilhão.

Há muitas outras ações realizadas nos dois mandatos de Rodrigo, que podem ser consultadas numa publicação da prefeitura disponível no link: https://planoniteroiquequeremos.com.br/balancodeentrega/

Rodrigo Neves conquistou minha admiração como gestor público ao se dispor a ajudar a população cumprindo suas promessas de campanha política: a reabertura do Hospital Getúlio Vargas Filho, o Getulinho, que tantos benefícios trouxe para as crianças de nossa cidade e, principalmen-

te, do bairro Fonseca e adjacências. Ruas que, outrora, eram esburacadas, foram restauradas. Entregou o Túnel Charitas-Cafubá, uma obra que ajudou muito o fluxo viário dos habitantes da Região Oceânica. Enfim, aquilo que ele prometeu na sua campanha, ele fez. Percebo no Rodrigo um coração cheio de fé para agir. A Bíblia diz em Tiago, capítulo 2 e verso 14: "Meus irmãos, que interessa se alguém disser que tem fé em Deus e não fizer prova disso através de obras?". E no verso 17: "Assim também a fé, se não se traduzir em obras, é morta em si mesma". Não basta só a fé. Tem que haver obras. Esses dois pilares da vida cristã são como um pássaro que precisa das duas asas para voar. E isso eu percebo no Rodrigo, no desejo e empenho dele em servir ao próximo. **Pastor Celso, líder da Assembleia de Deus do Fonseca e presidente da Convenção Estadual de Ministros das Assembleias de Deus no Rio da Janeiro (Cemad/RJ)**

Quatro anos de trabalho árduo na gestão de uma Niterói cheia de problemas levaram Rodrigo à sua reeleição, em 2016, para mais um mandato como prefeito.

Rodrigo sempre foi muito transparente, muito aberto. Conseguiu formar uma equipe de técnicos, muita gente jovem, gente até sem compromisso com a política, mas com bagagem técnica e competência. E ele começou a transformar a cidade. **Joaquim Andrade**

Um ano e meio antes de se reeleger, em março de 2015, Rodrigo se desligou do Partido dos Trabalhadores, ao qual era filiado desde a adolescência, e entrou no Partido Verde (PV). O motivo foi seu incômodo com as denúncias ligando o PT à corrupção e a forma como o partido lidou com isso.

Em 2016, candidatou-se à reeleição trazendo novamente Axel Grael como vice na chapa. Mas, no início da campanha, foi surpreendido por uma ação da oposição, que desencavou um processo de 25 anos antes, no qual Axel questionava judicialmente uma punição que havia recebido, relacionada a uma prestação de contas do período em que trabalhou no governo estadual. Por causa dessa pendência, pois o processo continuava aberto mesmo após tantos anos, o vice-prefeito acabou tornando-se "ficha suja" e inelegível.

Descobriram um processo de 1991, quando ele havia sido presidente do Instituto Estadual de Florestas (IEF). Um processo de R$ 8 mil, que Axel questionava junto ao Tribunal de Contas – e com razão, já que era ino-

cente. Aí, entraram com uma demanda na Justiça Eleitoral para impugnar a minha candidatura a prefeito por causa do Axel, vice da chapa. Uma opção era continuar com o Axel na chapa e entrar com recurso. Mas, se eu ganhasse a eleição, ficaria com a chapa sub judice e Niterói entraria numa espiral de instabilidade. Não pensei duas vezes, chamei o Axel e falei: "Se você ficar na chapa, a gente corre o risco de ser impugnado, mas a decisão é sua". Ele concordou comigo e aí foi substituído pelo Comte Bittencourt, que era deputado estadual do Cidadania. Um cara legal, correto, com posição política mais de centro-direita. Era o nome eleitoralmente mais qualificado, o próprio Axel achava isso. **Rodrigo Neves**

Eu não pude continuar como vice-prefeito por uma manobra ardilosa dos adversários. Na campanha, o tempo todo o Rodrigo dizia que Niterói teria dois vices: um deles seria o Comte, que ocupou meu lugar na chapa; o outro seria eu. Então, comecei a segunda gestão do Rodrigo como secretário-executivo da Prefeitura. Ali, eu acompanhava de perto tudo o que estava acontecendo, os principais projetos, as preocupações. No gabinete do prefeito existe uma portinha que permite que o secretário-executivo chegue direto ao Rodrigo. Eu passava várias vezes por dia por ela. E dizia sempre para Rodrigo que aquela portinha era um problema, porque, cada vez que eu entrava, voltava com mais um monte de responsabilidades e compromissos... **Axel Grael**

Rodrigo reelegeu-se em 2016, derrotando novamente Felipe Peixoto no segundo turno. Por muito pouco não levou no primeiro – teve quase 48% dos votos, mas precisava superar os 50%. A candidatura do deputado estadual Flavio Serafini, do Psol, que chegou em terceiro lugar, conquistou 20,62% dos votos e dividiu o eleitorado niteroiense de esquerda. No segundo turno, Rodrigo teve expressiva votação, parecida com a da primeira eleição: 130.473 votos (58,59%), contra 92.205 (41,41%) de seu adversário. Ele foi o único prefeito do Grande Rio a se reeleger.

Um ano depois, Rodrigo migrou do PV para o tradicional Partido Democrático Trabalhista (PDT), criado por Leonel Brizola. Em 2018, foi o coordenador da campanha presidencial de Ciro Gomes no Rio de Janeiro. Tanto no estado quanto em Niterói, Ciro ficou em segundo lugar no primeiro turno e teve sua maior votação proporcional na Região Sudeste: 15,22% dos votos válidos no estado e 21,26% em Niterói. No segundo turno, Rodrigo trabalhou fortemente para Fernando Haddad, candidato do PT, que em Niterói saltou de 14,38% para 37,54% na disputa final com Jair Bolsonaro.

Em seu segundo mandato, logo no primeiro ano, em 2017, uma ótima notícia facilitaria muito a gestão de Rodrigo Neves dali em diante: a chegada dos royalties do pré-sal.

Em fevereiro ou março, começou a entrar o dinheiro do pré-sal. Era aquele pré-sal descoberto em 2006/2007, no governo Lula[11], *e que a Dilma começou a desenvolver entre 2010 e 2014. Passou efetivamente a gerar royalties em 2017. Niterói produz 42% do petróleo do pré-sal no Brasil (Maricá, outros 48%). Assim, os royalties de Niterói saltaram de R$ 200 milhões para mais de R$ 1 bilhão por ano.* **Rodrigo Neves**

A dinheirama inesperada pouco a pouco foi resolvendo os problemas de caixa da prefeitura, de uma forma bem planejada e executada. Abriu a possibilidade de investimentos e permitiu a constituição de uma poupança anual que, mais à frente, seria fundamental no combate à pandemia de Covid-19. O então secretário de Fazenda, Pablo Villarim, desenvolveu a modelagem da chamada poupança dos royalties, que recebia 10% de tudo que entrava de participação especial. A iniciativa deu destaque a Niterói. A cada ano, esses 10% representavam entre R$ 100 milhões e R$ 120 milhões de poupança.

Quando começou 2018, Rodrigo Neves estava voando em céu de brigadeiro.

Niterói se destacou muito nacionalmente. Tinha o Niterói Audiovisual[12], *a poupança dos royalties, o primeiro lugar em gestão fiscal, o primeiro lugar em transparência da CGU... Vários acontecimentos que realmente foram*

---

[11] A Petrobras, em parceria com empresas estrangeiras, anunciou a descoberta do pré-sal no Brasil em 2006 e, em 2007, confirmou a existência de uma grande reserva petrolífera abaixo de uma espessa camada de sal no litoral do estado do Rio de Janeiro.

[12] Lançado em 26 de setembro de 2017, o programa Niterói Cidade do Audiovisual constitui-se de uma série de medidas para transformar a cidade em referência no apoio à produção audiovisual. Um dos objetivos era usar Niterói como ambientação para produções, e, dessa maneira, fortalecer o turismo e o comércio niteroiense. O ator e comediante Paulo Gustavo usou locações da cidade em seu filme "Minha mãe é uma peça 3". O programa incluiu ainda incentivo a festivais de cinema e a salas de projeção e a criação do Museu do Cinema Brasileiro e da Niterói Film Commission, entre outras iniciativas de apoio à produção audiovisual.

chamando a atenção para Niterói. E, no segundo mandato, com esse dinheiro todo da poupança dos royalties, a gente conseguiu começar muitas obras. Quando Rodrigo foi preso, ele estava no auge. **Giovanna Victer**

Eu já tinha recebido vários prêmios de gestão pública, já tinha acertado as dívidas dos governos anteriores. Em 2018, pelo segundo ano seguido, Niterói ganhou o primeiro lugar em limpeza urbana[13]*. No início do ano, lancei um plano de investimentos na reestruturação urbana da cidade, da orla, da Rua Marquês do Paraná, da Praça Arariboia.... O astral era excelente. O plano de segurança pública, que era um dos principais problemas de Niterói, começava a dar seus primeiros resultados. Eu presidia o Consórcio de Desenvolvimento Leste Fluminense (Conleste), estava liderando o movimento de pressão pela refinaria de Itaboraí e construindo um plano estratégico de desenvolvimento, como eu fizera em Niterói, com todos os prefeitos até Cabo Frio. A gente ia governar 30%, 40% do estado com esses prefeitos, a partir dos municípios. Seria o maior desenvolvimento do Rio de Janeiro. Eu estava muito bem posicionado politicamente.* **Rodrigo Neves**

Naquele ano, o único problema grave enfrentado pela prefeitura ocorreu na segunda semana de novembro, quando o deslizamento de uma pedra sobre sete casas no Morro da Boa Esperança, no bairro de Piratininga, deixou um saldo de 15 mortos e famílias desabrigadas. Rodrigo Neves estava em um avião indo para a Espanha (onde representaria a Frente Nacional de Prefeitos num evento internacional) e retornou no mesmo dia, no primeiro voo que conseguiu.

Aconteceu uns 20 dias antes de ele ser preso. Aquilo foi um choque, porque foi, talvez, a maior crise que a gente passou no governo. Era sexta-feira (9/11/2018), Fernanda (mulher de Rodrigo) *me avisou na manhã de sábado, bem cedo: "Giovanna, teve um acidente, caiu uma pedra...". Eu fui para lá imediatamente. Foi uma tragédia, pessoas morreram, tinha gente*

[13] Primeiro lugar no Índice de Sustentabilidade da Limpeza Urbana (Islu), desenvolvido pelo Sindicato das Empresas de Limpeza Urbana (Selur) e pela consultoria PwC, que avalia, anualmente, os municípios com base nos critérios de Engajamento (população atendida e população total); Sustentabilidade Financeira (arrecadação específica menos despesa do serviço sobre a despesa total do município); Recuperação dos Recursos Coletados (material reciclável recuperado sobre total coletado); e Impacto Ambiental (quantidade destinada incorretamente sobre a população atendida). Nos anos de 2019 e 2020, Niterói continuou em primeiro lugar e no ranking nacional do Islu em 2020 alcançou a segunda colocação, entre 3.313 cidades avaliadas, perdendo apenas para Santos (SP).

soterrada. Naquele momento, Rodrigo fez muita falta. Parece que foi um teste para nós: aconteceu uma tragédia e ele não estava na cidade. Rodrigo delegou para o coronel Wallace Medeiros, chefe da Defesa Civil de Niterói, que, graças a Deus, foi firme. A prefeitura deu assistência para todo mundo. Depois, Rodrigo e Fernanda receberam as famílias no gabinete dele, acolheram todos. **Giovanna Victer**

Os bons resultados e a popularidade de Rodrigo nos primeiros cinco anos de governo acabaram por criar uma situação política: em 2018, haveria eleições para governador, e o prefeito de Niterói despontava como candidato natural – e forte – ao cargo mais alto do estado do Rio.

Ainda no fim de 2017, Rodrigo começou a ser sondado dentro de seu partido, o PDT, para ser o candidato da legenda ao governo do estado. Ele recebeu convites e pressões de diferentes lados, e teve uma conversa franca com a esposa, Fernanda. Vários fatores pesavam contra a ideia de se candidatar.

Começou um movimento político grande para eu ser candidato a governador, inclusive fora do PDT. No início de 2018, em fevereiro, tive um encontro reservado com o Lula, pouco antes da prisão dele em 7 de abril. Foi num hotel na Zona Sul do Rio, só eu, ele e Gilberto Carvalho (ex-secretário-geral da Presidência no governo Lula). *Lula estava muito preocupado com o quadro político brasileiro e me disse: "Rodrigo, se você for candidato aqui no Rio, o PT poderia te apoiar". Depois, em março ou abril, não lembro ao certo, o Ciro e o Carlos Lupi* (presidente do PDT) *jantaram comigo e também queriam que eu fosse candidato a governador. Eu já havia falado antes com o Eduardo Paes, em outubro de 2017, em Washington, quando fui fazer uma palestra a convite do Banco Interamericano de Desenvolvimento (BID). Tive dois encontros com o Eduardo, e ouvi dele: "Rodrigo, eu quero muito ser candidato a governador no ano que vem, mas não sei se vou conseguir". Ele estava apreensivo e queria saber se eu iria me candidatar. Falei que não seria candidato, porque queria concluir meu mandato em 2020. Além disso, Niterói sempre foi muito generosa comigo, eu fora o único prefeito reeleito na região metropolitana e não queria abandonar a prefeitura. Aí, ele brincou: "Pô, você não quer ser, mas, se eu não me candidatar, você tem que ser o nosso candidato!". Em abril, terminou o prazo, eu não me desincompatibilizei e continuei na prefeitura.* **Rodrigo Neves**

No início de 2018, já havia o burburinho da possibilidade de Rodrigo ser candidato a governador. A gente sabia que, se ele fosse candidato, poderiam vir os ataques. Eu disse a ele: "Antes da candidatura, você vai receber ataque, vai virar alvo, assim como já tem acontecido, com uma série de fake news". Rodrigo estava muito bem na cidade, e já havia alguns movimentos querendo lançá-lo. Aí fizemos uma avaliação em conjunto de que não era o momento. Eu era muito contrária. Nem tanto por questões políticas, mas pelo plano pessoal mesmo. Da nossa família, da minha filha Marina, que estava com 13 para 14 anos, numa fase mais complicada, mudando de escola... Eu disse para o Rodrigo: "Olha, se vier a ganhar, vai ser péssimo para ela". Eu tinha uma preocupação muito grande com a minha caçula, por conta de toda a exposição que envolve uma candidatura a governo. **Fernanda Sixel Neves**

Mesmo não se candidatando, o mundo político niteroiense acompanhou atentamente o processo de definição de seu futuro. Naquele ano eleitoral, apoiadores e opositores perceberam que a ascensão de Rodrigo Neves ultrapassara as fronteiras de Niterói - já era um forte candidato a voos mais altos na política fluminense e nacional. Surgia como uma nova estrela num cenário onde apenas Marcelo Freixo, Marielle Franco (assassinada em março de 2018) e Alessandro Molon despontavam na esquerda fluminense como políticos de alto potencial de crescimento.

Em outubro, Jair Bolsonaro ganhou a eleição para presidente - o fato político mais importante de 2018. E o vereador bolsonarista Carlos Jordy, principal opositor de Rodrigo na Câmara de Vereadores, foi o quarto deputado federal mais votado do Rio para a Câmara dos Deputados, mas continuou como vereador até o fim de janeiro de 2019, só assumindo em fevereiro o mandato em Brasília.

O nome de Jordy aparece no relatório final da CPI da Covid aprovado pelo Senado. Ele é apontado como um dos membros do núcleo político de apoio ao chamado Gabinete do Ódio, grupo comandado pelo vereador carioca Carlos Bolsonaro (PSL) acusado de disseminar fake news durante a pandemia de Covid-19. Alguns trechos do relatório da CPI da Covid:

> (...) *As apurações desta CPI foram capazes ainda de comprovar a existência de uma organização estruturada e dividida em núcleos para*

atuar na disseminação de desinformação, aferindo especialmente a propagação das ideias defendidas pelo presidente da República.
(...) Convém explicar com mais profundidade o papel das fake news na pandemia. Elas não são apenas informações sem fundamentação que ocorrem de forma esporádica ou isolada. Ao contrário, elas compõem um arranjo complexo e sistemático que tem o objetivo de gerar engajamento em sua audiência para extrair proveito econômico ou político, utilizando, para isso, a produção de conteúdo textual ou audiovisual com caráter supostamente noticioso, divulgado tanto por meio das mídias tradicionais (jornais, revistas, televisão ou rádio), quanto pelas redes sociais na internet.
(...) O núcleo que oferece suporte político às decisões da organização é formado essencialmente por parlamentares, políticos, autoridades públicas e religiosas. Nele, estão incluídos os deputados federais Ricardo Barros, Osmar Terra, Carlos Jordy, Carla Zambelli, Bia Kicis, Carlos Wizard, o ex-ministro Ernesto Araújo, Roberto Goidanich (ex-presidente da Funag), o ex-deputado Roberto Jefferson, o ministro Onyx Lorenzoni e Hélio Angotti Neto. Eles incentivaram as pessoas ao descumprimento das normas sanitárias impostas para conter a pandemia e adotaram condutas de incitação ao crime.
(...) Deputado federal Carlos Jordy: Durante a pandemia realizou várias postagens seguindo a linha de pensamento do presidente Jair Bolsonaro, defendendo a cura da Covid-19 por meio do tratamento precoce, questionou a obrigatoriedade da vacina e chamou por diversas vezes a Coronavac de "Vachina".
(...) Em face de todo o exposto, esta CPI, dados os limites da investigação parlamentar e os elementos probatórios colhidos, sugere os seguintes indiciamentos:
(...) 45) CARLOS JORDY- Deputado federal - art. 286 (incitação ao crime) do Código Penal."

Um ano antes, em julho de 2020, o deputado federal Chico D'Angelo já havia enviado ao ministro do STF, Alexandre de Moraes, pedido para incluir o deputado nas investigações sobre o Gabinete do Ódio (inquérito 4.871), após vazamento de um áudio em que Jordy se referia a uma "equipe do mal". Além disso, também em julho de 2020, o deputado bolsonarista foi condenado a pagar indenização de R$ 35 mil ao youtuber Felipe Neto, que o processou por acusá-lo, sem provas, de estimular a pedofilia.

Políticos do campo progressista que conhecem Rodrigo Neves acreditam que ele foi vítima de uma articulação política, que contextualiza o que aconteceu no dia 10 de dezembro. Um deles é o ex-ministro (da Justiça, das Relações Institucionais e da Educação) e ex-prefeito de Porto Alegre, Tarso Genro, que também é advogado, escritor, professor universitário e poeta. Tarso conhecia Rodrigo Neves já há alguns anos, pois foram colegas no Partido dos Trabalhadores. Ele acompanhou Rodrigo durante todo o seu período na cadeia.

> *Esse caso do Rodrigo só pode ser compreendido a partir do estatuto de criminalização da política no Brasil, promovido pela direita fascista, encabeçada por Bolsonaro, juntamente com a direita neoliberal vinculada à extrema-direita, e articulada com setores do Judiciário. Esse processo teve ajuda intensiva da maioria da grande imprensa. O episódio da prisão de Rodrigo começa, na prática, com o impeachment da presidenta Dilma, que teve um apoio extraordinário das lideranças conservadoras e neoliberais do Brasil. Havia uma ansiedade se formando, depois do enorme sucesso dos governos do presidente Lula, para retirar a esquerda do jogo político, anular figuras políticas importantes que estivessem surgindo naquele momento. Inclusive, hoje estou convencido de que foi uma articulação internacional, que ocorreu em vários países da América Latina. E que ainda não desistiram dela. O objetivo é bloquear projetos políticos que se opõem à ordem e às reformas neoliberais. Embora o epíteto permanente de movimento anticomunista tenha sido usado nesse período, não foi, na verdade, um movimento anticomunista, até porque o comunismo no Brasil não ocupa nenhuma relevância no espaço político democrático. Na verdade, era um grande complô contra a democracia, contra a participação dos trabalhadores no jogo político, contra os organismos sucessivos que se articulam em governos de esquerda, para bloquear as privatizações. Dentro desse contexto é que deve ser compreendido o que ocorreu com o Rodrigo em Niterói, uma liderança emergente, da qual eu nunca me desliguei: quando ele saiu do PT, continuei o meu relacionamento político intenso com ele e sempre o coloquei dentro da contabilidade*

política no Rio, no sentido de formarmos uma frente pela esquerda. Como é que o Rodrigo entrou nessa? Nós temos essa criminalização da política e dos espaços políticos tradicionais, que adquiriu no Rio de Janeiro uma intensidade maior do que em outros estados. Porque aquilo que se convencionou chamar de "classe política" no Rio, uma boa parte dela está contaminada por relações milicianas, de corrupção e de aparelhamento de instâncias do poder. Mas por que Niterói? Porque nessa cidade não foi possível contaminar a estrutura estatal, particularmente a prefeitura. Porque a sucessão de prefeitos que fizeram boas gestões levou sempre a luta política para um plano de qualidade no terreno democrático, que resultou nesses mandatos do Rodrigo e que foi o ponto ascensional, no Rio, de um projeto democrático de esquerda mais moderno, mais forte e procedente. Porém, há outra particularidade. A Prefeitura de Niterói tem uma enorme arrecadação por habitante, das mais volumosas do país. Me parece absolutamente evidente que essa busca de ocupação da prefeitura, pela máfia bolsonarista, tem a ver com o volume de recursos financeiros que a prefeitura dispõe e com o projeto miliciano de dominação que se instalou no estado. Como a máfia que apoia Bolsonaro estava ocupando espaços importantes na cidade do Rio e em municípios da região metropolitana e das cidades economicamente mais importantes do estado, faltava Niterói – que era, e continua sendo, um elemento de resistência extraordinário. Rodrigo é uma linha reta, do ponto de vista da moralidade pública e da capacidade administrativa. Então, na lógica bolsonarista, ele deveria ser eliminado da esfera política. Por isso, aconteceu o que aconteceu. Rodrigo foi preso de maneira ilegal, ficou incomunicável de maneira também ilegal, foi colocado em condições carcerárias como se fosse um marginal – o que nunca foi e nunca será. Sequer foi ouvido, pois o objetivo era brandir uma vitória derradeira do milicianismo sobre o Rio. Mas não conseguiram. Aquilo foi uma conspiração que contou com apoio, eu diria, voluntário ou involuntário, de alguns juízes e membros do Ministério Público – que podem ter sido enganados para entrar nessa, ou entraram de maneira articulada e consciente, não tenho como dizer. Mas foi o funcionamento dos porões mais obscuros do Estado de Direito que determinou essa prisão e essa agressão a um jovem político que é uma das figuras mais extraordinárias de correção dentro do poder público. Esse é o quadro que deve ser compreendido para avaliar o que aconteceu com o Rodrigo. **Tarso Genro**

Na mesma linha, o ex-deputado e advogado Trajano Ribeiro – que fundou o PDT ao lado de Leonel Brizola, de quem foi companheiro de lutas, além de ser coautor de sua biografia – traça um cenário parecido com o delineado por Tarso Genro. Em 2018, Trajano era advogado do PDT e visitou Rodrigo várias vezes em Bangu 8 para dar-lhe o apoio possível.

Rodrigo é um exemplo como homem político, é um cara preocupado com as questões sociais, um nacionalista, um desenvolvimentista e um realizador. Ou seja, ele atrapalha muito a direita no Rio de Janeiro. E a gestão dele em Niterói é uma prova disso. O ódio que as pessoas têm dele vem lá da direita. Não posso fazer essa afirmação com certeza, mas suspeito que foi esse grupo que levou Rodrigo àquele inferno na prisão. Que foi uma coisa absolutamente injustificada, porque não teve o ato, o fato delituoso. O que teve é que o Rodrigo tornou-se uma ameaça real para essa gente. Ele é um quadro do PDT que tem grande possibilidade de crescer e de fazer uma carreira brilhante no partido e na política brasileira, por sua capacidade e pelo que realizou. Porque uma coisa é dizer que ele "é muito capaz, inteligente, fala bem e tal", outra coisa é o sujeito deixar uma obra político-administrativa como fez em Niterói. Hoje, eu considero que Rodrigo Neves está entre os cinco principais quadros do PDT no Brasil, sem dúvida alguma. No início de 2018, ele já era uma possibilidade concreta de ser o candidato do PDT a governador. Eu acho que isso motivou essa injustiça. Foram para o tribunal e não conseguiram provar absolutamente nada contra ele. Porque essa é a verdade: não tem dinheiro, não houve transferência, não teve nada! Mas submeteram uma pessoa e sua família a essa humilhação da prisão. Ele foi acusado de um crime que não praticou, mas que o afeta moralmente. Esse é o quadro em que o Rodrigo foi atacado violentamente. E vai continuar sendo. **Trajano Ribeiro**

Wadih Damous, advogado trabalhista e mestre em Direito Constitucional, ex-deputado federal (PT) e ex-presidente da Ordem dos Advogados do Brasil no Rio de Janeiro (OAB-RJ), acrescenta outro dado na análise política da prisão de Rodrigo Neves: o que denomina de "lavajatismo", ou seja, uma cultura da prática do *lawfare* por parcelas dos ministérios públicos, de tribunais de Justiça e das polícias, herança nefasta da Operação Lava Jato.

Foi uma prisão preventiva arbitrária, sem qualquer justificativa. Infelizmente, aqui no Brasil, prisão preventiva virou uma antecipação da pena: o sujeito fica preso sem processo, como aconteceu com o Rodrigo – ele foi preso sem processo! E poderia estar preso até hoje, porque isso acaba virando uma loteria. Porque ele vai entrar com o habeas corpus, vai recorrer, mas vai cair com quem? Dependendo de com que desembargador cair, ele está liquidado. É um contexto de interferência do sistema de Justiça no processo político. O lavajatismo se disseminou no sistema judiciário porque é um processo de empoderamento de juízes e de promotores do Ministério Público. À margem, obviamente, da lei. O lawfare *é à margem da lei, é à margem da Constituição. Então, alguns juízes e procuradores – de boa-fé ou de má-fé, e normalmente de má-fé – se sentem missionários. "Eu sou combatente, eu combaterei a corrupção, vou limpar o Brasil da corrupção política". E dane-se a lei, dane-se a Constituição! Rodrigo foi preso nesse contexto: um prefeito bem-sucedido, bem avaliado, que, exatamente por isso, era um nome forte para ser candidato ao governo do estado, para fazer o seu sucessor na prefeitura (como, de fato, o fez, e muito bem). Enfim, era um alvo para esses setores. Quando denunciávamos a Lava Jato, nós dizíamos que ela era uma farsa, uma operação arbitrária, ilegal, que Moro era um juiz fora da lei, que havia um jogo ali de compadres, um conluio entre juiz e acusação – não havia distinção entre juiz e acusação, o juiz jogava no time da acusação. O processo todo era uma farsa. A gente dizia isso com olhar técnico, mas não tinha como demonstrar factual e documentalmente. Depois é que veio a Vaza Jato[14]. Tudo aquilo que nós dissemos, à época, foi demonstrado com aqueles diálogos. Não sei se o Rodrigo vai ter a sorte de surgir algum hacker que tenha gravado diálogos... O juiz que decretou a prisão agiu politicamente – eu não tenho a menor dúvida nesse sentido. A questão é que o processo tem regras. Quem está sendo acusado*

[14] Vaza Jato foi o apelido dado à divulgação, pelo site de notícias independente The Intercept Brasil (em parceria com outros órgãos de imprensa), do conteúdo de uma longa série de mensagens no Telegram trocadas pelo juiz Sergio Moro com membros do Ministério Público Federal do Paraná, notadamente o procurador Deltan Dallagnol. A interceptação foi realizada por hackers anônimos e seu conteúdo entregue para divulgação ao The Intercept e, num segundo momento, também a outros veículos de imprensa. As conversas revelaram que o juiz Sergio Moro agia de forma ilegal comandando o MP na formação das acusações contra o ex-presidente Lula.

tem que saber do que está sendo acusado. E a prisão preventiva não pode servir de instrumento de pressão, de coação para que alguém diga aquilo que o Ministério Público ou o juiz quer ouvir. A inocência e a culpa devem emergir do devido processo legal. O juiz ou o procurador não podem partir da convicção pessoal deles para fazer uma acusação. A Lava Jato morreu, mas o lavajatismo está vivo. O poder absoluto corrompe, como diria Montesquieu. Isso tem que ser contido. **Wadih Damous**

A análise do advogado José Eduardo Cardozo – ex-deputado federal e ex-ministro da Justiça, que ajudou os advogados de Rodrigo Neves no Rio e que foi visitá-lo na prisão – segue uma linha parecida com a de Wadih Damous.

Acho que o Brasil está vivendo uma fase daquilo que chamamos de lawfare *e o momento agudo dessa fase se verificou quando Rodrigo Neves foi preso. Ele era um prefeito com uma popularidade imensa em Niterói, porque mudou o panorama daquela cidade. Sou testemunha disso, vi como era Niterói antes da gestão do Rodrigo, os problemas que existiam e as medidas importantes que tomou. De outro lado, também vimos setores do Ministério Público e da magistratura entrando nesse processo de uma forma, a meu ver, bastante complexa. O exemplo maior que tivemos até o momento, consolidado e comprovado, foi a Operação Lava Jato: posteriormente, o próprio Supremo Tribunal Federal anulou algumas de suas decisões e prisões arbitrárias. Essas coisas ficaram mais evidenciadas com tudo que o Intercept trouxe a público, com aqueles diálogos que mostraram uma relação absolutamente inaceitável entre juiz e promotor – que descumpriam, a meu ver, com os seus deveres funcionais básicos, seguindo caminhos que claramente apontavam posteriormente para um projeto político. Isso nos mostra a fotografia de um período em que o* lawfare *veio à tona, envolvendo atores da área política, do Judiciário e do Ministério Público. O caso de Rodrigo é um dos que simbolicamente bem demonstra isso. Ele teve uma prisão preventiva, a meu ver, completamente arbitrária, injustificada e mantida de maneira inaceitável, porque não existia absolutamente nada contra ele, a não ser palavras vazias e ocas que não poderiam ter justificado tanta violência. E não tenho a menor dúvida de que o que determinou essa prisão injusta foram exatamente os componentes políticos e midiáticos que podem ser sintetizados na expressão* lawfare. *Com tudo que acompanhei no processo, Rodrigo foi vítima de uma situação que era exatamente o oposto do que se acusava. Ele tentou moralizar, fez os cortes que precisavam. Então dá-se vazão a palavras de pessoas que são delatores, que na verdade estão buscando benefícios da sua própria situação em troca de se falar aquilo que os investigadores querem ouvir. Me parece absolutamente deplorável, o Brasil precisa o mais rapidamente possível virar essa página. Não é aceitável que, com aquilo que se tinha no processo, sem que a pessoa fosse ouvida, sem que os elementos fossem apreciados, se tivesse decretado uma prisão preventiva. Mesmo que houvesse ingredientes de culpabilidade a priori colocados, ou indícios – que não existiam –, você podia ter usado outra medida cautelar. Não tem lógica. Aquela prisão só se justificava por espetáculo midiático para o prefeito Rodrigo ser preso, para aniquilar sua reputação, sua imagem e seu peso político.* **José Eduardo Cardozo**

O *lawfare* na prisão de Rodrigo Neves é muito claro para a advogada Carol Proner, jurista, professora da Faculdade de Direito da UFRJ, doutora em Direito pela Universidade Pablo de Olavide (Espanha) e fundadora da Associação Brasileira de Juristas pela Democracia (ABJD).

Eu diria que o caso do Rodrigo é um dos mais chocantes, equivalente ao do ex-presidente Lula ou mesmo pior. Porque, no caso de Lula, ele já era ex-presidente e não exercia mais essa função, enquanto Rodrigo foi atacado no exercício pleno de suas funções. Além disso, a perseguição a ele continua. O principal elemento do caso do Rodrigo que chama a atenção, e é transversal no conceito de lawfare, *é o uso do sistema de Justiça conectado a determinados atores/setores que têm nome e sobrenome, não são desembargadores ou procuradores quaisquer, são pessoas com determinada formação e predileção do ponto de vista político. Isso não acontece por acaso. A forma da prisão de Rodrigo é típica de um uso do Direito para autorizar o ilegal. Porque o* lawfare *é, antes de tudo, antijurídico. No* lawfare, *o Direito sempre será usado para aproveitar um dos lados do conflito. Requer bons juristas, que sejam confiáveis e que percebam que é mais fácil derrubar um inimigo sem que o avião levante voo – promovendo, por exemplo, prisões, bloqueios, embargos etc. –, do que promover uma guerra direta. É um raciocínio do uso do Direito contra o próprio Direito, contra as próprias garantias jurídicas. Por isso, o* lawfare *precisa se munir de uma estratégia de legitimidade, que não vem da própria norma ou da Constituição, e muito menos das garantias de direitos civis, políticos ou humanos. Ele precisa encontrar um ambiente que faça com que seja legítimo violar as garantias jurídicas. Quando o Rodrigo é preso daquela forma, as pessoas que vão na frente da casa dele, a claque acusando-o de corrupção, ainda que seja pequena, é uma reação aparentemente encomendada, com apoio midiático, com cenas ao vivo. Tudo isso faz parte de uma estratégia de criar comoção e estabelecer um vínculo de legitimidade com o público, com o objetivo de assaltar a legalidade.* **Carol Proner**

O deputado estadual Waldeck Carneiro, que conhece Rodrigo há muitos anos e foi secretário municipal de Educação em sua primeira gestão, relaciona a prisão do então prefeito com outros fatos.

Eu acho muito importante que o Poder Judiciário, o Ministério Público, as polícias, enfim, os órgãos que integram o sistema de Justiça, atuem também no combate à corrupção. Isso não é uma pauta qualquer, é importante para a democracia e para a qualificação da vida pública. As autoridades precisam cumprir esse papel. Mas não podem abusar de suas prerrogativas e de suas competências. Não podem transformar ilações, análises e suposições em sentenças condenatórias, sem que o acusado sequer possa se defender. Um dos pilares do Estado Democrático de Direito é o devido processo legal. É a presunção de inocência, o amplo direito de defesa, a possibilidade que o contraditório possa emergir do processo de investigação. Tudo isso é muito importante para a democracia. Combater a corrupção fortalece a democracia, mas o respeito ao Estado Democrático de Direito também. Além disso, é bom lembrar que em 2018 havia um ambiente lavajatista no Brasil. A Lava Jato, infelizmente, deu uma contribuição às avessas, porque acabou assumindo características de uma operação que desfechava ataques contra grupos ou líderes políticos específicos. Isso ficou muito evidente quando vários setores da imprensa, notadamente o Intercept Brasil, passaram a noticiar informações relevantes sobre as operações da Lava Jato. Como a forma que o juiz participava da instrução do processo de acusação, que não era de sua competência. Aqui, no Rio, com o Rodrigo representando uma liderança emergente do campo progressista, em vista de uma bem-sucedida experiência governamental que ele liderou, com repercussão para além de Niterói, sem dúvida havia setores do sistema de Justiça implicados em desconstruir lideranças do campo progressista. Eu diria que a prisão de Rodrigo foi um atentado à ordem democrática no município de Niterói. Destaco a fragilidade da acusação, com passagens absolutamente desprovidas de verdade e de elementos factuais, tangíveis e objetivos em que pudesse se basear. **Waldeck Carneiro**

O pastor Celso Brasil – que não é político profissional, mas líder religioso – também procurou respostas para a prisão de Rodrigo e chegou à mesma conclusão das demais análises expostas aqui: a motivação foi política, e não judicial.

Eu conheço o Rodrigo Neves como um homem cristão, um jovem sociólogo inteligente, um gestor competente. Nunca observei ou presenciei qualquer desvio de conduta da parte dele. Desde que o conheço, sempre o vi como uma pessoa simples, sem ostentação ou nada que indicasse caráter duvidoso. Era um prefeito que se dedicava à cidade trabalhando desde cedo até tarde da noite. Eu mesmo presenciei: em várias vezes, quando saíamos juntos de alguma reunião de oração, às 22h ou 23h, o Rodrigo Neves ainda se dirigia a uma obra para acompanhar de perto seu andamento. Então, realmente, ficou uma grande dúvida: se ele estava atuando como prefeito de forma correta, por que se deu tudo aquilo? A única resposta que me ocorreu foi: motivação política. Rodrigo Neves estava em um caminho de ascensão na esfera pública, com alta popularidade. Ele conquistou a admiração da população, de lideranças de associações de bairro, de líderes religiosos (eu fui um deles), e era perceptível que sua carreira de gestor público já despontava um futuro próspero. Provavelmente, manchar sua imagem naquele momento foi uma forma de tentar barrar sua ascensão política. **Pastor Celso Brasil**

O deputado federal Chico D'Angelo concorda com as análises anteriores.

A prisão de Rodrigo se deu no momento de um boom eleitoral da extrema-direita no país e aqui no estado do Rio. Bolsonaro teve uma votação estrondosa em Niterói, cerca de 62% dos votos no segundo turno. Na eleição municipal anterior (2016), em todo o Grande Rio, incluindo a capital, a única cidade que elegeu um prefeito com perfil progressista foi Niterói. Todos os prefeitos que estavam sentados na cadeira perderam a eleição; a maioria não foi nem para o segundo turno. Em Caxias, Nova Iguaçu, Rio de Janeiro, São Gonçalo, todos grandes colégios eleitorais do cinturão do Grande Rio, os prefeitos foram varridos. Só Rodrigo foi reeleito. Já começava uma forte onda antipolítica e também antiesquerda. Rodrigo fez um belíssimo mandato, e, diferentemente da maioria dos prefeitos, que realizou um segundo governo meio assim assim, começou o novo mandato com mais gás do que no primeiro, realizando mais entregas. Fortaleceu o orçamento municipal, atacou os gargalos da cidade e fez uma gestão muito bem-feita. Seguramente, tinha gente olhando esse desempenho. E viram que precisava matar na raiz essa nova liderança que surgia, com perspectivas de ser governador do estado. A ideia era prendê-lo, fazer nova eleição e capturar a cidade, que é estratégica. **Chico D'Angelo**

A expressão *lawfare*, citada tantas vezes neste livro, ainda é uma grande desconhecida de boa parte da população brasileira. Por isso, vale reproduzir aqui uma parte de sua descrição, disponível de forma didática na Wikipédia – e que se aplica, integralmente, ao caso de Rodrigo Neves:

> *No contexto político brasileiro recente, o termo* lawfare *tem sido empregado principalmente no sentido de uso de instrumentos jurídicos para fins de perseguição política, destruição da imagem pública e inabilitação de um adversário político. Nesse sentido, uma característica fundamental do* lawfare *seria o uso de acusações sem materialidade, incluindo-se também, entre suas táticas, as seguintes:*
> - *Manipulação do sistema legal, com aparência de legalidade, para fins políticos;*
> - *Instauração de processos judiciais sem qualquer mérito;*
> - *Abuso de direito, com o intuito de prejudicar a reputação de um adversário;*
> - *Promoção de ações judiciais para desacreditar o oponente;*
> - *Tentativa de influenciar a opinião pública com utilização da lei para obter publicidade negativa;*
> - *Judicialização da política: a lei como instrumento para conectar meios e fins políticos;*
> - *Promoção de desilusão popular;*
> - *Crítica àqueles que usam o direito internacional e os processos judiciais para fazer reivindicações contra o Estado;*
> - *Utilização do direito como forma de constranger o adversário;*
> - *Bloqueio e retaliação das tentativas dos adversários de fazer uso de procedimentos e normas legais disponíveis para defender seus direitos.*

CAPÍTULO 2

UMA CONTA QUE NUNCA FECHOU

Você daria R$ 10 milhões para alguém que o fez deixar de receber R$ 30 milhões? Essa é uma conta que não fecha, mas ainda assim o Ministério Público estadual construiu a acusação contra Rodrigo Neves. O único fato da denúncia é que não continha provas. A base da acusação é uma interpretação livre das delações premiadas de dois personagens presos pela Operação Lava Jato. Com a agravante de o MP ter recebido ofício do Ministério Público Federal com a delação premiada do empresário de transportes Marcelo Traça – base da acusação – acrescida da ressalva: *"Não foram apresentados elementos de corroboração"*.

No entanto, tal ressalva foi ignorada, assim como a informação recebida do Conselho de Controle de Atividades Financeiras (Coaf), vinculado ao Banco Central, de que não havia movimentação financeira atípica nas contas de Rodrigo Neves. Detalhe: foi o próprio MP quem fez a consulta ao Coaf sobre as movimentações de Rodrigo.

Contudo, a denúncia qualificou a delação de Marcelo Traça como prova "robusta" de corroboração dos supostos crimes, mesmo após um segundo depoimento, tomado pelo próprio MP, em que Traça contestou o que havia dito antes.

Na Operação Alameda foram cumpridos 53 mandados de busca e apreensão, e nada foi encontrado. Porém, os procuradores decidiram que Rodrigo e seu secretário municipal de Infraestrutura, Domício Mascarenhas, receberam R$ 10 milhões em propinas – não disseram de que conta saiu nem em qual conta entrou, em que cofre está guardado ou como foi gasto. Um cenário de ficção acusatória que levou o advogado Técio Lins e Silva a escrever 47 páginas para explicitar, de forma didática e veemente, a ausência de provas na denúncia contra Rodrigo e a ilegalidade de sua prisão.

A defesa de Técio foi encaminhada em 21 de janeiro de 2019 ao "Excelentíssimo Senhor Desembargador Relator Doutor Luiz Noronha Dantas, Terceiro Grupo de Câmaras Criminais, Tribunal de Justiça do Estado do Rio de Janeiro". Ele decretara a prisão de Rodrigo e de Domício, juntamente com os empresários de transportes João Carlos Félix Teixeira e João dos Anjos Silva Soares (este, na época, com 78 anos). A íntegra da defesa de Técio Lins e Silva pode ser lida no anexo no fim deste livro.

Não foi tomado o depoimento de Rodrigo ou de seus secretários e demais técnicos supostamente envolvidos nas negociações. É importante voltar alguns anos para entender o que aconteceu. Quando Rodrigo assumiu, em janeiro de 2013, os transportes públicos eram um item a mais na volumosa lista de dívidas da Prefeitura de Niterói. Havia um problema grande relativo à gratuidade. Em Niterói, são gratuitas as passagens para estudantes; idosos; crianças até 5 anos; ex-combatentes; e pessoas com deficiência, com Parkinson e com doenças crônicas que exijam deslocamento para realização de tratamento. No caso dos estudantes e das pessoas com deficiência e de doentes, o valor que as empresas deixam de cobrar pela gratuidade é reembolsado pelo município. Trata-se de um subsídio assegurar o transporte gratuito a este recorte da população.

Ao assumir, Rodrigo herdou a dívida referente à gratuidade aos consórcios Transnit e TransOceânica. E seguiu sem pagar cerca de 90% dos débitos por mais de quatro anos, até o início de seu segundo mandato. Como já foi comentado, o prefeito e sua equipe decidiram que o pouco dinheiro disponível no caixa seria utilizado para honrar dívidas mais urgentes, como o salário dos servidores e a coleta de lixo. As empresas de ônibus tiveram que esperar.

A pressão das empresas era enorme, mas a gestão municipal foi administrando a insatisfação dos empresários no melhor estilo "devo não nego, pago quando puder".

Paralelamente, a prefeitura não se furtou a cumprir seu papel de fiscalização da qualidade do serviço e, entre outras coisas, cobrou das empresas (a quem devia dinheiro) a colocação de ar-condicionado nos veículos. O contrato assinado na gestão anterior, exigia apenas 10% da frota com ar. A equipe de Rodrigo reviu os acordos e, hoje, Niterói tem mais de 90% de seus veículos refrigerados, tornando-se a frota mais bem equipada nesse quesito em todo o Grande Rio.

Outra ação da prefeitura em prol da população, realizada logo no primeiro ano de mandato de Rodrigo, foi a unificação das tarifas da Região Oceânica e dos ônibus com ar-condicionado. Essa unificação foi feita pela tarifa mais baixa. Na época, a cidade tinha três preços de passagens: R$ 3,10 para a Região Oceânica e Pendotiba; R$ 2,95 para os ônibus com ar; e R$ 2,75 para os demais. Com a unificação, todas passaram a custar R$ 2,75. Ou seja, as tarifas mais caras tiveram seu preço reduzido. Quem perdeu com isso? As empresas de ônibus.

> *Se eu tivesse algum tipo de vantagem indevida em relação à gratuidade das empresas de ônibus, eu teria pagado tudo o que era devido, não? Mas terminei o primeiro mandato sem sequer saber se seria reeleito, com apenas 20% da dívida paga. No segundo mandato, nossa equipe conduziu uma negociação dura com as empresas, defendendo o erário. Na prática, as empresas foram prejudicadas por mim, porque revimos alguns aspectos dos contratos para beneficiar a população. Os empresários dos consórcios* (que foram presos junto com Rodrigo) *diziam: "Você só nos ferrou!". Porque unificamos a tarifa pela mais baixa e deixamos de dar aumentos de tarifa previstos no contrato.* **Rodrigo Neves**

Axel Grael, vice-prefeito no primeiro mandato e secretário-executivo no segundo, acompanhou de perto a questão.

> *A gente sempre teve preocupação em ter rigor na relação com as empresas de ônibus. Em todo o Brasil, essas empresas estavam passando por um momento difícil, o transporte urbano vivia uma crise grande, e vive até hoje. E a gente já assumiu no mês* (janeiro) *que deveria ter atualização do valor da passagem. Então, em 2013, não só não aumentamos a tarifa, como unificamos o valor. Na prática, além de não terem tido aumento, as empresas ainda sofreram uma redução de seu faturamento.* **Axel Grael**

O atual prefeito niteroiense faz coro aos que acompanharam de perto as negociações com os consórcios de ônibus: a acusação do Ministério Público estadual carecia de lógica.

Foi uma acusação de favorecimento das empresas, quando no nosso olhar acontecia o contrário. Na prática, estávamos reduzindo o lucro daquelas empresas. Elas chegaram a ameaçar: "Nós vamos quebrar, nós vamos quebrar...". E a gente até temia que elas viessem a quebrar mesmo. Só fomos resolver isso em 2017, com a chegada do dinheiro dos royalties do pré-sal. Negociamos com as empresas o pagamento da dívida de forma parcelada e sem qualquer correção. Quer dizer, mais uma vez, as empresas não se deram bem como queriam. Em nenhum momento tinha havido favorecimento das empresas. Foi justamente o contrário. **Axel Grael**

O órgão que esteve à frente das negociações com os consórcios das empresas de ônibus foi Secretaria Municipal de Planejamento, Orçamento e Modernização da Gestão (Seplag), responsável pela liberação das despesas. A dívida estava em cerca de R$ 50 milhões, mas os encargos pelo atraso nos pagamentos elevavam o total a R$ 80 milhões. Quando entrou o dinheiro dos royalties do pré-sal, a Seplag decidiu não quitá-lo de uma só vez, e retirar os encargos do montante devido. O objetivo era preservar o caixa da prefeitura, pois havia ainda muitas outras dívidas para acertar e investimentos a serem feitos.

Após dura negociação, o total da dívida a ser paga foi fixado em R$ 50 milhões (os R$ 30 milhões de encargos foram excluídos) e esse valor foi dividido em 25 meses, em parcelas de R$ 2 milhões - dinheiro considerado suficiente pela Seplag para que as empresas não apenas mantivessem sua saúde financeira, mas também pudessem fazer os investimentos necessários, como renovar a frota.

Assim, de 1º de agosto de 2017 (quando a dívida começou a ser paga) até 14 de dezembro de 2018 (logo após a prisão de Rodrigo), a Prefeitura de Niterói já havia quitado R$ 35 milhões. Além disso, no mesmo período, os pagamentos regulares das gratuidades renderam às empresas R$ 17,7 milhões.

A advogada criminalista Letícia Lins e Silva, que trabalha no escritório de seu primo Técio, conta como o processo chamava atenção pela falta de provas.

Não havia documento algum que permitisse a acusação feita contra Rodrigo. Aliás, contra nenhum dos acusados. Mas especialmente contra Rodri-

go, porque, além de não existir provas que o incriminassem, ao contrário, havia documentos que mostravam que aquela imputação era inverídica. Antes da prisão, eles fizeram uma série de medidas cautelares sigilosas, como quebra de sigilo de dados. A denúncia se baseava na palavra de um colaborador premiado, que era da Fetranspor (Federação das Empresas de Transportes de Passageiros do Estado do Rio de Janeiro), *Marcelo Traça, dono de empresa de ônibus em São Gonçalo, e que não atuava em Niterói, não tinha negócios com a prefeitura. Era uma imputação de corrupção e de organização criminosa. Porque, como eram quatro pessoas acusadas, seria organização criminosa entre elas. A corrupção estaria na alegação de que Rodrigo e Domício estariam cobrando propina dos empresários de ônibus para pagar as verbas de gratuidade. Segundo a acusação, a prefeitura ficava segurando os pagamentos de gratuidade e só pagava quando os empresários topavam dar 20% dessas verbas para Rodrigo e Domício. Essa era a acusação, basicamente. Eles quebraram sigilo de dados telemáticos, de telefone, de mensagens de WhatsApp, mas não conseguiram nada - havia apenas uma, isso mesmo, uma única troca de mensagem do Rodrigo com o delator. Era uma mensagem que marcava um encontro num lugar absolutamente oficial da prefeitura* (no Centro Integrado de Segurança Pública) *para tratar sobre o tema de gratuidade. O que era normal, pois aquele era realmente um tema que tinha que ser tratado pelo prefeito. Todas as conversas que Domício tivera com os empresários, ou com o tal Marcelo Traça, eram ortodoxas e próprias para alguém que, na época, era o secretário de Obras e Infraestrutura. E havia outra questão: Rodrigo pegou o município falido, deixou de pagar não só as gratuidades, mas uma série de outros serviços. Na segunda gestão, a dívida ainda era muito grande, mas entraram os valores dos royalties. Rodrigo juntou-se com seu secretário-executivo, o Axel, e com a secretária de Planejamento, a Giovanna, e fizeram um estudo e uma proposta às empresas de ônibus de fazer um pagamento dividido em 25 vezes, mas com uma redução brutal do valor devido. Esse é um dado que afasta completamente essa acusação de 20% de propina. Se o sujeito ganhava propina para ajudar, por que iria prejudicar quem lhe pagava a propina? O MP estadual fez também um trabalho com o Coaf, que investigou todas as contas e operações bancárias de Rodrigo e sua família. E o Coaf declarou que não haviam sido encontradas operações suspeitas. Inclusive, a família de Rodrigo é modesta, eles moram num bom apartamento, mas em um prédio de classe média. E não têm nenhum sinal de riqueza ou exuberância financeira. São pessoas que trabalham: a mãe é professora, a irmã é professora. A filha Mayara é uma menina nova, mas empenhada e combativa, não se assemelha em nada com a filha de algum político corrupto rico e milionário.* **Letícia Lins e Silva**

A advogada destaca um detalhe jurídico relevante:

Essa delação do Marcelo Traça está no bojo de uma série de delações que foram encaminhadas para o Ministério Público do Rio. Foi denominada de "Anexo 13" e veio acompanhada de uma observação do Ministério Público Federal de que não havia elementos de corroboração. Mesmo assim, o MP do Rio pegou essa delação e começou a fazer uma investigação sigilosa com base em nada, porque não tinha elementos de corroboração. E há um entendimento majoritário, do Supremo Tribunal Federal, de que quando você não tem elementos de corroboração, você não pode quebrar o sigilo de alguém para procurar crimes. Você quebra o sigilo quando tem uma prova mínima, indícios seguros e uma prova de autoria. No caso do Rodrigo, não tínhamos nada disso. Havia uma única delação, coisa que hoje em dia inclusive é vedado pela Lei Anticrime. Houve uma modificação na lei da delação premiada que introduziu um artigo dizendo que não podem ser recebidas denúncias com base única em delação, através de colaboração premiada. Já havia esse entendimento do Supremo, mas depois virou lei. Então, o Ministério Público do Rio recebeu uma delação premiada, entrou com pedidos cautelares e o relator da ação, que era o desembargador Noronha, autorizou a quebra do sigilo desses investigados todos e aceitou as denúncias, mesmo com as investigações não tendo redundado em nenhuma prova segura. É uma denúncia absolutamente vazia. **Letícia Lins e Silva**

Os procuradores, segundo Letícia, foram insistentes na busca de qualquer coisa que pudesse ser usada na acusação.

Como eles não tinham nada, pegaram outra delação premiada relativa ao processo do Sérgio Cabral, feita pelo publicitário Renato Pereira, da agência Prole, que trabalhava para o governo Cabral. Esse Renato Pereira contou em sua delação que, num determinado dia, foi jantar com Rodrigo e Domício, porque estava para ser contratado para fazer a campanha eleitoral (de 2016) *para a reeleição de Rodrigo na prefeitura. Pereira disse que Rodrigo afirmou que não teria condições de contratar a Prole, porque sua campanha não tinha caixa. Mas acrescentou que Rodrigo teria dito ao Domício: "Olha, vamos ver se as empresas de ônibus podem ajudar". Essa é a delação do Renato Pereira, que disse ainda que o Domício teria ficado de ver se as empresas de ônibus poderiam ajudar a pagar os honorários da Prole. Só que essa é uma afirmação facilmente contestável. Se Rodrigo vinha sem pagar às empresas de ônibus desde o primeiro ano de seu mandato, por que essas empresas iriam ajudá-lo em sua campanha? Não tem lógica. Mas o MP do Rio pegou essa conversa e acrescentou à denúncia. Para, evidentemente, criar um cenário em que o Rodrigo tomava dinheiro das empresas de ônibus. Nós contestamos isso, pois o STF não admite delações cruzadas, ou seja, que um delator corrobore afirmações de outro delator. E que, na verdade, sequer eram cruzadas, pois um delator supostamente falava em verba para corrupção pessoal, oriunda do pagamento de gratuidade, enquanto o outro citava verba para campanha eleitoral. Isso foi uma das coisas mais absurdas que eu já vi.* **Letícia Lins e Silva**

Outros detalhes do processo contra Rodrigo Neves causaram indignação a Letícia.

Ele foi preso no dia 10 de dezembro e só foi solto no dia 13 de março. E ficou todo esse tempo preso sem nunca ter sido ouvido. Mais: o MP do Rio ouviu de novo o Marcelo Traça. Que, para surpresa absoluta, disse que "não, não é nada disso", que, realmente, havia tido um jantar com Rodrigo, juntamente com outros 40 empresários, mas que nunca havia tratado de propina com o prefeito de Niterói. Daí eles chamaram novamente o Renato Pereira, que voltou a dizer que ouviu Rodrigo dizer a Domício para tentar arrumar o dinheiro para contratar a sua empresa. Ele repetiu a mesma coisa, novamente sem apresentar qualquer prova de corroboração. Não tinha um telefonema, uma gravação, nada! A empresa do publicitário, inclusive, nem foi contratada para fazer a campanha eleitoral de 2016. **Letícia Lins e Silva**

A falta de provas ficou evidente quando, em 12 de março de 2019, Rodrigo recebeu o voto de seis desembargadores a favor de sua libertação e recondução ao cargo de prefeito, de forma imediata. O site de notícias Consultor Jurídico registrou da seguinte forma:

> *Para o MP, a prisão preventiva é necessária para garantir a ordem pública e evitar a destruição de provas. Mas a maioria dos desembargadores do TJ-RJ não enxergou ameaça à sociedade e à apuração e ordenou a libertação de Neves e outros três acusados.*

Apenas o desembargador Luiz Noronha Dantas, o mesmo que decretara a detenção de Rodrigo Neves, votou contra. O placar final foi 6 a 1 contra a prisão de Rodrigo e a favor de sua recondução ao cargo de prefeito de Niterói.

CAPÍTULO 3

ÚLTIMAS HORAS DE ALEGRIA (E LIBERDADE)

Foi coisa de Deus, rapaz, a providência divina agindo... No sábado, eu acordei e liguei para o Paulo Bagueira (à época presidente da Câmara de Vereadores; atual vice-prefeito de Niterói). *"Bagueira, vamos dar uma caminhada na praia?". Em sete anos, eu nunca tinha ligado para o Bagueira para ele caminhar comigo. Acordei com vontade e liguei. Eu fiquei duas horas e meia, ou mais, caminhando com o Bagueira. E fui falando sobre a administração da cidade, não sei por quê eu enveredei pelo assunto da gestão, de qual secretário eu achava que estava indo bem, quais os secretários com quem eu tinha que falar todos os dias para a cidade funcionar. Ou seja, eu fiz, por duas horas e meia, um intensivo com o Bagueira para o que aconteceria dois dias depois: ele assumir a prefeitura.* **Rodrigo Neves**

Naquela sexta-feira, 7 de dezembro, não havia indício para Rodrigo Neves e a grande maioria dos niteroienses sobre o futuro sombrio que se instalaria a partir da segunda-feira seguinte, dia 10.

Na sexta-feira, Rodrigo almoçou com lideranças comunitárias reunidas por Manuel Amâncio, da Federação das Associações de Moradores de Niterói, a seu próprio pedido. Foi no restaurante À Mineira, na Cantareira, e reuniu cerca de 90 pessoas. Não fez nenhum grande anúncio; era mais uma confraternização de fim de ano, coisa que ele gostava de fazer em dezembro – todo ano visitava a Famnit para dar um abraço nas lideranças comunitárias.

Antes do almoço, participou de um evento contra a corrupção e, em post no Facebook, defendeu a transparência das instituições:

> *Hoje pela manhã participei da jornada da Controladoria-Geral de Niterói no Dia Internacional pelo Combate à Corrupção, que contou com a presença de órgãos de controle externo e de auditoria interna, como o Ministério Público, Tribunal de Contas e Controladoria-Geral da União (CGU). Acompanhado pelo procurador-geral, Dr. Carlos Raposo, a controladora-geral do município, Cristiane Mara, e o secretário de governo, Bira Marques, assinei mais uma medida importante de transparência: a abertura do sigilo fiscal de todos os dirigentes da Prefeitura de Niterói e a auditoria de Imposto de Renda de 2013 a 2018. Vivemos em um tempo complexo, em que democracias vivem um processo dramático de crise de confiança. No período entre guerras, na década de 1930, vivemos momento parecido com esse, sobretudo a partir da crise de 1929, quando o desemprego e a desesperança produziram um cenário de muita desconfiança na democracia. Por isso é preciso que o poder público resgate o prestígio das instituições democráticas entre a população, fazendo com que sejam cada vez mais transparentes. Assim daremos um freio ao avanço do pensamento autoritário que vem crescendo no mundo desde a crise econômica de 2008.*

Naquela semana, Manuel Amâncio, da Famnit, e o então presidente da Câmara de Vereadores, Paulo Bagueira, receberam sinais de que alguma coisa poderia acontecer. Mas nenhum dos dois teve informação para intuir o que viria pela frente.

Nós ouvimos um boato. Um promotor que morava perto da Famnit, em Santa Rosa, teria comentado com uma senhora que trabalha conosco: "Ó, abre o olho que seu patrão vai ser preso, hein?". Mas, pô, nenhum de nós imaginou que seria o Rodrigo... "Qual patrão?", ainda falei pra senhora, "Será que sou eu?". Não levamos muito a sério, porque somos vítimas constantes de ataques por parte do pessoal do Jordy. Fizemos um trabalho com as associações de moradores, para o programa Médico de Família, e tudo que nós fazíamos eles levavam para o outro lado. Aí, quando Rodrigo foi preso, eles já estavam com os processos prontos para entrar com pedido de impeachment. **Manuel Amâncio**

A gente via uns movimentos de maldade, uns dias antes da prisão, com certas notícias rondando a cidade. Eram coisas que a gente já estava acostumado a escutar, vindas do campo da direita. Mas eu comecei a me preocupar, porque estava ficando demais. Teve um momento em que cheguei realmente a temer que fizessem alguma covardia contra o Rodrigo, estava com aquilo na cabeça. Teve muita fofoca dentro da Câmara. Pensei: "Vem alguma maldade aí". Mas não imaginava que a maldade e a covardia seriam daquele tamanho, aquela injustiça enorme. **Paulo Bagueira**

No sábado, Rodrigo Neves acordou com a ideia fixa de ligar para Bagueira e chamá-lo para uma caminhada na Praia de Piratininga. Rodrigo tinha o costume de fazer caminhadas, mas Bagueira não. Por isso, para o presidente da Câmara, o convite foi inusitado. O vereador chegou a falar com Rodrigo sobre sua preocupação por conta dos dias anteriores, mas o assunto não evoluiu.

Nós conversamos pouco sobre isso. Eu falei: "Rodrigo, eu estou preocupado". Abrimos o coração um para o outro naquela conversa, mas ele estava muito mais focado em falar das coisas importantes da prefeitura. A coisa aconteceu de um jeito que, ali, o Rodrigo me preparou para eu sentar lá na terça-feira numa reunião com os secretários municipais, já sabendo como funcionava o governo dele. **Paulo Bagueira**

No domingo, véspera da prisão, Rodrigo teve um dia agitado. Ele não sabia que, na véspera, o desembargador Luiz Noronha Dantas assinara uma ordem à Câmara de Vereadores de Niterói determinando seu afastamento do cargo de prefeito, em virtude de seu mandado de prisão. A carta seria entregue ao presidente da Câmara apenas na segunda-feira à tarde, horas depois da prisão de Rodrigo.

Naquele domingo, Rodrigo acordara com disposição. Pegou sua mulher, Fernanda, e foram pedalar na ciclovia.

Caramba, nós nunca fizemos um passeio tão longo… Coitada da Fernanda, ela sofreu, reclamou muito… rsrs… Atravessei o túnel, fui até quase Itacoatiara, foram quase três horas de bicicleta. Eu estava numa alegria inacreditável, estava tão leve… Aí a gente almoçou e foi no culto de uma igreja chamada Lagoinha. A igreja em peso fez uma oração e era uma oração sobre turbulências. Olha só que loucura! Turbulências... **Rodrigo Neves**

Depois do culto, Rodrigo levou Fernanda e a família à inauguração das luzes de Natal no Campo de São Bento – parque importante em Icaraí –, um de seus projetos mais queridos.

Eu tinha planejado o melhor Natal para Niterói e a cidade estava linda, linda. E aí eu falei: "Fernanda, vamos inaugurar as luzes de Natal com a nossa família". Fiz um vídeo com uma declaração de uma alegria muito grande pela cidade, compartilhando aquele momento, para que o Natal fosse de união das famílias e um momento bom para Niterói. Depois, recebi várias cartas na prisão, em que as pessoas falavam sobre o vídeo, gente que eu nem conhecia. **Rodrigo Neves**

Depois do Campo de São Bento, Rodrigo e a família foram para seu apartamento.

Chegamos em casa, pedimos uma pizza e fiquei até uma hora da manhã conversando com as crianças, cada um falando dos seus problemas. Deus fez uma coisa fantástica naquele fim de semana: ele preparou tudo para me dar alguma força para enfrentar a turbulência. Para nossos inimigos, o objetivo era destruir mesmo, destruir política e psicologicamente. Fui dormir perto das duas da manhã. Às seis horas, acordei com a polícia e todo o cenário orquestrado, com helicópteros e com a imprensa que soube da operação de madrugada e que já estava na porta da minha casa. **Rodrigo Neves**

Fernanda e os filhos, Mayara, Cadu e Marina, nunca ficariam tanto tempo sem ver Rodrigo. Desde que se casaram em 1994, Fernanda e o marido jamais se afastaram por mais de um mês ou ficaram sem poder se ver. A partir daquele momento, só se comunicavam por cartas levadas e trazidas por Mayara, que conseguia visitar o pai quase todos os dias no presídio em Bangu, porque tinha carteira da Ordem dos Advogados do Brasil (OAB). A última noite juntos, em família, foi marcada por afeto.

Chegamos na casa deles – eu já estava morando com meu namorado, Caio –, pedimos uma pizza, e aí eu falei: "Vamos montar a árvore de Natal? Já é dia 9 de dezembro". A gente montou a árvore, comemos pizza, ficamos falando da gravidez. Eu descobri que estava grávida da Manuela em julho, estava com quase cinco meses, e tinha uma ultrassonografia marcada para o dia seguinte. Meu pai falou: "Ah, então eu vou na ultra com você, porque na terça-feira eu preciso viajar". Quando deu umas 23h30, resolvi sair e dormir em casa. Eles insistiram para que eu dormisse lá, mas achei melhor ir para casa. **Mayara Sixel Neves**

Niterói nunca teve um projeto pensando o Natal da cidade. Sempre botou apenas as luzinhas. Mas, no início do ano, em maio ou junho, eu tinha lançado a ideia de começarmos a trabalhar o Natal. Sou concursada da prefeitura, mas durante a gestão de Rodrigo eu participava de alguns projetos como primeira-dama. Passamos aquele fim de semana supertranquilos, foi um domingo, inclusive, que a gente ficou o dia todo juntos, o que não era nem muito normal, porque sempre havia alguma agenda ou atividade da prefeitura. Pedalamos, depois fomos ao culto, teve o evento das luzes de Natal do Campo de São Bento... Estávamos muito felizes, com a família toda reunida, o genro Caio[15] *também estava junto. Foi um domingo muito bom, acima da média. Eu, Mayara e Marina montamos a árvore de Natal. A gente foi dormir tarde, louça jogada na pia, um monte de pizza, mas fomos dormir superbem, sem passar pela cabeça que qualquer coisa pudesse acontecer.* **Fernanda Sixel Neves**

Cadu havia passado o fim de semana na casa da namorada, mas fez questão de encontrar os pais, à noite, no Campo de São Bento. Em seguida, foram todos para casa.

Eu que pedi a pizza, peguei a mais barata, nem era a melhor pizzaria que tinha na cidade. Escolhi uma daquelas promoções de pizza gigante. Acho que era de calabresa e frango com catupiry. Ficamos no andar de cima, conversando, até quase 1h. **Cadu Sixel Neves**

O deputado federal Chico D'Angelo também esteve com Rodrigo e sua família no Campo de São Bento. Foi mais uma testemunha daquele fim de domingo cheio de felicidade para o prefeito em suas últimas horas de liberdade.

---

[15] Mayara conheceu Caio Malta na Faculdade de Direito da UFF, onde ele entrou um semestre depois dela, em 2014. Caio foi militante da Juventude Socialista do PDT e hoje é advogado. Começaram o namoro na Copa do Mundo de 2018, vendo um jogo do Brasil com colegas da faculdade. Em agosto, já namorados, descobriram a gravidez e, em outubro, foram morar juntos. Tudo muito rápido e, logo depois, veio a prisão de Rodrigo. Ainda estagiário de direito, Caio acompanhou Mayara como "auxiliar" em várias visitas a Rodrigo em Bangu.

O Rodrigo fez um Natal na cidade com uma bela iluminação em vários locais. Icaraí inteiro foi ver o Campo de São Bento, que estava uma coisa muito bonita, emocionante. Eu diria que nunca Niterói teve um Natal tão bonito, com tanto bom gosto. Rodrigo chegou atrasado, depois da inauguração formal. Eu já estava indo embora, quando ele me ligou. "Chico, eu tô indo aí pro Campo de São Bento, queria ver com você como está a iluminação". Eu então voltei, já não tinha a multidão que estava lá mais cedo. Nós corremos o Campo, ele com a mulher e os filhos, fomos em vários lugares. Ele ficou feliz da vida. "Pô, que troço emocionante, vai ser um Natal maravilhoso!". Saí de lá mais ou menos às 22h e fui para casa. **Chico D'Angelo**

Simone Porto, assessora de imprensa da Prefeitura de Niterói, acompanhou Rodrigo no Campo de São Bento.

Rodrigo estava lá empolgadíssimo! Eu precisei ligar para ele no fim do domingo, por volta de 23h30, meia-noite, e ele atendeu o telefone aos berros: "Simoninha, a cidade está linda, você já levou sua filha no Campo de São Bento?". Respondi que ainda não havia conseguido levá-la. E ele: "Mas você já passou pela Miguel de Frias? Tem uma aguinha caindo das árvores, uma luz linda!". Ele estava muito empolgado, poucas horas antes de ser preso. A iluminação de Natal daquele ano foi muito marcante para todo mundo da Prefeitura. Depois, amargamos um sentimento de luto, pois não tinha como passar pela cidade e ver aquela iluminação sem lembrar dele. Foi um Natal muito pesado. **Simone Porto**

A família Neves dormiu pouco naquela última noite de liberdade de Rodrigo.

Depois que todos foram se deitar, eu fiquei jogando no celular, até umas 4h da manhã. Aí meu pai chegou no quarto lá pelas 3h30 da madrugada e me deu uma chamada: "Desliga isso aí, Cadu, vai dormir!". Eu respondi que já ia dormir, mas continuei jogando até 4h30. Logo depois começou a tocar a campainha, e era muita campainha... Tomei um susto, né? Tinha acabado de dormir, e aí aconteceu. **Cadu Sixel Neves**

CAPÍTULO 4

O DIA MAIS LONGO DA FAMÍLIA NEVES

RIO – O prefeito de Niterói, Rodrigo Neves (PDT-RJ), foi preso na manhã desta segunda-feira por policiais civis e por integrantes do Ministério Público do Estado do Rio, em uma operação batizada de Alameda. Agentes chegaram ao prédio em que ele mora, em Santa Rosa, por volta das 6h. Duas horas depois, o prefeito foi levado para a Cidade da Polícia, no Jacaré, na Zona Norte do Rio. Ele chegou ao local com três livros nas mãos. De acordo com a investigação do MP-RJ e da Polícia Civil, o esquema envolvia o pagamento de propina por empresários do setor de transportes a agentes públicos da cidade. Entre os anos de 2014 e 2018, teriam sido desviados aproximadamente R$ 10,9 milhões dos cofres públicos para pagamentos ilegais. A ação é um desdobramento da Operação Lava Jato no âmbito estadual. **Matéria no site do jornal "O Globo", em 10 de dezembro de 2018, publicada às 6h34 e atualizada às 15h53.**

Quando a campainha tocou insistentemente às 6h da manhã na segunda-feira 10 de dezembro, a primeira reação de Fernanda foi pensar em sua filha Mayara, grávida de cinco meses: algo poderia ter acontecido a ela.

Campainha disparando, disparando, disparando… Eu não entendi, achei que minha filha pudesse ter perdido o neném. Na hora, pensei: "Aconteceu alguma coisa com Mayara!". Mas Rodrigo logo falou: "Não, Fernanda, são seis da manhã. Desce porque, caramba, às seis da manhã, só se for polícia". "Polícia??", eu reagi, no impulso. Desci, e realmente era a Polícia Civil. Pediram para eu abrir a porta, batendo forte. Eu falei assim: "Tô de camisola, posso trocar a roupa?". O policial respondeu que sim. Subi, troquei a camisola rapidamente, nervosa, mas eles continuaram tocando, desesperadamente. Aí descemos, e eles entraram, como vou dizer... para mim, foi muito truculento. Em nenhum momento houve agressão física, mas acho que a truculência é o próprio ato de estar na sua porta a essa hora da manhã, invadindo sua casa. Para mim, foi muito violento. A gente ficou sem entender o que acontecia. Eles subiram, todos falando ao mesmo tempo: "Onde está isso? Onde está aquilo? Tem gente na casa? Tem criança?" .Você fica num turbilhão, eu só conseguia responder ora pra um, ora pra outro, ora pra mais outro... **Fernanda Sixel Neves**

Mandados de busca e apreensão têm que ser cumpridos em dias úteis, de segunda a sexta-feira, entre 6h e 20h (salvo em casos especiais, sob autorização judicial prévia). Por isso, a maioria das operações policiais começa pontualmente às 6h na casa do alvo de busca e apreensão e/ou de prisão, muitas vezes na segunda-feira, provavelmente para pegar os acusados desprevenidos, depois de um fim de semana em que todos costumam relaxar.

Seis horas da manhã, tocou a campainha e a gente começou a ouvir o barulho dos helicópteros das televisões, já avisadas da operação. **Rodrigo Neves**

Desde a Operação Lava Jato, o país se acostumou a ver reportagens na TV sobre operações na primeira hora da manhã. Quase sempre a polícia (Civil ou Federal) e o Ministério Público avisam horas antes a um ou mais veículos de imprensa, para garantir ampla divulgação da operação.

A presença da imprensa dá credibilidade às ações jurídico-policiais e, em muitos casos, ajuda a promotoria pública na condenação dos suspeitos (antes mesmo do julgamento formal na Justiça). Isso acontece porque a imprensa é uma das instituições de maior credibilidade no Brasil. E, às 6h da manhã, os repórteres, produtores, pauteiros e editores não tiveram tempo de apurar nada, eles quase sempre se limitam a repetir as acusações oferecidas de madrugada pelo MP e/ou pela polícia.

Na prática, a imprensa é usada nessas situações para corroborar e validar, junto à opinião pública, as acusações dos órgãos policiais e judiciais.

Cada notícia "urgente, ao vivo, de última hora" transmitida por TV, rádio ou site de notícias surpreende as pessoas ainda acordando, tomando café da manhã ou se arrumando para o trabalho. Assim como os jornalistas, o espectador, ouvinte ou leitor tampouco tem tempo e informação suficiente para refletir sobre o caso; apenas absorve, de um jeito ou de outro, as notícias que naquele primeiro momento têm como única fonte as autoridades policiais e judiciais. Ou seja, as pessoas são induzidas a conhecer apenas uma versão do fato – a versão da acusação. E, como diz o velho ditado, "a primeira impressão é a que fica".

O resultado da cobertura de jornais e TVs nessas situações acaba tendo grande utilidade para promotores e policiais. A imprensa se torna uma testemunha de credibilidade a favor da acusação – e contra o acusado –, mesmo sem a necessidade de que jornalistas e donos dos veículos de imprensa venham a se sentar posteriormente no banco das testemunhas para ter seu depoimento levado em consideração no processo.

A Operação Lava Jato utilizou-se regularmente desse recurso, rapidamente adotado e repetido por polícias e Ministério Público por todo o país. Além disso, as reportagens que acompanham operações de manhã não mostram o que acontece dentro das residências, ou seja, como policiais e promotores se comportam e como sua atuação impacta as famílias dos acusados. A imagem maior, que vai para a primeira página dos jornais e que estará na abertura do telejornal do horário nobre, é o acusado sendo levado para o carro da polícia, muitas vezes algemado. As notícias não trazem palavras ou imagens de eventuais truculências, agressões morais, pressões psicológicas e humilhações sofridas pelos suspeitos e suas famílias. Não mostram a cultura comum de se tratar acusados como condenados, antes mesmo de seu julgamento.

Os relatos e lembranças de Rodrigo, Fernanda, Cadu e Marina sobre a invasão de sua casa por policiais civis, membros do MP estadual e uma oficial de Justiça revelam o que a imprensa não mostrou. Quando recebeu a Polícia Civil e os promotores públicos, Rodrigo dormia com a mulher, Fernanda; Cadu dormia em seu quarto e Marina, na sala.

Eu nunca havia sido chamado na polícia para nada. Aí, eles vêm na minha casa. Subiu um monte de gente, umas oito ou dez pessoas. Eles perguntaram se tinha celular, se tinha joias, se tinha obras de arte, se tinha dinhei-

ro. E aí começaram a fazer a busca. Evidentemente, não tinha nada, nem joia, nem obra de arte, nem dinheiro. Procuraram também documentos. Do lado da escrivaninha da minha cama tinha uma pasta, em que Fernanda guardava as contas do mês. Cartão de crédito, escola, condomínio etc. Somando tudo, dava uns R$ 18 mil a R$ 20 mil, que era nosso gasto mensal. A promotora folheou aquilo e não levou: "Não, isso aqui não precisa". Aí eu falei: "Ó, se juntar as bijuterias que eu dei pra Fernanda em quase 25 anos de casado, não vai dar nem R$ 10 mil". Não acharam joias, não tinha nenhuma bijuteria de valor. Comecei então a ficar indignado com aquilo e falar alto: "Vocês querem destruir a reputação de uma pessoa que está fazendo um bom governo, que está tendo uma boa gestão". O delegado da operação (Adilson Palácio, da Delegacia de Repressão aos Crimes Contra a Propriedade Imaterial, a DRCPIM) *ficou muito impressionado. Porque eu era um cara que havia sido deputado, era prefeito, morando num apartamento classe média-média, um imóvel pequeno, apesar de ser cobertura, num bairro que não é de classe média-alta. Ele viu a postura dos meus filhos, da minha mulher, e num determinado momento comecei a perceber que estava incomodado e, ao mesmo tempo, não estava de má vontade conosco – ao contrário da equipe do MP. Depois eu soube que o procurador convocou uma entrevista coletiva e o delegado não topou falar ao lado dos promotores.* **Rodrigo Neves**

Os policiais até que foram muito tranquilos e respeitosos. No andar de baixo, eles não procuraram. Bateram numa mesa lá e numa parede, mas não entraram no meu quarto. Eu estava com o celular na mão e perguntei se tinha que entregar o aparelho, ele falou que não, só o do meu pai. Mas disse para eu guardar, pois não podia usar o celular, senão ele teria que levar também. Então, guardei no meu quarto. **Cadu Sixel Neves**

Rodrigo e eu ficamos perguntando: "Mas por quê? Por quê?". A gente queria saber o motivo, mas eles não falavam, só repetiam: "Calma, vocês vão saber...". Todos eles falavam ao mesmo tempo, acho que era uma estratégia para você não ter muita reação. Eles não nos deram nenhum papel. Só diziam que era busca e apreensão. Lembro que eu pedi para ir ao banheiro, porque sequer havia escovado os dentes. Aí, a promotora do Ministério Público, que era muito arrogante, entrou no banheiro comigo: "Eu tenho que ficar com você". Meu banheiro é micro. Fiquei escovando os dentes com uma pessoa dentro do meu banheiro, o tempo todo do meu lado. Aquilo ia criando uma pressão psicológica que era humilhante. É muito, muito ruim. **Fernanda Sixel Neves**

O dia anterior foi superfamília, só que eu, na pré-adolescência, estava muito estressada naquele domingo, nem queria estar com minha família – depois me arrependi muito disso. Acabei dormindo no sofá da sala, e de manhã ouvi a campainha cedinho. Pensei: "Me recuso a levantar, vou ficar aqui e fingir que estou dormindo". Minha mãe foi ver o que era e ouvi: "Quem é? Polícia??". Eu escutando, mas fingindo que dormia, pensei: "Gente, o que é isso??". Estava mais perdida do que minha mãe. Abri um pouco o olho e vi que ela subiu desnorteada, falando pros policiais: "Calma, calma, calma!". Eu fui acordada por minha mãe mexendo no meu braço, com um policial do lado dela: "A polícia tá aqui, Marina, acorda!". Antes de abrir a porta para eles, ela só teve tempo de avisar meu pai, nem daria tempo de esconder nada, que eu acho que era o que os policiais na porta do apartamento estavam com medo que acontecesse. Eles quase arrebentaram nossa porta, de tanto bater. Minha mãe abriu a porta e eles já foram entrando lá em casa. Eu me levantei desnorteada. Desci a escada, dei de cara com o síndico e perguntei: "O que está acontecendo??". Ele também não sabia. Fui ficar com meu irmão, enquanto todo mundo remexia o escritório. Foi uma coisa muito marcante, tudo jogado no chão: livros, arquivos, qualquer coisa que eles quisessem encontrar. Me lembro muito do meu pai na beira da cama: ele tentava não chorar na minha frente. "Olha, vai ficar tudo bem...". Mas aí virava pro lado e chorava. Ele me deu um abraço apertado e, ali, eu senti: "Caraca, pode ser o último abraço...". Não sei nem o que estava passando na minha cabeça. Teve uma hora que a gente foi lá para fora e já estava com ligação de todo mundo no celular dizendo: "Pode contar comigo!". Minha mãe ficava repetindo: "O que está acontecendo? É por causa de quê?". A gente não sabia o motivo. Aí minha mãe me puxou num canto e falou: "Marina, seu pai vai ser preso". Eu não consegui falar nada, fiquei em choque. Eu tinha plena confiança no meu pai, sabia que tudo aquilo era um total equívoco. Nem lembro se chorei, só sei que paralisei. Não falei nada e a gente se abraçou. Minha mãe chorava e chorava. A gente desceu pra portaria, um monte de gente olhando pra gente lá embaixo. Lembro do meu pai entrando naquele carro da polícia. Ele deu um olhar pra gente, assim, não sei nem como explicar... Eu tenho essa imagem marcada na minha cabeça até hoje, ele dando tchau pra gente no banco de trás e nós três abraçados, tipo "o que vai ser agora?". Voltamos lá para cima naquela correria, minha mãe fazendo já um monte de ligação. Eu fui para a casa da minha irmã, liguei para minha melhor amiga e pedi para ela ficar comigo. Tudo muito surreal. **Marina Sixel Neves**

Caçula dos filhos de Rodrigo e Fernanda, Marina tinha apenas 14 anos. Ela havia acabado de aprender sobre a ditadura militar na escola.

Eu fiquei tentando associar tudo na minha cabeça e consegui fazer vários paralelos entre aquela situação e as falas do Bolsonaro. Foi quase como vivenciar aquelas perseguições e prisões políticas da ditadura. Eu pensava: "Meu pai com certeza nunca fez nada, ele sempre lutou a favor dos que mais precisam, e estão tirando esse direito de ele fazer isso". Minhas amigas falavam que teríamos uma nova ditadura no Brasil, e eu sempre respondia que haveria resistência, que não seria assim. Mas, quando foi na minha casa, com meu pai... A gente acha que é só nos livros de História, mas estava acontecendo debaixo do meu nariz... **Marina Sixel Neves**

Ao puxar da memória os detalhes da ação, Fernanda ficou muito impactada e chorou. Ela quase sempre chora quando se lembra da prisão do Rodrigo.

Eles começaram a mexer no escritório, onde tem documentos, e depois vieram para o nosso quarto. Tiraram tudo das minhas bolsas e do armário e foram jogando as coisas na cama. Eu falava: "Não tem nada". Mas o policial insistia: "Onde tem dinheiro? Onde guarda o dinheiro?". A gente não tinha dinheiro em casa. Também perguntaram por joias, mas eu nem curto joias. Tinha uma gaveta onde eu guardava as bijuterias, meia dúzia de brinquinhos... O policial olhou e disse: "Mas só tem isso? Ah, isso não serve". Fernanda Sixel Neves

Os policiais ficaram frustrados com a falta de provas incriminadoras naquela busca e apreensão.

Rodrigo não é um cara, assim, muito tecnológico. Até a pandemia, ele nunca tinha entrado em uma live sozinho, nunca tinha acessado o Google Meet ou o Zoom. Os policiais pediam o computador do Rodrigo, mas ele não tinha um laptop, só usava computador para escrever, produzir textos. Ele nunca foi um cara de navegar na internet, prefere livro impresso.

Em casa, a gente só tinha um computador de mesa, com uns 12 anos de idade, bem velho, de uso comum, onde estavam vídeos, fotos... Eles levaram. Eu tinha acabado de comprar um laptop, que não tinha nada, só fotos, ainda estava na caixa, dentro daquele plastiquinho. Até pedi: "Poxa, acabei de comprar, só tem foto que eu descarreguei". Eles levaram assim mesmo. Eu falava: "Vocês estão levando as fotos dos meus filhos, nossas memórias de família...". Muita coisa eu perdi, porque estava só naquele computador velho. E até hoje eles não devolveram (mais de três anos após a apreensão). *O prazo para devolver esses arquivos é de seis meses. Já foram feitos inúmeros pedidos e eu acho que nunca devolverão.* **Fernanda Sixel Neves**

Meu pai foi no quarto, foi no banheiro, fiquei junto dele quase o tempo todo. Ele estava muito perturbado. Eu, na hora, não chorei. Fiquei lá firme, mas foi uma barra, porque nunca tinha visto ele assim. Eu tinha acabado de fazer 21 anos. Os policiais falaram que tinham que pegar as agendas, equipamento eletrônico, computador, HD... Aí perguntaram sobre o carro. A gente contou que não tinha carro. Eles achavam que iriam encontrar alguma coisa, mas teve uma hora que um policial falou para o outro: "Não tem nada aqui". Eu vi isso, eles estavam no andar de baixo, conversando entre si. **Cadu Sixel Neves**

Em um primeiro momento, os agentes policiais e judiciários não informaram que prenderiam Rodrigo. Deixaram transparecer que se tratava apenas de busca e apreensão. Quando foram informados do mandado de prisão, todos – Rodrigo, Fernanda, Cadu e Marina – entraram em choque.

Depois de uns 40 minutos, o delegado me chamou num canto e falou que tinha um mandado de prisão. Ele disse: "Vamos ter que levar o senhor preso". Aquilo foi uma barbárie. Nunca tinha feito nada, eu era prefeito, como podia aquilo? Fiquei transtornado, indignado, e disse: "Isso é um absurdo, é um arbítrio, nós estamos numa democracia!". Aí, ele me disse: "Se você quiser tomar um banho e um café antes de ir, pode". Fiquei completamente desorientado. Eu não tinha advogados nem uma retaguarda de blindagem jurídica, coisa que, depois eu vi, foi de uma grande ingenuidade minha. **Rodrigo Neves**

Depois de quase uma hora, a gente já estava mais tranquilo, pensando que aquilo estava acabando e que logo eles iriam embora. Os policiais e pro-

motores estavam sentados na mesa externa em volta da oficial de Justiça, que me pareceu uma pessoa muito humana, o tempo todo a gente via que ela estava constrangida com aquilo, eu sentia que ela era diferente do MP e dos policiais. De repente, Rodrigo veio para mim chorando e eu tentei acalmá-lo: "Acabou, eles já vão embora". Mas ele falou: "Não, amor, eu vou ser preso...". Ele só me abraçou, começou a chorar e a repetir: "Eles vão acabar com a minha honra, eles vão acabar com a minha honra. Tudo que eu construí foi minha honra, minha trajetória, eles vão acabar com a minha trajetória". As crianças, que estavam no andar de baixo para não vivenciar aquilo tudo, subiram. Rodrigo olhou para eles e disse: "Eu não sou bandido! Eu não sou bandido!". Cadu disse: "Pai, a gente sabe...". O delegado estava próximo e nos interrompeu; me puxou para o quarto e perguntou: "Vocês têm arma de fogo em casa?". Eu falei: "Não, não tem a menor possibilidade no mundo de Rodrigo pegar numa arma de fogo, compreende? Isso é inimaginável!". Foi nessa hora que eles falaram que era alguma coisa da Fetranspor. Eu aí perguntei: "Mas ele tá sendo preso por quê??". Dei uma surtada, fui para cima do delegado, questionando o porquê da prisão. "Isso é um absurdo, Fetranspor não é nem Niterói, não tem nada a ver". Rodrigo também falou: "Não tenho nada com a Fetranspor!". A gente ficou questionando e Rodrigo foi com as crianças para um canto na área externa. Foi nessa hora que a TV filmou. Eu nem vi que tinha um helicóptero. Lembro é que a gente ficou ali e se abraçou. Falamos para as crianças que ia dar tudo certo. Se alguém me dissesse que ele ficaria preso por mais de três meses, eu responderia para essa pessoa: "Você está louca!". Depois, quando completou uma semana de prisão, para mim já era uma eternidade... **Fernanda Sixel Neves**

Antes de ser levado, o delegado recomendou que Rodrigo comesse alguma coisa, mesmo diante da negativa do prefeito.

O delegado falou pra ele: "Você não sabe que horas vai conseguir comer hoje". E foi isso mesmo, depois ele ficou horas sem comer nada. Rodrigo queria era dar entrevista: "Eu quero falar! Eu quero falar! Eu não sei do que estou sendo acusado, eu não fiz nada, nunca fui ouvido, eu quero falar! Eu não vou sem falar!". Já tinha um monte de jornalista na porta do prédio. O delegado falou para ele ligar para um advogado, só que a gente não tinha advogado. Aí Rodrigo lembrou do doutor Raphael (Mattos, do escritório Bergher & Mattos Advogados Associados), *que havia atuado junto ao Tribunal Regional Eleitoral. Quando atendeu o telefone, o doutor Raphael disse que estava em Angra dos Reis para uma audiência, mas enviou um advogado da equipe dele. Só que esse advogado não chegava nunca aqui em casa. Rodrigo queria esperá-lo para sair, e também para garantir que ele desse a entrevista. Os demais policiais começaram a ficar irritados, porque queriam ir embora. Nós descemos todos com ele no elevador, o advogado ainda não havia chegado. Aí, quando ele teve que entrar no carro da polícia, foi um momento muito difícil. Rodrigo ficou muito, muito firme. Entrou no carro ainda reclamando que queria dar entrevista. O delegado falou: "Te dou a minha palavra, você vai dar entrevista". Ele foi embora e eu subi com as crianças pensando: o que é que eu posso fazer???* **Fernanda Sixel Neves**

A situação era surreal, dramática. Peguei uma Bíblia, peguei um livro do Norberto Bobbio chamado "Os novos despotismos", que era sobre a Itália do Berlusconi, e a biografia do Churchill. E peguei meus documentos. **Rodrigo Neves**

Mayara, que morava a poucos metros de distância dos pais, demorou um pouco a saber o que estava acontecendo.

Meus pais não me ligaram porque eu estava grávida, tinham medo que eu passasse mal e acontecesse alguma coisa com o bebê. Só que umas 7h da manhã eu ouvi um helicóptero e achei aquilo estranho. Entrei no grupo da família no WhatsApp e botei: "Gente, que barulho é esse? Cês tão ouvindo? Muito barulho!". Aí, fui para a janela e vi que estava em cima do prédio do meu pai. Peguei o celular e dei uma busca na internet: "prefeito Niterói". Foi então que vi que estava tendo uma operação de busca e apreensão. Comecei a ligar desesperadamente para eles, mas ninguém atendia. Até que meu irmão atendeu e confirmou. Perguntei: "Mas é só busca e apreensão, né?". "Não, é prisão, estão levando papai". Fiquei desesperada, sem saber o que fazer. Meu irmão me falou que estavam ligando para o advogado e que não sabiam do que se tratava. Meus avós foram para minha casa e eu liguei para minha médica – que já sabia, né? Minhas amigas já estavam me mandando mensagens, todo mundo preocupado comigo. Minha médica falou: "Olha, se você quiser fazer a ultra, é melhor, porque teremos que fazer para saber como você está". Eu respondi que não tinha condições.

Ela me mandou tomar um remédio só para me acalmar, que eu acabei nem tomando. Finalmente, minha mãe me ligou e disse: "Seu pai quer que você vá para a Cidade da Polícia, que é para onde estão levando ele. Pega a sua carteira da OAB e vai". Coloquei correndo uma roupa, peguei a carteira e um primo meu me levou para a Cidade da Polícia. Lá, pelo menos, pude ver meu pai. **Mayara Sixel Neves**

Sem saber do que viria a acontecer, o advogado Luciano Alvarenga, que defendeu Rodrigo nas campanhas eleitorais, acabou tendo um papel crucial. Foi ele quem agilizou, em novembro, a entrega da carteira da Ordem dos Advogados do Brasil para Mayara. Graças ao documento da OAB, durante mais de um mês, Mayara foi o único contato que Rodrigo teve com a família em Bangu 8 – muito religioso, ele vê a mão de Deus em mais esse episódio.

Na época eu era vice-presidente da OAB de Niterói, uma subseção importante, a maior do país, com 16 mil advogados inscritos. Naquele ano de 2018, mais ou menos em maio, li uma notinha no jornal falando que a Mayara tinha sido aprovada no exame da Ordem. Pedi que alguém checasse como estava o processo da carteira dela e recebi a resposta: "Ih, parece que ela ainda não colou grau". Liguei para o Rodrigo e falei: "Vi que a Mayara passou na prova. Quero marcar para eu entregar essa carteira a ela, vamos acelerar isso aí". Ele me explicou que ela iria colar grau apenas em julho ou agosto. Só que 2018 era um ano eleitoral na OAB, e em determinado período da eleição fica suspensa a entrega de carteiras. E meu mandato acabava em janeiro de 2019. Então, quando chegou perto de outubro, ela já tinha colado grau e comecei a perturbar: "Mayara, vamos tirar essa carteira". Ela me respondia: "Luciano, estou grávida, estou estagiando, talvez não consiga advogar por agora, de repente eu vou deixar pra frente". Eu falei firme: "Não faça isso não, eu quero entregar sua carteira, faço questão". E aí, sob pressão, ela acabou cedendo. Se não tivesse tirado, não poderia ter visitado o pai na cadeia. No dia em que eu consegui fazer aquela entrega, com o Rodrigo representando a família, ela fez o juramento do compromisso com a advocacia. Se não me engano, acumulei a tarefa de paraninfo da turma e fiz um discurso sobre direitos humanos, contra o lawfare *e em defesa do Estado Democrático de Direito, que constam nos compromissos da advocacia. Passou o tempo e aconteceu isso tudo. Eu só pensava: "Meu Deus, se a gente fosse depender de tirar a carteira da Mayara em dezembro, ia pegar o recesso e não ia resolver". Há coisas na vida que a gente só vê a razão de terem acontecido lá na frente...* **Luciano Alvarenga**

Axel Grael, então secretário-executivo da prefeitura, havia viajado na véspera para Campos dos Goytacazes, cidade a cerca de três horas e meia de carro de Niterói, onde daria uma aula o dia todo.

Tentei falar do hotel com algumas pessoas e acabei conversando com a Giovanna. Eu não entendi o que estava acontecendo e Giovanna também estava surpresa. A imprensa já falava sobre a questão das empresas de ônibus. Eu tinha ido de carro para Campos, mas decidi voltar de avião, porém só tinha voo depois do almoço. Cancelei a parte da tarde e voltei. **Axel Grael**

Segundo o atual prefeito de Niterói, ninguém imaginaria que a prisão de Rodrigo duraria mais de três meses.

Eu me lembro de ter falado com os procuradores e os advogados, e todo mundo dizia: "Olha, eu acho que vai ser difícil ele ser solto hoje. Ele vai passar essa noite preso". Aquela ação foi feita de uma forma muito bem pensada, perto do recesso. Já no dia seguinte, não tínhamos juiz para falar. E nos dias seguintes tudo foi ficando muito complicado. Sempre achamos que isso iria se resolver rápido, porque era tão absurdo, tudo tão incoerente, que tínhamos certeza de que em algum momento aquilo ia se resolver. **Axel Grael**

Após Rodrigo ser levado para a Cidade da Polícia, Fernanda, ainda bastante transtornada, começou a se mexer para tentar fazer alguma coisa.

Peguei o telefone e comecei a ligar para vários secretários e lideranças, eu achava que tinha que fazer uma reunião naquela hora mesmo. Pensei que devia estar todo mundo atordoado e que era preciso aglutinar as pessoas e falar: "Calma, gente, vai dar tudo certo, a gente vai conseguir". Fomos nos reunir na casa da Maria Célia umas 10h da manhã. Maria é uma pessoa muito querida pra mim. Eu me lembro de a própria Maria falar lá que eu estava em catarse. Cheguei dando ordem nas pessoas: "Olha, você faz isso, você faz aquilo, você tem que articular...". Acho que eu estava em estado de choque, mas foi uma reunião importante, porque representou uma reação muito rápida. Dali, as pessoas já saíram ligando para dizer que era uma injustiça com Rodrigo, que a gente nem sabia por que ele estava sendo preso. Começamos a criar rapidamente um movimento de denúncia da prisão dele. **Fernanda Sixel Neves**

Rodrigo foi levado pelos policiais civis para a Cidade da Polícia acompanhado apenas de seu primeiro advogado, Marcello Carvalho.

Atravessamos a ponte e no carro da polícia eu continuei indignado, falando o tempo todo. Aí o delegado me disse que ele não ia dar entrevista, porque achou muito estranho a forma como tudo aconteceu. Disse que achava que tinha uma questão política ali. **Rodrigo Neves**

Mayara foi a primeira da família a chegar na Cidade da Polícia, levada por Ronaldo, primo de Rodrigo Neves. Antes, ela passou na casa dos pais para pegar o diploma universitário de Rodrigo para comprovar que ele tinha nível superior.

Consegui falar com ele, que ainda não sabia do que se tratava a prisão. Tinha um outro preso com meu pai, que depois eu soube se tratava do empresário João Felix, mas na hora eu não fazia ideia de quem era, achava que fosse um advogado dele. Comecei a conversar sobre o processo, e aí meu pai me alertou: "Mayara, ele não é advogado, está sendo preso comigo". Era uma pessoa tão fora da nossa realidade, não tinha nenhuma relação conosco, a gente nunca tinha ouvido falar dele. Meu pai me falou que só sabia que era alguma coisa de transporte, com a Fetranspor. E a denúncia não chegava, só tinha a ordem de prisão – e só parte da ordem de prisão, não foi nem integral, só parte do dispositivo, que falava alguma coisa de Fetranspor. **Mayara Sixel Neves**

Eu tinha feito medidas de apoio às polícias e aos agentes do sistema penitenciário em Niterói, e por isso era muito conhecido na Polícia Militar e na Polícia Civil. De uma maneira geral, fui bem tratado na Cidade da Polícia. Mas botaram um policial com um fuzil para ficar comigo na sala onde me deixaram, esse, sim, muito grosso e mal-encarado. Quando eu ia ao banheiro, ele ficava na porta com o fuzil. Fiquei lá umas duas a três horas e o mais incrível é que, geralmente, você é levado para falar, né? E eu perguntava: "Vou falar? Vou prestar algum depoimento?". E nada, em nenhum momento me chamaram para depor. **Rodrigo Neves**

Fernanda chegou à Cidade da Polícia um pouco mais tarde. Foi o último encontro com o marido, até ela conseguir a carteirinha que permitiria a visitação em Bangu 8, em 15 de janeiro, depois do Natal e do Ano Novo. Rodrigo e Fernanda, que se conheceram em 1992 e se casaram em 1994, nunca tinham ficado tanto tempo separados.

Mayara me ligou: "Mãe, você tem que vir, porque daqui a pouco não vai conseguir mais falar com o papai". E eu parti para lá, nem sei quem me levou. Entrei direto e Mayara me mostrou onde Rodrigo estava. Já fui no ímpeto de entrar e o policial me barrou. Eu fiquei repetindo: "Meu marido, meu marido, eu preciso falar com ele, eu preciso falar com ele...". Alguém acabou dizendo ao policial para deixar eu entrar. Eu e Rodrigo nos abraçamos e conversamos. Acho que nunca tinha visto o Rodrigo tão abalado. Falava: "Amor, eles vão acabar com a minha reputação, o projeto é acabar comigo, acabar com minha família". Eu dizia que não, que a gente conseguiria provar a inocência dele. Depois de um tempo, pediram para eu sair, porque Rodrigo seria levado. Tiraram a Bíblia dele, pedindo para eu ficar com ela: "Eu vou falar, eu vou denunciar, eu vou te tirar daqui!", disse a ele. **Fernanda Sixel Neves**

O deputado federal Chico D'Angelo foi outro que conseguiu ver Rodrigo na Cidade da Polícia. Ele foi chamado pelo próprio prefeito na condição de médico, e não de parlamentar.

Eu estava tomando banho de manhã e o celular tocou. Ana, minha mulher, achou melhor atender porque viu que era a Fernanda ligando, e era muito cedo. Fernanda disse a ela: "Rodrigo quer falar com o Chico". Aí eu saí do banho às pressas e liguei para ele, que estava bastante transtornado: "Chico, é um absurdo o que está acontecendo aqui comigo. Eu não tenho nada, estão vasculhando a minha casa, batendo na parede para ver se tinha dinheiro, dólar, alguma coisa escondida. Eu não fiz nada e estou passando mal, você pode vir aqui? Você é médico, eu não estou me sentindo bem...". Falei para ele que iria me arrumar correndo e partir para Niterói, mas alertei que estava no Leme, na casa da Ana, e que poderia demorar. "Vem, vem correndo". No meio do caminho, liguei para ele: "Estou atrasado aqui". Quem atendeu foi a Fernanda: "Chico, não vai dar tempo, ele já está indo para a Cidade da Polícia. Vá direto para lá." Cheguei lá, me identifiquei como médico, e a delegada na mesma hora me levou à sala onde ele estava, com dois policiais, um na porta e outro dentro. Tinha muita imprensa lá. O policial da porta queria apressar: "Eu estou desde ontem sem dormir, essa operação começou cedo e estou muito cansado". Queriam que o Rodrigo fosse logo fazer o exame de corpo delito. Ficamos conversando, eu o acalmando. Levei aparelho de pressão e vi que ele estava um pouco taquicárdico, mas bem. Ele estava era completamente emocionado e irritado. E o policial pressionando para eu encerrar a conversa. Daí em diante, como não sou da família nem advogado, não pude mais vê-lo, até ser libertado, mais de três meses depois. **Chico D'Angelo**

Da Cidade da Polícia, Fernanda voltou para casa, em Niterói, pensando sem parar no que poderia fazer.

Meu irmão Gustavo, que é um cara político também (foi da direção nacional do PSTU), naquele dia foi muito importante para mim. Ele é jornalista de formação e documentarista, e é de outro campo político na esquerda, mas eu e Rodrigo nos damos superbem com ele. Eu estava muito elétrica, indignada com tudo aquilo. Ainda pela manhã, meu irmão me parou e falou assim: "Fernanda, quem é o grupo político de Rodrigo? Ele tem um grupo político, um conselho, uma coordenação, não tem?". Rodrigo é uma liderança muito nata, na verdade, ele é a liderança, quem dá a direção política é ele... Mas Gustavo insistia comigo: "Quem, neste momento, pode coordenar, Fernanda? Você vai precisar de uma coordenação". Eu não tinha um nome específico para liderar naquela situação. Rodrigo fez um governo de técnicos. Havia as lideranças políticas tradicionais, deputados estaduais e federais, mas acabei concluindo que nenhum deles seria a pessoa que falaria e aglutinaria para o Rodrigo; não consegui elencar ninguém para fazer isso. "Então, é você mesma", disse meu irmão. Eu reagi, resisti, mas ele foi firme: "Fernanda, é você, não tem outra pessoa, é você! Alguém tem que liderar essa denúncia e essa resistência. A partir de agora, seu trabalho é tirar o Rodrigo de lá". Reconheci que ele estava com a razão. Lá atrás, eu já havia sido militante, participei de movimento estudantil. Mas depois vieram filhos, trabalhos, faculdade, e eu deixei de fazer a militância diária. Gustavo me chacoalhou: "Você sabe fazer militância política!". Ele foi fundamental. **Fernanda Sixel Neves**

Naquele dia mesmo, Fernanda começou um importante movimento para defender Rodrigo na cidade de Niterói e mobilizar as pessoas em sua defesa durante a prisão.

Voltei para casa e fiz uma reunião no fim da tarde, dessa vez com o Fernando

Stern, que cuidava das mídias sociais da prefeitura. O Fernando também foi muito importante. Eu disse a ele que iria gravar um vídeo. O pessoal da comunicação da prefeitura me dizia o contrário, que eu não deveria falar, porque a gente ainda não sabia de nada, e por isso não tinha que se expor. Os advogados também deram a mesma orientação, de não me expor. Vieram com um discurso de que existe um consenso de que o ideal, nesses casos, é não falar nada. Mas eu não me convenci. Bati o martelo e gravei. Meu marido estava preso, ele não podia falar, então eu falaria por ele. Acho que era início da noite. "Fernanda, para de chorar", me disse o Gustavo mais cedo, "agora é hora de agir, você vai ser a liderança política, a voz do Rodrigo. Então, para de chorar". **Fernanda Sixel Neves**

O vídeo foi postado no início da noite na página da Fernanda no Facebook e ainda é possível visualizá-lo, pelo link bityli.com/fu8MbP. No post, ela escreveu uma rápida introdução: "*Uma coisa que eu aprendi na vida é não ter medo de enfrentar as tempestades e as lutas. Tenho o coração tranquilo, muita fé em Deus e confiança no meu marido*". O vídeo, de apenas um minuto e 50 segundos, teve até outubro de 2021 mais de 20 mil visualizações e quase 1.600 comentários (a maioria em solidariedade ao casal). Eis o que ela disse na gravação:

> *Boa noite. Quero agradecer a toda corrente de solidariedade no dia de hoje, recebi várias mensagens, postagens, telefonemas. Fomos acordados às 6 da manhã, perplexos, sem entender o que estava acontecendo, e meu marido, o prefeito Rodrigo Neves, foi levado preso. Sem que tivesse sido notificado, que tivesse conhecimento do processo, sem que houvesse um depoimento. Eu conheci o Rodrigo quando ele tinha 16 anos de idade, estamos há 27 anos juntos, uma vida pautada nos valores éticos. Temos três filhos, uma família constituída. Eu confio plenamente em Rodrigo enquanto pessoa e enquanto político, porque eu conheço e acompanho sua trajetória. A gente está na política para estar a serviço, a gente se pautou para servir o povo, para fazer uma cidade melhor. Quero falar que é um dia muito difícil, muito doloroso – para nós todos, família, amigos –, mas dizer que a gente está firme, firme com Rodrigo, todos que acreditam no trabalho dele, a gente está aqui de cabeça erguida, que a gente respeita as*

instituições e que a gente confia na verdade. E que a gente terá, em pouco tempo, o retorno de Rodrigo à gestão municipal, à nossa casa, ao nosso lar. Que Deus me dê a força necessária para superar esse período difícil, esse dia difícil. A gente sabe que, na batalha, a gente combate o bom combate. Então é isso, muito obrigada e boa noite.

Contrariando os temores dos advogados, da equipe de comunicação e de céticos sobre falar naquele momento, o vídeo teve impacto positivo.

O feedback das pessoas foi muito assim: "A gente estava incrédulo e a sua fala nos deu a certeza de que não havia nada, nenhuma irregularidade". Tive muito esse retorno das pessoas. E, uma semana depois, antes do Natal, estive com um amigo, do Ministério Público, e ele me falou: "Fernanda, no mundo jurídico, de promotores, o seu vídeo deixou as pessoas impactadas. Porque elas viram que não era uma reação de quem está devendo". Disse ainda: "Cabe ao Ministério Público provar o que eles estão acusando. Eles dizem que tem dez milhões desviados, então eles têm que dizer onde estão esses dez milhões. Pode continuar, Fernanda, porque você está falando a verdade, a gente sente isso em você. Tenha cuidado, não se exponha muito com a mídia, mas faça seus vídeos quando tiver vontade. Você está correta". **Fernanda Sixel Neves**

Na mesma noite, o vídeo foi noticiado nos sites dos jornais "O Globo", "O Fluminense" e "Extra", além do site G1, da TV Globo.

O delegado prometeu que deixaria meu pai falar com a imprensa e cumpriu: ele falou logo que chegou na Cidade da Polícia. Disse que não sabia de nada, que era uma mentira e uma injustiça. Aí, minha mãe fez o primeiro vídeo – em casa, sem luz, sem produção, de improviso mesmo, totalmente caseiro e no ímpeto. Nem gravou várias vezes, fez de uma vez e já postou. Depois, vários interlocutores falaram que, ali, foi mostrado que tinha alguma coisa estranha. Porque político que é preso, acusado de corrupção, não fala no primeiro momento. E aquela esposa? A família vai para as redes sociais defender o Rodrigo... As pessoas começaram a perceber que tinha algo estranho naquela prisão. **Mayara Sixel Neves**

A noite ainda não havia terminado. Após o vídeo, Fernanda, Mayara e todas as pessoas que viveram aquele dia terrível constataram que não sabiam para onde Rodrigo Neves seria levado depois da triagem em Benfica.

Mayara é muito mais cartesiana e racional do que eu. Ela ligou para o advogado, que só foi conhecer lá na polícia. Queria saber como é que seria a partir dali. O advogado falou que no dia seguinte, de manhã, ia procurar saber em qual presídio estaria Rodrigo. Aquilo nos deixou angustiados. Por volta de meia-noite e meia, a gente recebeu uma ligação. Um dos motoristas do Rodrigo na prefeitura era agente penitenciário e havia sido chamado de volta pelo governo estadual uns dois meses antes da prisão. A ligação não era dele, mas de alguém da nossa segurança, que disse assim: "Dona Fernanda, Rodrigo acabou de ser transferido de Benfica para Bangu 8". Eu perguntei como ele sabia. E ele contou que era o nosso ex-motorista, que estava de plantão e fez o transporte do Rodrigo. Aí ligamos direto para ele, que disse: "Pô, dona Fernanda, dei um abraço no seu Rodrigo, acalmei ele". Depois disso, eu não dormi, só dei uns cochilos. Por volta de 5h30, 6h, Mayara, já estava se arrumando. "Mãe, eu vou pra Bangu, eu tenho a carteirinha da OAB, vou ver o papai". Ela pegou o carro e foi, com a Manu na barriga. **Fernanda Sixel Neves**

Carteirinha era o que faltava para Fernanda poder visitar Rodrigo. Não a da OAB (pois ela é pedagoga, e não advogada), mas a carteirinha para as famílias de presidiários, concedida pela Secretaria de Estado de Administração Penitenciária (Seap). A emissão da carteira havia sido delegada ao Detran, que já era responsável pelas carteiras de habilitação e de identidade. Só que o Detran estava enfrentando problemas operacionais para produzir as carteirinhas da Seap. Fernanda só conseguiu a sua, com muito custo, mais de um mês depois.

No dia seguinte à prisão, a gente já começou a tentar a maldita carteirinha, e aquilo era um problema, não só pra gente, mas para todas as famílias de presos. Era um troço irracional, um absurdo! **Fernanda Sixel Neves**

Para aumentar ainda mais a angústia, Mayara voltou de sua primeira visita em Bangu 8 com notícias não muito boas: "Meu pai está muito destruído, mãe...", disse, desabando num choro.

Mayara não é de chorar. Ela me abraçou e contou: "Meu pai chorou muito, mãe". E relatou como se esforçou para colocar ele para cima. Mayara foi fundamental para Rodrigo. Ela era nosso canal com ele. E eu sabia que o que ele quisesse falar comigo, a Mayara falaria com precisão. Isso me deu uma segurança muito forte. Ele também tinha a certeza de que a Mayara transmitiria corretamente tudo que quisesse. Mas eu continuei na angústia de não poder ver meu marido. A gente nunca tinha ficado tanto tempo separado, né? Tínhamos conversas diárias, de manhã, de noite, sempre trocamos muito. Eu queria ouvir o Rodrigo para fazer as coisas, trocar com ele minhas impressões. As cartas, nesse período, foram muito importantes. Eu escrevia, Mayara levava, e ele escrevia de volta, ela trazia. **Fernanda Sixel Neves**

Aquele 10 de dezembro virou uma data que Rodrigo, Fernanda, Mayara, Cadu e Marina jamais esquecerão - muito embora seja um dia para não ser lembrado, por tanta dor que causou à família Neves. O calvário de 93 dias do prefeito niteroiense começaria no dia seguinte no presídio de Bangu 8.

Eu jogava handebol e, naquela semana, estava tendo em Niterói um campeonato brasileiro de handbeach. Eu estava em êxtase, ia todo dia à praia e tinha um monte de amigos novos. Por isso que eu acho que fiquei tão estressada de ter que passar um dia com a minha família naquele domingo. Após a prisão, minha amiga veio ficar comigo e eu não fui mais ver o campeonato, nem falei mais com ninguém. Só fiquei com ela em casa, ela não me deixava nem mexer no celular. Mas, por mais que tentassem me distrair, não tinha como. Eu não saí mais, ficava pensando no meu pai o tempo todo. Desisti da minha primeira viagem para a Disney, marcada em janeiro, porque não tinha a menor condição. Mas teve uma viagem para o aniversário de uma amiga, em Angra, que minha mãe insistiu que eu fosse, para me distrair um pouco. Eu fui e lembro que todo momento que a gente parava para olhar as estrelas ou ir para a água eu ficava sozinha em meu pensamento. Se eu olhava para o mar, pensava: "Meu pai não tem isso". Olhava para o céu e dizia: "Meu pai também não pode nem ver o céu direito". **Marina Sixel Neves**

Na terça-feira, 11 de dezembro, a imprensa noticiou de forma mais ou menos burocrática a prisão de Rodrigo Neves. O principal jornal do estado do Rio e um dos maiores do Brasil, "O Globo", deu razoável destaque à operação, mas o texto mostrava basicamente as informações do Ministério Público, com insinuações ao acusado de forma jocosa e desmerecedora. A equipe do jornal montou um perfil de Rodrigo com base em pesquisa, no qual o foco foi claramente o de encontrar fatos desabonadores contra ele em sua carreira política. Não há quaisquer menções sobre o que realizou como prefeito, vereador, deputado estadual e secretário estadual e municipal, nem falava sobre as pesquisas que indicavam seus altos índices de aprovação na gestão de Niterói. No fim, o texto dizia, em tom irônico:

> *No domingo,* (Rodrigo) *inaugurou a iluminação natalina do Campo de São Bento, em Icaraí. Ali, prometeu festas de fim de ano inesquecíveis para Niterói, mas, ao que tudo indica, dificilmente irá aproveitá-las.*

O jornal se limitou a repetir a acusação do MP e a do procurador-geral Eduardo Gussem, feita durante a coletiva de imprensa. De Rodrigo, a notícia trouxe apenas um trecho da declaração que deu à imprensa na Cidade da Polícia:

> *Estou perplexo. Vou defender minha honra, com respeito às instituições. Espero que o Estado Democrático de Direito funcione.*

O resultado da cobertura do jornal "O Globo", de certa forma, fazia sentido, visto que ainda em 2018 a Lava Jato e os procuradores públicos desfrutavam de forte credibilidade junto à opinião pública e à grande imprensa. Eram quase que intocáveis. Assim, se o MP falava, era porque deveria ser verdade. E a mídia surfou nessa onda por um bom tempo, só recuando mais à frente, após a revelação das mensagens entre o juiz Sergio Moro e os procuradores da Lava Jato, que mostraram que os chamados "heróis" da Justiça brasileira protagonizaram, nos bastidores, iniciativas nada republicanas, com objetivos políticos.

O empresário Joaquim Andrade conta um fato pouco destacado naqueles dias:

> *Aqui em Niterói, temos a Associação do Conselho Empresarial e Cidadania (Acec), uma entidade de empresários. A Acec reúne empresários de todos os segmentos – construção civil, educação, saúde, empresas de ônibus etc. Quando o Rodrigo foi detido, já havia uma reunião marcada para o dia seguinte, terça-feira, 11 de dezembro. Era um encontro oficial que já*

acontecera em outras ocasiões. Ia ter gente lá de todos os segmentos. Era uma espécie de balanço de fim de ano, quando certamente Rodrigo falaria do que fez e do que tinha programado para fazer. Uma ou duas semanas antes, eu havia apresentado um trabalho, um projeto de orla que a gente havia desenvolvido, e o João, que era uma pessoa do segmento das empresas de ônibus (João dos Santos da Silva Soares, presidente do consórcio Transnit e sócio da Auto Lotação Ingá), viu o projeto, se interessou muito e me ligou, acho que na sexta-feira (7 de dezembro). E eu falei com ele: "João, não esquece que na terça tem um jantar com o prefeito e o pessoal da Acec. Bota aí na sua agenda que o jantar está marcado lá no Solar do Jambeiro (espaço oficial da Prefeitura de Niterói)". E ele: "Pode deixar, Joaquim, vou marcar aqui". Apenas isso. Aí, logo que aconteceu a prisão do Rodrigo, saiu no Ancelmo Gois (colunista do jornal "O Globo") uma foto da agenda do João, com o dia 11 marcado como "Reunião com o prefeito" ou "Jantar com o prefeito". Só que era um jantar com todo mundo, não era um jantar privado entre Rodrigo e João. Mas aquela foto saiu no Ancelmo dizendo que era um jantar apenas entre os dois. A conotação do jornal era de que o empresário e o prefeito tinham um encontro privado para tratar de coisas escusas. **Joaquim Andrade**

A foto de uma página da agenda do empresário João dos Santos da Silva Soares era exclusiva das autoridades envolvidas nas buscas e apreensões relacionadas à prisão de Rodrigo; só a Polícia Civil e o Ministério Público a tinham. A coluna do Ancelmo Gois publicou em seu blog a seguinte nota com a foto, às 4h15 da madrugada, e paralelamente no jornal impresso, sugerindo que havia uma "prova" de ligação entre Rodrigo e o empresário.

> ***Jantar cancelado***
> *Veja foto da agenda do empresário João dos Anjos Silva Soares, presidente do Transnit e sócio da Auto Lotação Ingá, preso ontem na Operação Alameda, que prendeu também o prefeito de Niterói, Rodrigo Neves. Estava marcado para hoje um jantar entre os dois no Jambeiro, no Ingá. Para o MP estadual, o grupo se reunia uma vez por ano, em dezembro, para reafirmar o acordo de propina. Aliás, foi achado um fundo falso no cofre da sede da Auto Ingá.*

Joaquim disse que foi questionado por outros empresários sobre a notícia e ligou para a equipe do Ancelmo, no "Globo". Foi atendido por uma jornalista.

Eu disse: "Olha, acho que houve um engano, vocês publicaram uma foto da agenda do João dizendo que ele tinha um jantar com o Rodrigo, quando, na verdade, ele tinha um jantar com todo mundo do empresariado local". Eu ainda reforcei com a jornalista: "Não sei o que aconteceu e o que deixou de acontecer, mas uma coisa eu posso te falar: esse jantar que aparece na foto da agenda do João nem o prefeito nem o João iriam tratar de nada que não fosse de comum acordo com todo mundo. Era um congraçamento, era para olhar o que foi feito e o que ainda iria ser feito na prefeitura". A jornalista me respondeu: "Pois é, é difícil... Isso aí foi passado para nós por não sei quem, mas foi alguém de peso". Eu propus: "Olha, vou escrever o que aconteceu e mandar para vocês, e vocês fazem o que a consciência de vocês achar melhor". Eu escrevi e mandei para lá relatando o que estou dizendo aqui. Mas eles não publicaram. Poderia até ter saído algo assim: "O Joaquim ligou para cá, ou escreveu e disse isso, isso e isso, a gente não sabe se é verdade, mas é o que o Joaquim falou". Mas nem isso saiu. Então, aquela suspeita publicada, de que havia ali alguma coisa, não foi esclarecida. Perdeu-se uma oportunidade de se fazer justiça, pelo menos com aquele fato. E a gente sabe que muitas vezes a versão do fato é o que vale. Lembra aquela frase famosa do Goebbels[16]? Vale a versão do fato... **Joaquim Andrade**

[16] A frase "*Uma mentira, contada mil vezes, torna-se uma verdade*" é historicamente atribuída a Joseph Goebbels, ministro da Propaganda da Alemanha nazista de 1933 até 1945.

CAPÍTULO 5

A BATALHA DO IMPEACHMENT

A votação do impeachment eu assisti da cela, pela TV, e vi a repórter falando: "A Câmara está cheia, mas o povo está aqui defendendo o prefeito preso". Na hora, não havia o resultado da votação, que saiu tarde da noite. **Rodrigo Neves**

No dia seguinte, coloquei o recorte do jornal no meio das minhas folhas, porque tinha restrições para entrar com jornal no presídio. Quando mostrei ao meu pai, ele ficou muito emocionado. Mostrei só o recorte e contei que o impeachment não tinha passado, que o plenário estava lotado, com a população em peso o apoiando. E realmente foi muita gente. **Mayara Sixel Neves**

Rodrigo Neves saiu preso de sua residência por volta das 8h30 do dia 10 de dezembro. Pouco mais de quatro horas depois, antes das 13h, já circulava na Câmara de Vereadores um primeiro pedido de impeachment, apresentado pelo vereador bolsonarista Carlos Jordy (PSL). Mais tarde, outro pedido chegou à presidência da casa, esse do Movimento Brasil Livre (MBL), levado pelo vereador Bruno Lessa, então no PSDB.

Não se sabe por que, os dois pedidos de impeachment só foram registrados no protocolo da Câmara no dia seguinte. O terceiro pedido (assinado pelo presidente do diretório municipal do Psol em Niterói, o advogado Tiago de Souza Melo) foi protocolado somente na quarta-feira, poucas horas antes da votação sobre a instauração do processo de impeachment. Pela primeira vez na Câmara niteroiense, a extrema-direita e a extrema-esquerda defendiam uma mesma proposta – o impeachment do prefeito Rodrigo Neves.

Cheguei à Câmara entre 12h e 13h e soube que já havia o pedido de impeachment com não sei quantas páginas. Como era possível? O Rodrigo saiu às 8h30 de Niterói! Foi uma coisa muito estranha. O pedido era do escritório Decnop Advogados Associados, em que um dos sócios, Guilherme Decnop, era o chefe de gabinete do vereador Carlos Jordy (hoje, Guilherme está no gabinete do mesmo Jordy na Câmara dos Deputados, em Brasília). *Nos anais da casa legislativa, foi registrado apenas no dia seguinte, mas eu tomei conhecimento quando cheguei. Outros parlamentares também viram.* **Verônica Lima**

Foi realmente muito estranho: ele foi preso de manhã e de tarde já havia um pedido de impeachment com várias páginas... **Milton Cal**

Fizeram em tempo recorde? Como assim? Isso é absolutamente inverossímil. Um pedido de impeachment, que, inclusive, estava em sintonia com o conteúdo da denúncia. Isso traz ainda mais sombras àquele episódio triste. **Waldeck Carneiro**

O presidente da Câmara, Paulo Bagueira, que havia estado com Rodrigo no sábado conversando justamente sobre a prefeitura, de repente se viu a poucas horas de ter que assumir a cidade como prefeito interino. O vice-prefeito eleito na chapa de Rodrigo em 2016, Comte Bittencourt (Cidadania), nem chegara a assumir o cargo. Ele havia se licenciado antes da posse, alegando que a cidade precisava continuar com um representante na Assembleia Legislativa, onde era deputado estadual, para enfrentar a forte crise no estado do Rio. No fim de 2017, ele renunciara definitivamente ao cargo de vice-prefeito e, com isso, o presidente da Câmara, Bagueira, era o primeiro na linha sucessória de Rodrigo.

Assim que saiu a notícia, o telefone não parou de tocar, todo mundo me perguntando: "Bagueira! Bagueira! O que é que a gente faz??". Parei de atender e fui para a Câmara. Lá pelas 15h, reuni os vereadores da base governista na sala da presidência. Discutimos a importância de assumir o governo da cidade e ouvi a opinião de todos os vereadores da base, um a um. Houve unanimidade sobre a importância de que assumíssemos o governo para dar continuidade ao trabalho que vinha sendo feito. A reu-

nião estendeu-se até umas 18h. Enquanto eu ainda estava lá, recebemos o ofício do tribunal para que eu assumisse a prefeitura. **Paulo Bagueira**

Na mesma reunião, Bagueira oficialmente ausentou-se da Câmara para poder assumir a prefeitura. Seu substituto foi o vereador Milton Cal (Partido Progressista, PP), vice-presidente da casa, que se tornou presidente interino na própria segunda-feira.

Assim que assumi, pedi que os vereadores que estavam com pedidos de impeachment se encaminhassem para o protocolo da casa e dessem entrada lá. Eu queria ganhar tempo, nós ainda estávamos como um lutador de boxe após ser nocauteado. E aquela situação era nova para todos nós. Na terça-feira, eles protocolaram o pedido de manhã. À tarde, na sessão ordinária, avisei a todos que não seria apreciado naquele momento o processo de impeachment, em consequência das 24 horas que a Câmara tinha direito para dar sua visão do caso. Também notifiquei a Justiça, pedindo todos os documentos relacionados à prisão do Rodrigo, as provas cabais, se porventura tivessem provas. Mas nunca recebi absolutamente nada! Negaram, alegando segredo de justiça. Assim, partimos para a votação sem nenhum documento do processo. Eram apenas especulações, somente "fulano disse isso, sicrano disse aquilo". Pedi ao procurador da Câmara para verificar as partes principais dos pedidos de impeachment. Os argumentos eram somente que Rodrigo fora preso. Mas não se ganha um impeachment só por ser detido. **Milton Cal**

O vereador Leonardo Giordano (PCdoB) reforça a interpretação de Milton Cal:

A abertura do processo de impeachment, vale lembrar, só poderia acontecer com a Câmara informada dos indícios. E a Câmara não havia recebido nenhum documento. Então, havia uma proposta de abertura de um processo de impedimento sem ter havido qualquer remessa documental ao Poder Legislativo. Assim, qual a base para o impeachment? Os jornais. Ou seja, se está preso, é culpado. O indício era prisão, tão somente. Não houve um processo judicial ou informação de um juiz de Direito. Era o Legislativo tentando abrir um processo de impeachment sem ter recebido sequer um papel de pão dizendo o motivo da prisão. **Leonardo Giordano**

Entre a terça e a quarta-feira houve um impasse entre os aliados de Rodrigo sobre a melhor forma de se lidar com a votação do impeachment.

Vários políticos eram favoráveis a jogar a votação para frente. Mas Fernanda não concordava, estava indecisa.

Aquilo estava me incomodando e aí eu marquei uma reunião com a Verônica Lima e o Leonardo Giordano. "Eu quero ouvir vocês", falei. Os dois fizeram uma defesa muito convincente da necessidade de votar e resolver o assunto. O Leo falou: "Se a gente não liquidar isso hoje, vai ter esse debate na cidade durante os dois meses de recesso da Câmara. Essa vai ser a pauta da oposição. A gente precisa acabar com isso, temos maioria pra liquidar". Era uma situação muito favorável naquele momento. **Fernanda Sixel Neves**

Já na terça-feira, dia seguinte à prisão de Rodrigo, carros de som contratados pela oposição começaram a rodar por Niterói pregando o impeachment e convocando a população a comparecer à votação na Câmara. Na quarta, às 14h, Verônica e Leonardo Giordano foram para a reunião na casa da Fernanda decididos a defender com firmeza a imediata votação – que aconteceria algumas horas depois. O objetivo era matar o mal pela raiz.

Do outro lado, havia pessoas que, na política, tinham mais patente do que nós dois. Eu e Leonardo fizemos uma tabelinha, estávamos pensando igual. Ele foi importante nisso. Ninguém joga sozinho, né? Havia na casa da Fernanda uma galera que todo mundo dizia ser peso-pesado da política e que defendia não votar agora, empurrar para frente. Eu discordei: "É melhor enterrar essa história logo". Isso porque a oposição de extrema-direita iria pegar aqueles pedidos de impeachment e transformar em abaixo-assinado com banquinha na Praia de Icaraí e no Campo de São Bento. Eu disse na reunião que deveríamos mostrar que o prefeito tinha força política e base de sustentação. "O Rodrigo está preso não tem sequer 48 horas. Se a gente não for capaz de dar uma demonstração de força agora, vai dar quando?". **Verônica Lima**

Leonardo Giordano, que atualmente é secretário das Culturas do governo Axel Grael, também estava convencido da estratégia de votar já na quarta-feira.

Disse que tínhamos que fazer o contrário da estratégia adotada nacionalmente no impeachment da presidenta Dilma Rousseff. Ou seja, nós não podíamos nos esquivar de fazer um combate frontal sobre aquele pedido de impeachment. Argumentei que colocar em votação imediatamente iria mos-

trar a precariedade do pedido. A gente insistiu muito na casa da Fernanda. Além disso, teve uma manifestação do procurador do município, dizendo o seguinte: pela Lei Orgânica de Niterói, o pedido teria que ser apreciado em 24 horas. Ele acrescentou que, se não houvesse a votação, a oposição poderia entrar com um mandado de segurança e forçar a Câmara a votar. Mais uma razão para encarar logo o problema. **Leonardo Giodarno**

Verônica e Leonardo ajudaram Fernanda a tomar a decisão.

Acabou a reunião, peguei o telefone e falei pra todo mundo: "Gente, vamos liquidar isso hoje. Mobiliza as pessoas!". Dei orientação para não envolver gente do governo, para não caracterizar que a prefeitura tivesse liberado as pessoas pra irem à Câmara. Era para convocar militantes, movimento comunitário, pessoas da sociedade civil. **Fernanda Sixel Neves**

Paralelamente, naquela mesma quarta-feira, o presidente interino da Câmara também fazia uma reunião preparatória para a votação.

Às 14h, reunimos a bancada governista. Estava sendo difícil para todos nós, porque o Rodrigo era um excelente prefeito, com um trabalho muito eficaz. Naquela reunião já se tinha uma ideia de que os vereadores não aprovariam o processo de impeachment, porque não havia nenhum documento comprobatório contra Rodrigo. E, quero ressaltar, os vereadores da nossa bancada foram muito firmes nisso. **Milton Cal**

A prisão de Rodrigo colocou Milton Cal diante de um grande desafio político.

Eu nunca tinha sido presidente da Câmara. Mesmo estando em meu quinto mandato, era uma novidade pra mim. Antes dessa reunião da bancada, entrei no banheiro sozinho, rezei um pouco, pedi a Deus que me ajudasse a conduzir os trabalhos. Então, escutei um a um, dei a palavra a todos os vereadores e tomei a decisão de botar em pauta, porque via a solidariedade dos colegas em dar o direito de defesa ao Rodrigo. E foi exatamente isso que aconteceu. **Milton Cal**

A votação do pedido de abertura do processo de impeachment de Rodrigo Neves entrou para a história da Câmara Municipal de Niterói: nunca teve tanta cobertura de imprensa a uma sessão e tamanha participação popular. O resultado final foi de 13 votos contra a abertura do processo e apenas três a favor, mais uma abstenção. Dos 21 vereadores, apenas dois estavam ausentes. A oposição era composta por quatro vereadores: dois do Psol (Paulo Eduardo Gomes e Talíria Petrone, atualmente deputada federal), Carlos Jordy (PSL) e Bruno Lessa (hoje sem mandato parlamentar). A base de Rodrigo era de 17 vereadores do total de 21 da casa. Uma ampla maioria, embora fosse um grupo de sustentação bastante heterogêneo.

Tinha de tudo ali, do ponto de vista ideológico: PT, PCdoB, PDT, Solidariedade, PP, PV, PTB, PMDB etc. Na votação, um vereador passou mal, outro foi levá-lo ao hospital, o Bagueira estava afastado como prefeito interino e o Cal presidia a sessão e não votava. Mesmo assim, foi uma vitória significativa: 13 a 3. **Verônica Lima**

Rodrigo também tinha apoio no movimento popular, que compareceu em peso na audiência de votação na Câmara.

A sustentação política do Rodrigo era muito vinculada aos movimentos populares da cidade. Por isso, na audiência tivemos gente das igrejas católica e evangélicas, muito movimento de juventude, do DCE da UFF, de movimentos comunitários, de LGBT, de mulheres... Não coube todo mundo lá dentro, porque a Câmara não é tão grande. Muita gente ficou do lado de fora. Teve também movimentos de partidos ligados a alguns vereadores. Tinha muito mais gente para defender o Rodrigo na porta da Câmara do que para falar contra. Apenas uns 30 ou 40 querendo o impeachment e outros 500 a favor de Rodrigo. As galerias foram tomadas por pessoas que defendiam o prefeito. **Verônica Lima**

Manuel Amâncio conta como foi a mobilização nas comunidades.

Alguém chegou para nós na terça-feira e falou o seguinte: "Olha, o pessoal botou lá o pedido de votação de impeachment do Rodrigo. Se vocês não se movimentarem, eles vão levar na marra, vai ter vereador que vai ficar com medo e votar pelo impeachment". Aí nós juntamos o movimento social todo, o movimento comunitário da cidade inteira, e fomos para lá. Disseram que a sessão começava às 14h, mas nós chegamos meio-dia e começamos a ocupar, ocupar, ocupar. Levamos muitas faixas, dizendo: "Vereador que votar pelo impeachment não terá voto das comunidades". **Manuel Amâncio**

Uma amiga minha, arquiteta, foi na votação. "Fernanda, eu fiquei tão indignada, que fui!", ela me contou depois. Outras amigas minhas também foram. Muitas pessoas que não fazem movimento político foram, porque a Globo estava noticiando. E aí lotaram a Câmara, foi muito bonito, aquelas pessoas foram lutar para que não fosse aprovado o processo de impeach-

ment. A ultradireita ficou o tempo todo chamando a população para ir lá defender o impeachment do Rodrigo, mas a população não acatou o pedido. Bolsonaro tinha acabado de ser eleito e eles acharam que iam lotar aquilo. E o que se viu foi o contrário: quem apoiava Rodrigo é que lotou a Câmara. **Fernanda Sixel Neves**

Manuel Amâncio conta ainda como o ex-policial Gabriel Monteiro, na época um influenciador youtuber ligado ao MBL, criou uma situação tensa na Câmara. Monteiro – que em 2020 se elegeu vereador no Rio de Janeiro, pelo PSD, com mais de 60 mil votos, e se afastou do MBL – é uma figura polêmica, que gosta de fazer o que chama de "fiscalização surpresa" em órgãos públicos, como escolas e postos de saúde, sempre com denúncias escandalosas. Em abril de 2020, ele foi expulso da Polícia Militar, acusado de deserção, após não ter comparecido ao trabalho por mais de oito dias sem dar qualquer satisfação.

Ele queria enfrentar a gente. Aí teve safanão, muito empurrão, a temperatura subiu para valer. Toda hora tinha intervenção do pessoal da segurança da Câmara, senão o couro comia. Quando ele começou a querer filmar, fomos para cima dele e aí ele botou a mão para trás. Quando fez isso, nós vimos que estava armado. **Manuel Amâncio**

O presidente da Famnit recorda a participação de um grande amigo e aliado de Rodrigo Neves, o baixista Arthur Maia, ex-secretário municipal de Cultura, que morreria alguns dias depois.

Toda hora cantávamos uma musiquinha. O Arthur Maia, um guerreirão, estava com a gente nesse dia. Ô cara maneiro! A gente pegava as letras e ele transformava em música rapidinho. Tinha uma que nós cantávamos que era assim: "Olê, olê, olê, olá, volta Rodrigo, a prefeitura é seu lugar". Também levamos muitos apitos. Na hora que o pessoal deles ia falar, a gente apitava. Ficamos na Câmara até o final, não lembro a hora que fomos embora. Mas saímos de lá com a alma lavada. **Manuel Amâncio**

O Arthur Maia era um amigão, que perdemos logo depois que Rodrigo foi preso[17]*. Ele gritou, brigou e se estressou muito na Câmara com o negócio*

[17] O baixista Arthur Maia já havia tocado com Ivan Lins, Luiz Melodia, Lulu Santos, Jorge Benjor, Gal Costa, Djavan, Gilberto Gil, Ney Matogrosso, Caetano Veloso, George Benson, Marisa Monte, Mart'nália, Roberto Carlos e Seu Jorge, entre outros. Foi secretário municipal de Cultura de Niterói no primeiro

do impeachment. O último áudio que recebi do Arthur dizia assim: "Pô, a gente precisa fazer um show para libertar o Rodrigo. Vamos articular os artistas!". A morte dele foi mais um baque para mim naquela semana... **Fernanda Sixel Neves**

Milton Cal teve que gerenciar a votação mais intensa que já presenciara.

Em cinco mandatos, nunca tinha visto tanta imprensa numa sessão da Câmara. Teve um episódio engraçado. Eu sou do Partido Progressista, né? Quando fui entrar no corredor que dá acesso ao plenário, tinha uns 30 repórteres. Começaram aquelas entrevistas e a Bette Lucchese (repórter da TV Globo) *perguntou meu nome, se eu era casado, se tinha filho, etc. E, no final, outro repórter perguntou "Qual o seu partido?". Respondi que era do PP, e aí o repórter deu aquela: "PP? Putz..." O PP, naquela época, era alvo de várias denúncias*[18]*. Aí, eu falei: "Olha, eu sou do PP do bem... rsrs". Depois, no plenário, a Bette Lucchese com a câmera da TV Globo em cima de mim, parecia que eu era um artista... A imprensa ficou no meu pé o tempo todo, querendo que eu desse uma posição.* **Milton Cal**

Na sessão de votação, o apensamento dos três projetos foi o primeiro embate vencido pelos aliados de Rodrigo.

Pelo rito usual, teríamos que votar três vezes, rejeitar três propostas, uma a uma. E a cada votação, imagine: vota a primeira, todo mundo defende; vota a segunda, todo mundo defende de novo; e cada vez, vários oradores... Arriscava a sessão acabar lá pelas três, cinco horas da manhã. E já estava todo mundo tenso. Então, eu e Leonardo defendemos o apensamento, que é a junção das propostas para uma única votação. Os diferentes processos de abertura do impeachment versavam sobre o mesmo tema e, no nosso entendimento, falavam da mesma coisa. **Verônica Lima**

Já no início da sessão, perguntei: "Presidente, os dois requerimentos têm

---

mandato de Rodrigo Neves, de 2013 a 2016. Morreu de parada cardíaca no sábado, 15 de dezembro, três dias após a votação do processo de impeachment. Tinha 56 anos.

[18] O Partido Progressista, que depois das denúncias passou a denominar-se apenas Progressistas, teve 11 deputados e dois senadores (entre eles, Ciro Nogueira, atual ministro-chefe da Casa Civil do governo Bolsonaro) denunciados pela Operação Lava Jato em 2017, no que foi apelidado de "Quadrilhão do PP". Eles foram acusados de improbidade administrativa e desvio de R$ 2,3 bilhões da Petrobras. O atual presidente da Câmara dos Deputados, Arthur Lira, era um dos denunciados.

como base o mesmo fato?". Milton Cal respondeu que sim. "Os dois requerimentos têm como base o mesmo artigo do regimento?". Tinham. "Os dois requerimentos produzem o mesmo efeito na Câmara, ou seja, a abertura e instauração de uma comissão como início de processo de abertura regular de impeachment?". "Sim, vereador, os dois requerimentos têm o mesmo efeito". Então, fiz um requerimento à mesa, argumentando que não fazia sentido termos duas votações. "Que se apensem os processos e que dividam a tribuna os parlamentares que defendem o mesmo requerimento, sobre o mesmo objeto, para obter o mesmo fim, porque isso é boa técnica legislativa". **Leonardo Giordano**

A sustentação oral do lado de lá se deu mais pelo Bruno Lessa, que era o melhor orador da oposição. O Paulo Eduardo Gomes e o Jordy falaram também, mas o principal sustentáculo retórico era o Lessa. Do nosso lado, o Leonardo Giordano foi muito bem. Nós combinamos de eu fazer a sustentação e ele dar o encaminhamento do apensamento. **Verônica Lima**

A sessão começou pouco depois das 17h30 e demorou mais de cinco horas para acabar. O apensamento dos três projetos só foi votado quase duas horas depois do início. A casa foi pega de surpresa com a apresentação, pelo Psol, de um terceiro pedido de impeachment. Logo no início da sessão, Cal entregou o pedido do Psol para o procurador da Câmara analisar rapidamente e lhe dar um retorno. O procurador já havia analisado os dois pedidos de Jordy e Bruno Lessa e recomendado que eles poderiam ser apensados em um único processo de votação. Faltava saber se o pleito do Psol estaria na mesma linha. Lessa e Jordy insistiram que seus pedidos tinham diferenças nos argumentos e que, por isso, deveriam ser analisados e votados de forma independente. Além disso, Lessa defendeu que o pedido do Psol não fosse votado naquele dia, por ter chegado em cima da hora, sem tempo para que os vereadores o analisassem. Cal respondeu que aguardaria o parecer do procurador da Câmara.

O Psol, entretanto, não só queria que seu pedido fosse apreciado naquela sessão, como também fosse votado separadamente.

O Psol também queria fazer uma sessão única. Aí chamei o vereador Leonardo Giordano e disse: "Leo, vai lá no plenário e vamos apensar o processo do Psol também". Porque era a mesma matéria, não fazia sentido ter duas ou três votações separadas. **Milton Cal**

O parecer do procurador da Câmara reforçou a tese: os três pedidos tinham o mesmo objetivo e podiam ser apensados. Mas todos foram lidos na íntegra durante a sessão. No caso do Psol, o vereador Paulo Eduardo Gomes fez questão de ele mesmo ler o pedido de seu partido.

Antes da votação, Leonardo Giordano discursou para informar que a procuradoria da Câmara concluíra que os dois pedidos da ala mais à direita da Câmara tinham como base apenas cópias de material jornalístico sobre a prisão, e que o de Lessa acrescentava trechos da denúncia do Ministério Público. O vereador também leu um trecho do relatório do procurador:

> *"Considerando que ambas as denúncias têm a mesma finalidade e versam sobre o mesmo objeto, entende esta procuradoria-geral aconselhável a reunião de ambas, a modo que se recebidas pelo plenário se dispense a formação de duas comissões processantes, que alude o inciso 2 do artigo 5º do decreto lei 20.167".*

O apensamento foi aprovado pela maioria dos vereadores e aí partiu-se para a votação que importava: se a Câmara deveria ou não instaurar processo de impeachment contra Rodrigo Neves. Ainda não era a votação propriamente dita do impeachment, apenas a instauração do processo que culminaria com essa votação, que provavelmente levaria ainda mais algumas semanas até acontecer.

Milton Cal deu dez minutos para que cada vereador defendesse suas posições. Apenas sete vereadores falaram, entre eles os dois do Psol, mais Jordy e Lessa. Verônica e Leonardo foram os defensores de Rodrigo. Sempre que os vereadores eram interrompidos pela plateia, Cal descontava o tempo para garantir os dez minutos de cada um.

Jordy usou seu discurso para ameaçar a plateia, que fazia barulho sempre que ele falava:

> *Temos a lista nominal das pessoas aqui presentes e vamos cruzar seus nomes com a folha de pagamento da prefeitura e de suas terceirizadas. Pois essas pessoas chegaram aqui antes das 17h, ou seja, em horário de trabalho. Isso vai gerar processos administrativos! A mamata vai acabar e vocês vão ter que trabalhar!*

No meio de seu discurso, Jordy sugeriu aproveitar a prisão de Rodrigo Neves para a realização imediata de novas eleições:

> *Esses comissionados que vivem de seus carguinhos, muitos deles funcionários fantasmas, a Justiça irá cassar e nós poderemos fazer uma eleição com pessoas que estejam comprometidas com o erário público, e não com seus próprios carguinhos e seu próprio bolso.*

A plateia vaiou e fez bastante barulho. O presidente Milton Cal ameaçou suspender a sessão, e Jordy soltou um último brado:

> *Ser chamado de fascista é até elogio, é melhor ser chamado de fascista do que de comunista!*

No discurso de Bruno Lessa, ele acusou o governo de Rodrigo Neves de ser um antro de corrupção – destacando a construção da via expressa TransOceânica como uma obra recheada de atos ilícitos. Não mostrou nenhuma prova, apenas fez acusações avulsas. A plateia reagiu berrando:

> *Fora Bruno Lessa, esse roubou à beça!*

Leonardo Giordano, em sua fala, criticou o fato de os pedidos de impeachment não serem assinados pelos próprios vereadores. Ele qualificou isso como uma forma de driblar uma restrição: pelas regras da Câmara, se um vereador apresentar pedido de impeachment, ele mesmo não poderá votar no processo de impedimento. E voltou a argumentar que a falta de provas contra Rodrigo inviabilizava o impeachment:

> *O colégio de desembargadores sequer votou. Mesmo assim, sem provas, o Legislativo quer passar à frente do Judiciário. Não pode. Um dos pedidos de impeachment alega que o processo judicial corre em segredo de Justiça e, por isso, não tem provas para apresentar. É irresponsável. Seus autores não querem apurar nada, querem é construir uma onda de justiçamento. Esta casa não pode passar a vergonha de aprovar esse processo sem base legal, sem o prefeito*

ser réu e com um único documento judicial – sim, porque uma folha sulfite é toda a remessa do Judiciário a esta casa. Dessa forma, não se pode abrir uma comissão processante em 48 horas.

Verônica também foi bem incisiva em seu discurso, e foi aplaudida pelas galerias:

Ilações não são provas. Os indícios são apenas indícios, pautados em conversas de WhatsApp, mas no mesmo documento (pedido de impeachment apresentado pelo Jordy) está dito que nas conversas de WhatsApp não se consegue perceber nenhum elemento de conteúdo que possa incriminar. Prender alguém que foi eleito democraticamente, com prisão preventiva, apenas baseado em indícios é algo que no Estado Democrático de Direito não se deve fazer. Lamento ver a esquerda que eu respeito votando com a extrema-direita. Mas não vai passar. Quem quer se sentar na cadeira do prefeito no sexto andar do prédio da prefeitura vai ter que esperar a eleição de 2020.

A posição do Psol, único partido de esquerda a apresentar pedido de impeachment, gerou polêmica. Após o apensamento, a vereadora Talíria Petrone se absteve, recusando-se a apoiar à proposta do colega de partido.

A Talíria até chorou... O que gerou sua abstenção foi o apensamento, porque criou uma situação esdrúxula, na qual ela teria que votar e defender uma proposta ao lado do Jordy, seu algoz e rival histórico. Acho que foi demais para ela. **Leonardo Giordano**

Talíria Petrone e Carlos Jordy até hoje mantêm um histórico de atritos ideológicos. Em 2016, a vereadora – que era muito amiga de Marielle Franco e foi a mais votada na eleição para a Câmara em 2016 – chamou o colega de “representante da direita fascista”. Jordy a processou por difamação e crime contra a honra, mas perdeu a causa na Justiça. Na Câmara, ele costumava interpelar e questionar as falas de Talíria, muitas vezes com provocações. Hoje, ambos são deputados federais em Brasília e continuam às rusgas.

Aquela votação terminou perto da meia-noite, com alguns partidários de Rodrigo saindo para comemorar em bares da cidade. Milton Cal teve muito trabalho para conter o público no plenário.

Todos os vereadores que quiseram falar tiveram direito. Tanto da oposição quanto da situação, todos foram ouvidos. No final de quase seis horas, foram arquivados os três processos de impeachment. Naturalmente, depois eles fizeram novos pedidos, e todos eu indeferi. **Milton Cal**

Segundo Verônica, na sessão do dia seguinte, quinta-feira, não havia quase ninguém na Câmara. E assim ficou até o recesso parlamentar, alguns dias depois. Paralelamente, o interino Paulo Bagueira começava a assumir suas funções na prefeitura.

Sentei numa cadeira, e aí alguém disse: "Bagueira, senta lá na cadeira do prefeito". Eu falei: "Essa cadeira não é minha, é do Rodrigo Neves e vamos esperar ele voltar. Eu estou aqui para ajudar a dar continuidade". Num primeiro momento, teve aquela coisa de os secretários acharem que eu iria chegar e dizer: "Agora quem manda sou eu". Estava todo mundo assustado. Mas a reunião foi justamente para eu deixar claro que aquela cadeira tinha dono, que o prefeito chamava-se Rodrigo Neves e que nós estávamos ali com uma missão grande, de dar continuidade ao governo dele. E que isso dependia de cada secretário, porque eles sabiam e entendiam como a cidade funcionava e eu precisava demais deles para que a gente pudesse tocar aquilo. Pedi muito ajuda. Eu e o Axel, que era secretário-executivo do Rodrigo, não tínhamos uma relação tão próxima, era uma relação mais institucional, porque ele era mais técnico e eu mais do campo político. Mas o Axel foi uma pessoa fundamental. Pedi a ele: "Axel, eu preciso que você esteja sentado aqui comigo, do meu lado, para que possa me ajudar a tomar as decisões para a cidade". E assim foi naquele primeiro momento. Quando os secretários perceberam que nosso trabalho não era um movimento de oportunismo, era de unidade e de continuidade, de reconhecimento da liderança política de Rodrigo, isso gerou um certo conforto para eles. **Paulo Bagueira**

Mesmo começando a tomar pé das coisas na nova função, Bagueira não se desligou do que se passava na Câmara.

A base falava: "Bagueira, vamos empurrar esse impeachment com a barriga". Eu respondi: "Não! O que nós vamos fazer é botar em votação e derrubar no ato, porque vamos mostrar o compromisso da cidade". Botar para frente daria motivo para que falassem que estávamos com medo, ou achando que poderia ter algum golpe. Não podíamos dar opor-

tunidade para que a sociedade e a população niteroiense tivessem esse pensamento. **Paulo Bagueira**

Logo após a derrubada do pedido de impeachment, Bagueira conta que começaram outras pressões.

Teve início o zum-zum-zum. Sabe aquela história que fica aqui o diabinho no seu ouvido e o anjo da guarda falando no outro? Foi mais ou menos isso. Vinham os diabinhos para falar o seguinte: "Bagueira, você agora assume aí a prefeitura, ela é sua, é nossa, vamos fazer um novo ciclo". E eu sempre perguntava: "Que novo ciclo é esse, se eu faço parte do ciclo que já existe? Eu sou um membro desse processo político, que é liderado pelo Rodrigo. E eu tenho certeza de que o Rodrigo vai voltar". **Paulo Bagueira**

Para Bagueira, além das questões de gestão da própria prefeitura, havia um elemento fortemente político no ar.

A gente foi percebendo que aquilo era realmente um golpe, um movimento contra a liderança que Rodrigo construía na cidade, e que vinha dando reflexos no estado. Era um município que toda hora ganhava premiação e vivia se destacando no âmbito nacional. A maior dificuldade não era tocar a prefeitura, era ver um amigo preso e sofrendo o dia a dia de uma cadeia. No final, Rodrigo voltou com vontade de acertar cada vez mais. Um ano depois da injustiça feita com ele, Rodrigo teve o reconhecimento de Niterói de que ele havia sofrido uma prisão ilegal. **Paulo Bagueira**

CAPÍTULO 6

DA ANTESSALA DO INFERNO ÀS REUNIÕES DE MOBILIZAÇÃO

A gente ficou na angústia no dia 19 de dezembro, porque o advogado fez um recurso para o Superior Tribunal de Justiça pedindo um habeas corpus, para que meu pai fosse liberado, talvez com uma prisão domiciliar. Mas o ministro (Rogério Schietti Cruz, da 6ª Turma do STJ) *não deu. Ele considerou que a gente não poderia pedir para o STJ, porque a decisão ainda não tinha sido avaliada pelo grupo de câmaras* (de desembargadores) *do Rio. Aí eu tive que contar isso para meu pai, lá em Bangu, e foi muito doloroso.* **Mayara Sixel Neves**

Enquanto no Centro de Niterói, na sede da Câmara, os vereadores tentavam entender o que acontecia e responder aos dois processos de impeachment apresentados em tempo recorde, do outro lado da Baía de Guanabara, Rodrigo Neves cumpria as etapas de seu calvário.

Após passar horas preso na Cidade da Polícia naquela segunda-feira 10 de dezembro, Rodrigo foi levado para uma cela em Benfica e passou mais umas duas horas num micro-ônibus, até chegar a Bangu 8, já no início da madrugada de terça, onde só lhe restava tentar dormir num ambiente estranho, desconhecido, inesperado, temerário. Sem saber por que fora preso, por que não havia sido interrogado e qual seria seu destino dali em diante. Aparentemente, a desinformação fazia parte do repertório de ações para desestruturar seu emocional e seu racional.

Depois de ter sido fichado, fui levado para uma sala na Polinter. Não é brincadeira: fui colocado num local onde ficam os traficantes presos. Foi tratamento de choque mesmo. Era uma cela com tudo fechado, mais ou menos 1,5 metro por 1,5 metro, com três pessoas. Não tinha lugar pra sentar, tinha um buraco que era o vaso sanitário, e você ouvindo as pessoas em volta gritando. Simplesmente não disseram se ali era um lugar definitivo que a gente ficaria. Era tortura mesmo, não tem outro nome. Ficamos muito tempo lá naquela situação, eu em pé com Domício e João (o empresário mais velho). *Aí, me deu um mal-estar, porque eu havia tomado um calmante que eu nunca tinha tomado. Começou a me dar uma sede danada. Eu e os outros começamos a ficar preocupados, porque vimos que poderíamos dormir ali. Depois de mais ou menos uma hora, sem ninguém dar informação, e a gente trancado ali, um fedor horroroso saindo daquele buraco, eu falei para os policiais: "Vocês têm como trazer pelo menos uma água pra gente?". Aí, um policial disse apenas: "Tá bom". Daqui a pouco, eles ligam a água, saindo de um cano no alto. E espalha cocô para tudo quanto é lado... Inacreditável. Depois de muito tempo, nos tiraram de lá para fazermos exame de corpo de delito. Mas não fizeram exame nenhum, só chegamos lá e assinamos um termo dizendo que não tínhamos sido agredidos. E aí nos levaram para Benfica.* **Rodrigo Neves**

Diferentes unidades prisionais funcionam no complexo localizado no bairro de Benfica, na Rua Célio Nascimento. Lá, entre outras coisas, é feita a triagem dos presos, que depois são encaminhados para presídios.

Colocaram-me numa cela vazia, mas do lado tinha um monte de gente. Finalmente explicaram que nós não iríamos ficar em Benfica, seríamos transferidos para Bangu. Mas aí já era de noite. Fiquei umas seis horas lá. E, por incrível que pareça, o Sérgio Côrtes, que havia sido secretário de Saúde do Sérgio Cabral, estava preso lá, mas prestando serviço de saúde, pois era médico. Ele me reconheceu, ficou surpreso ao me ver, e me trouxe um sanduíche e um suco. Caramba, eu estava desde 8h da manhã sem comer nada. Estava até sem fome. **Rodrigo Neves**

Em Benfica, meu pai falou que foi um horror, porque estava lá com bandidos comuns, do crime organizado, acusados de homicídio. Aí aconteceu uma coisa engraçada: outro preso ouviu a voz dele, e alguém falou que o Rodrigo estava ali, e o cara: "Pô, prefeito, o que é que você está fazendo aqui??". Ele era do Morro do Cavalão, em Niterói. "Fica tranquilo, não vai acontecer nada com o senhor. Vou mandar um cigarro pro senhor". E ele deu um jeito de mandar um cigarro pro meu pai. **Mayara Sixel Neves**

No fim da noite, perto das 23h, Rodrigo foi levado para Bangu 8, que fica no Complexo Penitenciário de Gericinó, na Estrada General Emílio Maurell Filho, nº 1100. Poucos sabem que o conhecido complexo penitenciário da Zona Oeste do Rio, na verdade, fica em Gericinó – que, desde 2004, é um bairro independente, após ser desmembrado de Bangu, por decreto do então prefeito Cesar Maia. Até hoje, os cariocas, inclusive na imprensa, só se referem ao "presídio de Bangu". Várias unidades prisionais de Gericinó, ainda são chamadas de Bangu 1, Bangu 2, Bangu 3 etc.

O Complexo de Gericinó foi criado em 1987 e possui 25 unidades prisionais, incluindo hospitais, institutos e penitenciárias. A unidade para a qual Rodrigo foi levado é destinada a presos com diploma universitário e tem o nome formal de Cadeia Pública Pedrolino Werling de Oliveira. Porém, na prática, é chamada apenas de Bangu 8.

Fomos transferidos para Bangu 8, onde estavam os presos do juiz Marcelo Bretas, da Lava Jato, aqueles que tinham nível superior. Chegamos lá, e encontrei um ex-ajudante de ordens meu, que era agente penitenciário. Ele me disse: "Chefe, fica tranquilo, que eu já falei com os meus colegas aqui". Eu estava muito assustado com a situação. "Você não vai ser maltratado, vai ser bem cuidado". Aí, eu pedi para ele avisar minha família. Fomos direto para a cela em Bangu 8, que, na época, tinha 38 pessoas. Eu fiquei na parte de cima de um beliche, bem no canto. **Rodrigo Neves**

Logo após a prisão, o advogado de Rodrigo impetrou um habeas corpus no Superior Tribunal de Justiça (STJ), o que encheu de esperanças sua família e amigos. Mas a decisão do ministro do STJ saiu somente nove dias depois da prisão, em 19 de dezembro – véspera do início do recesso do Judiciário. O despacho se apegou a um detalhe técnico: a decisão não cabia ao ministro, mas sim ao grupo de câmaras do Tribunal de Justiça do Rio. O pedido acabou negado.

A decisão foi mais um baque, pois desde o início havia a crença de que a prisão era apenas temporária e seria rapidamente revista. A esperança foi por água abaixo.

Para mim, aquilo tudo era tão absurdo, eu tinha certeza de que Rodrigo não ficaria preso... Eu imaginava: "Não, ele vai sair, em menos de uma semana vai estar fora". Mas não, foi muito pior. **Fernanda Sixel Neves**

Para Rodrigo, ainda começando a se adaptar ao presídio de Bangu 8, essa foi a segunda péssima notícia recebida na prisão, no intervalo de menos de uma semana. Quatro dias antes, morrera um de seus mais queridos aliados e amigos, o músico Arthur Maia, que fora seu secretário municipal de Cultura no primeiro mandato como prefeito.

O Arthur Maia era pai de uma amiga minha, a Júlia. Foi muito doloroso, porque meu pai tinha uma relação muito próxima a ele. E ele se sentiu culpado pela morte do Arthur, que ficou sabendo pelo "RJTV". Ele estava começando a se recompor na cadeia, quando recebeu a notícia. Quando encontrei com meu pai, no dia seguinte, ele estava emocionado e chorando a morte do Arthur. Me perguntava: "Mas ele morreu por causa do que aconteceu na Câmara??". Enfatizei que não, expliquei que fora um enfarte. Na hora não falei, mas obviamente que o impacto da prisão do meu pai e da votação do impeachment deve ter contribuído, embora não tenha sido o fator principal. Na votação do impeachment, o Arthur brigou e gritou muito. E veio a falecer três dias depois, no dia 15. Meu pai ficou muito sentido também por não poder ir ao velório. Na época, eu nem era tão próxima da Júlia, mas a gente foi no enterro, meu pai insistiu para estarmos presentes. Ele então escreveu uma carta falando sobre a importância do Arthur. **Mayara Sixel Neves**

Não sei de onde tirei forças para ir ao enterro do Arthur, no sábado, mas eu fui. No dia seguinte, domingo, foi um ano da morte da minha prima Raquel, que havia sofrido um acidente quando estava vindo do Paraná numa Kombi, foi um negócio traumático. A prisão de Rodrigo, a morte do Arthur, um ano da morte da minha prima... Eu estava com a emoção à flor da pele naquele fim de semana. **Fernanda Sixel Neves**

Dois dias depois da morte de Arthur Maia, o pesquisador de Música Popular Brasileira, historiador, professor e ex-vereador André Diniz, veterano militante da política niteroiense e que no governo de Rodrigo presidiu a Fundação de Arte de Niterói, publicou esse longo depoimento nas redes sociais sobre seu querido amigo:

> *Hoje fiquei pensando na intensidade com que Arthur Maia levava a vida. Nunca parava de trabalhar em projetos pessoais e, mesmo*

não sendo mais secretário de Cultura, pensava em vários projetos pra cidade. Eu o vi de longe na Câmara Municipal de Niterói, participando do ato em defesa do nosso prefeito Rodrigo Neves. Estava em pé, enfático, contra os abutres que olham a vida pública com ódio, inveja e frustração pessoal. O impedimento do prefeito foi recusado por maioria esmagadora. Arthur estava feliz. Me ligou na sexta-feira para marcar um show/protesto pela liberdade do prefeito. Foi a última vez que ouvi sua voz. Falo isso aqui porque ele gostaria. Arthur era a música, era o Botafogo, era seus amigos, mas, sobretudo, era seus filhos e sua família. Trabalhou a vida toda por isso. Mas era, sim, um ser político, que tinha posição, que foi pra Câmara gritar contra os abutres, que estava muito preocupado com o prefeito. Não sei o quanto isso afetou o Arthur, mas quem conviveu com ele sabe como funcionava em alta rotação aquele coração e aquela alma. O legado do músico Arthur, o mundo conhece. O que quero deixar registrado aqui é o legado do Arthur secretário, do Arthur apaixonado pela sua cidade que trabalhou durante quatro anos ao meu lado, ambos com apoio incondicional do prefeito Rodrigo Neves. Eis o pouco, MUITO, que fizemos nas políticas públicas da cidade:

a) reabertura e reforma do Teatro Popular;

b) retomada da Companhia de Balé e construção de sua nova sede;

c) reabertura e reforma do Museu Janete Costa, hoje uma referência nacional de arte popular;

d) transformação do Solar do Jambeiro em um centro cultural. Hoje recebe mais de 30 mil pessoas por ano;

e) Implementação e fortalecimento do Conselho de Cultura;

f) Implantação da Lei de Incentivo Fiscal e do Fundo Municipal de Cultura;

g) Ampliação do projeto Aprendiz, que tinha 300 alunos e hoje conta com quase três mil alunos na rede pública de Niterói, aprendendo música clássica e popular;

h) Implantação em toda a cidade do Arte na Rua, projeto que contempla todas as linguagens artísticas em mais de 300 apresentações por ano;

i) Criação do Quatro Estações da Música, projeto que trouxe a Niterói os mais renomados artistas do Brasil: Caetano, Gil, Alceu Valença, Alcione, Paulinho da Viola, Barão Vermelho etc etc;
j) Política de Editais, contemplando vários segmentos artísticos;
l) dinamização do Teatro Municipal com programações nacionais;
m) Reforma do Museu de Arte Contemporânea, o novo MAC, primeira obra em 20 anos do espaço;
n) Natal na Rua, evento que era realizado no Correios, Centro, e que passou a acontecer em toda a cidade;
Isso é o que me lembro de cabeça. Certamente tem mais. Mas esse texto lembrando Arthur é também o que ele mais queria no momento: a liberdade do nosso prefeito Rodrigo Neves. Que seja feita justiça e respeitem a Constituição. Tenho fé em nossa Justiça! #tocomrodrigo"

A decisão do STJ de negar o habeas corpus a Rodrigo foi divulgada de forma discreta pela imprensa. No jornal niteroiense "A Tribuna", aliados do prefeito comentaram a notícia. O deputado estadual Waldeck Carneiro disse:

> *Continuo achando que a prisão de Rodrigo Neves foi uma arbitrariedade. Ele não foi ouvido um instante sequer. Nem ficou sabendo dos motivos da prisão. Seus advogados só tiveram acesso aos autos cinco dias depois. Foi um ato exorbitante. (...) A prisão preventiva no Estado Democrático de Direito é uma exceção e, quando é muito usada, se aproxima do Estado de Exceção.*

Carlos Lupi, presidente nacional do PDT, completou:

> *O caso dele nem sequer teve julgamento. Vem à tona toda a arbitrariedade da Justiça que fere a prudência da Constituição, que diz que todos são inocentes até prova em contrário.*

Os advogados do empresário João dos Anjos e do ex-secretário municipal Domício Mascarenhas também entraram com pedido de soltura. No caso de João, alegaram que ele sofria de nefrectomia (extração de um rim), devido a um câncer, e que precisava de cuidados médicos frequentes e de dieta controlada. Já a defesa de Domício alegou que ele sofria de diabetes e pressão alta. Em ambos os casos, o desembargador Luiz Noronha Dantas decidiu por manter a detenção, destacando que os crimes de corrupção passiva e ativa "*cominam penas máximas muito superiores ao limite punitivo de quatro anos de reclusão (art. 313, inc. nº I, do C.P.P.)*", o que não daria margem "*à aplicação das medidas despenalizantes*".

Lembro que a gente estava em reunião aqui em casa no momento que o STJ tomava a decisão. A gente não sabia a hora que seria julgado, mas sabia que seria naquele dia. Aí, de repente, veio a notícia curta e grossa de que o habeas corpus havia sido negado. Todo mundo ficou arrasado. Naquele momento, minha sogra chegou na minha casa e estávamos paralisados. Ela deu uma bronca generalizada: "Olha só, nós perdemos esse habeas corpus, mas eu não quero ninguém baixando a cabeça! Meu filho vai voltar! Nós perdemos essa hoje, mas vamos continuar em oração, unidos, rezando, não quero ninguém aqui questionando se ele vai voltar, porque ele vai voltar! E que ninguém questione Deus também, porque Deus está do lado dele". Ela deu uma chacoalhada em todo mundo, eu, os deputados, ficamos todos olhando para ela. Ela foi para o quarto e aí eu pedi dois minutos a todos. Fui lá, dei um abraço nela, e ficamos um tempinho abraçadas. Quando voltei para a sala, as pessoas me esperavam para encerrar a reunião, mas eu disse que não. "Perdemos uma batalha, mas vamos em frente. Rodrigo está lá e essa pancada vai ser muito pior nele do que na gente". E continuamos a reunião. **Fernanda Sixel Neves**

O primeiro advogado de Rodrigo entrou então com novo pedido de habeas corpus, desta vez junto ao Supremo Tribunal Federal. Em 28 de dezembro, o ministro Dias Toffoli, presidente do STF, negou e encaminhou o caso para apreciação do relator, ministro Luís Roberto Barroso. No período de recesso do STF, todas as decisões são tomadas pelo presidente da Corte, mas depois podem ser modificadas pelo relator. Porém, isso não chegou a acontecer. Mais à frente, o advogado Técio Lins e Silva, que assumiria o caso em 15 de janeiro, mudou a estratégia de defesa e desistiu dessa ação junto ao STF.

A missa de um mês da passagem da prima de Fernanda acabou aproximando o padre João Cláudio da família de Rodrigo. Porém, também gerou para o criador da Missa de São Miguel uma situação à qual ele não estava acostumado.

A família me pediu para rezar a missa, no domingo seguinte da prisão do Rodrigo. Estava na época do lançamento do meu livro ("Uma vida de luta: a incrível história do padre que resgatou a devoção a São Miguel", escrito por Leonardo Bruno). *Naquela missa, ganhamos uma amizade extraordinária, porque me abriu um canal de conversa com a família, para que eu pudesse dar conforto a eles. Mas o que aconteceu ali – depois eu contei a Fernanda, e ao Rodrigo, quando ele foi solto – eu achei muito estranho. Na missa dos domingos na minha igreja, costumavam vir poucas pessoas, a maioria conhecidas. Mas, naquele dia, havia várias que eu nunca tinha visto. Não notei que havia gente da imprensa. Na homilia, aproveitei para dar uma palavra de conforto à família – com intuito puramente religioso, e não político. Falei: "Olha, sei que vocês estão passando por um momento duplamente muito complicado. A perda da jovem Raquel e agora essa prisão do Rodrigo". Me lembro que virei para a Fernanda e disse: "Fernanda, quem tem que julgar é a Justiça, e não a opinião pública. Eu mesmo já fui muito julgado por ser o que sou, sempre fui vítima de julgamentos da opinião pública. Eu acredito realmente na inocência do Rodrigo, porque conheço ele, você e sua família. E sei que, se a Justiça for justa, tudo isso será elucidado muito em breve". Aí contei um pouco do meu testemunho, de como dei a volta por cima, a partir de uma visão que se tinha de mim completamente errada. E, meio que para poder confortar Fernanda e sua família naquele momento de dor dupla, eu coloquei: "Já fui vítima de muita injustiça. Cabe a Deus julgar, não cabe às pessoas julgarem umas às outras". O que aconteceu? Aquilo virou matéria de um jornal aqui de Niterói, o jornalista estava lá e eu não sabia. E também estavam lá outras pessoas, que hoje eu vejo que, propositalmente, estavam me patrulhando, para criar um factoide dizendo que eu estava dando apoio à liberdade do Rodrigo.* **Padre João Cláudio**

A repercussão de sua homilia na imprensa local surpreendeu o padre. *Fui comprar meu charuto em São Francisco, onde sempre compro, e a minha amiga vendedora me disse: "Ih, o senhor está no jornal". Imaginei que era por causa do livro, mas ela respondeu: "Acho que não é do seu livro, não". Quando li a reportagem, no jornal "A Tribuna", reagi: "Isso aqui não é verdade!". Estava escrito como se fosse um posicionamento meu e da Igreja em relação à prisão de Rodrigo. Mas o que eu disse na homilia era uma mensagem religiosa. Foi mais um ponto que eu somei, dentro daquilo que eu vinha percebendo que estava sendo arquitetado aqui em Niterói, uma espécie de golpe para tirar o Rodrigo. Minha paróquia é pouco conhecida na cidade, a Igrejinha de Fátima não tem nenhuma relevância. Aí, de repente, você vê pessoas desconhecidas indo na missa e falando isso… Consegui o telefone do dono do jornal e liguei para ele: "O senhor poderia dar uma olhadinha nessa notícia?". Nesse ponto, o dono da "Tribuna" foi uma pessoa muito ética, muito justa. Me deu o telefone do editor-chefe. Fiz uma carta em que disse mais ou menos o seguinte: "Você me desculpe, eu não quero ensinar o padre a rezar a missa e dizer para o senhor o que deveria fazer enquanto jornalista. Mas eu acho que o papel da imprensa não é pegar e ir lá vigiar. Acho que, se vocês querem um posicionamento meu, devem me perguntar. Eu não vou ter medo de dizer. Agora, fazer o que vocês fizeram, sem sequer me ouvir, foi injusto". No dia seguinte, pela primeira vez, vi duas erratas do jornal: uma praticamente do mesmo tamanho da coluna que fora feita e a outra na coluna do repórter de política do jornal. Por conta daquelas notícias, começaram a me acusar de comunista, de ter interesses políticos. Depois, realmente me manifestei a favor da libertação do Rodrigo. Coloquei para as pessoas, inclusive meus paroquianos, o que eu estava percebendo daquilo, que via uma coisa muito bem articulada no dia da prisão, que eu estranhava.* **Padre João Cláudio**

Como não podia ser diferente, o Natal daquele 2018 foi uma ducha de água fria para a família de Rodrigo. "Neves passará o Natal preso", vaticinou o jornalista Guilherme Amado, na época trabalhando na coluna de Lauro Jardim, em "O Globo", ao noticiar a recusa do STJ em conceder o habeas corpus para Rodrigo no dia 19 de dezembro. Poucas horas antes de ser preso, Rodrigo, Fernanda e os filhos já estavam em ritmo de Natal. Além da inauguração das luzes do Campo de São Bento, na noite de 9 de dezembro, Fernanda, Mayara e Marina montaram a árvore de Natal na sala do apartamento da família em Santa Rosa.

Mas passar o Natal e o réveillon sem Rodrigo era inimaginável para Fernanda, Mayara, Cadu e Marina.

Isso nunca havia acontecido. A gente já começava a ver muito apoio nas redes sociais. Gente de Niterói mesmo, dizendo que estava com o Rodrigo, que ele era o melhor prefeito da história, questionando a prisão. Passou um período de dez dias, e não teve nada novo na imprensa, não saiu mais nada, porque realmente não havia notícia. No dia 24 eu fui ao presídio. Meu pai escreveu uma carta falando do Natal. E aí a gente começou a fazer uns vídeos, toda vez que ele escrevia uma carta maior, gravávamos um vídeo em família e postávamos. Isso tinha muito alcance. Mas passar o Natal sem meu pai foi muito pesado para todos nós. Normalmente, ficávamos com a família da minha mãe, todo mundo reunido. Mas naquele Natal optamos por passar em casa. Minhas avós foram lá, só que parecia mais um velório do que Natal. Antes da meia-noite, todos já estávamos dormindo. E era também o primeiro Natal da minha filha na minha barriga, em meio àquela tragédia. Nem conseguimos trocar presentes direito. Na verdade, minha mãe sequer teve cabeça para comprar presentes. **Mayara Sixel Neves**

Mayara esteve lá com Rodrigo na prisão, mas o Natal foi horrível. Aí, no Ano Novo, a gente optou por não ficar aqui. As pessoas mandavam mensagens, ao mesmo tempo que confortava, nos deixava para baixo. Todo mundo falava: "Como é que a gente vai passar o Ano Novo?". Soube que, na praia, pelo que me contaram, muita gente gritou o nome do Rodrigo na meia-noite. Fernanda Sixel Neves

Além do Natal e do réveillon, o fim de ano sempre teve um significado a mais na família de Rodrigo, porque Mayara faz aniversário no dia 30 de dezembro. E, desta vez, estava ao mesmo tempo grávida e com a missão de diariamente visitar o pai em Bangu 8.

Eu fui na cadeia no dia do meu aniversário. E lá os presos ficam muito fora do eixo, né? Ele falou alguma coisa de Ano Novo, e aí eu disse: "Pai, hoje é dia 30". Ele parou, olhou pra mim, e eu completei: "Hoje é o meu aniversário". Ele ficou transtornado: "Desculpa!! Eu esqueci!!". Disse para ele ficar tranquilo, que não tinha problema. Acho que foi nesse dia que um dos guardas fez vista grossa na saída e deixou meu pai passar para a área do outro lado do vidro. Ele botou a mão na minha barriga e falou comigo mais próximo. Bem no dia do meu aniversário. Foi o máximo o que o cara fez! Aqueles guardas falavam assim para mim, em off: "Seu pai vai sair logo, fica tranquila. Não tem nada. A gente vê pela postura. Já, já ele sai". **Mayara Sixel Neves**

Fernanda, Cadu, Marina e os pais de Rodrigo não podiam visitá-lo. Só os advogados tinham acesso a ele no presídio. Era preciso tirar a carteirinha de família de preso junto ao Detran, que estava com problemas para emissão do documento. Mas eles descobriram, ainda no finzinho de 2018, que, embora não pudessem ver Rodrigo ao vivo e a cores, havia uma maneira insólita para que Rodrigo pudesse vê-los: uma missa dominical das 8h da manhã na Barra da Tijuca, transmitida pela TV Aparecida e que os presos assistiam todo domingo.

Havia uma prática comum entre alguns presos, que logo Rodrigo descobriu: as famílias iam nessa missa e tentavam ficar na frente das câmeras para aparecer na transmissão. Assim, os parentes presos podiam vê-los.

Meu pai me falou dessa missa, no Santuário de Nossa Senhora de Fátima, lá no Recreio dos Bandeirantes. Era a primeira missa de domingo. Passamos a ir nessa missa todo domingo, tornou-se uma rotina pra gente. Levava uma hora de carro até lá; dependendo do trânsito, até uma hora e meia. No primeiro dia, fomos muito cedo, praticamente madrugamos, porque queríamos sentar no melhor lugar para meu pai poder nos ver. Quando chegamos, não tinha ninguém, e escolhemos os lugares mais na frente. Minha família é muito religiosa e todos os primos do meu pai começaram a querer ir também. E é uma família enorme, são umas 200 pessoas. A cada fim de semana saíam três, quatro carros aqui de Niterói para ir até lá. As tias do meu pai iam, meus avós, os primos se revezavam, sempre ia ao menos um carro além do nosso, era sempre uma caravana. Depois da missa, a gente lanchava na parte de trás da igreja. E quem não ia, assistia de casa. Teve dia que saí da missa e emendei, fui direto para Bangu 8 para estar com meu pai. Até hoje, minha mãe dá R$ 30 por mês de doação para a igreja. Quando meu pai saiu da prisão, a gente foi de novo à missa, éramos umas 40 pessoas, entre primos e amigos. **Mayara Sixel Neves**

A primeira vez que Fernanda participou da missa foi frustrante para Rodrigo, porque ele não conseguiu ver sua mulher na transmissão.

Tinha uma televisãozinha bem pequena e era a única forma de termos contato, de ver as pessoas. A primeira vez foi uma sensação absolutamente extraordinária, me deu uma força incrível ver os meus primos, os meus pais e os meus filhos naquela missa. Só não consegui ver a Fernanda. Toda semana eu ficava contando os dias para chegar domingo. **Rodrigo Neves**

Na missa seguinte, quando fomos convidados a participar do ofertório, eu falei: "Vou ficar olhando fixamente para a câmera que estiver filmando".

E foi o que fiz: enquanto ia para o altar, em vez de olhar para frente, eu não tirei meu olhar da câmera. Ele depois contou que, de repente, apareceu meu rosto tomando a tela inteira da TV. Ele disse que estava em pé e caiu: ficou tão emocionado, que o pessoal teve que segurar ele. Uma amiga minha fez uma foto da tela da televisão e me disse: "Pô, esse seu olhar aqui foi pro Rodrigo, né?". **Fernanda Sixel Neves**

Quando entrou janeiro de 2019, Fernanda já havia iniciado uma cruzada para montar e manter, junto a setores representativos de Niterói, uma rede de apoio a Rodrigo e pedir sua liberdade. Tal como seu irmão havia previsto, ela tornou-se a liderança do movimento de solidariedade e de reivindicação de justiça para o marido. Um movimento que passava, em primeiro lugar, por explicar a setores importantes da população como Rodrigo fora detido sem provas, sem prestar depoimento e era mantido prisioneiro sem justificativa. Para isso, Fernanda organizou várias reuniões, começando com as pessoas mais próximas e partindo paulatinamente para outros públicos, alguns com os quais ela sequer tinha contato regular.

Ela não esteve sozinha nisso. Mayara e vários outros apoiadores políticos e pessoais a ajudaram. Mas a liderança foi o tempo todo de Fernanda. Sempre com alguma orientação de Rodrigo, que, de dentro da cadeia, mandava mensagens e cartas, principalmente através de Mayara. Foi nessa época que criou-se a campanha "Tô com Rodrigo", a partir de uma página do Facebook que está no ar até hoje (www.facebook.com/tocomrodrigo).

Fernando Stern, profissional de comunicação, conta como ele e outros colegas fizeram um mutirão de voluntários, fora de seus horários de trabalho, ficando vários dias na semana até de madrugada para montar a estratégia de comunicação em defesa de Rodrigo e de apoio a Fernanda.

Diferentemente do que o senso comum imagina e a prisão por corrupção dava a entender, a família de Rodrigo não dispunha de recursos para contratar uma assessoria de comunicação. E nós não podíamos deixar Fernanda e os filhos falando sozinhos. Assim, montamos um pequeno grupo de profissionais de comunicação, que se juntou para manter a estratégia de pé. Nós e a família discordamos que a melhor estratégia era o silêncio. Com o tempo, essa estratégia de se manter no debate se mostrou acertada. Em coordenação com Fernanda e, mais à frente, também com os advogados de defesa, cumprimos a tarefa de postar e espalhar todos os dias conteúdos que defendessem a honra de Rodrigo, mostrassem os avanços de sua gestão, dessem voz às suas cartas do cárcere, mobilizassem e cobrissem os atos em sua defesa. Além disso, a página "Tô com Rodrigo" serviu para dar informação e apoio para os milhares de niteroienses que estavam ao seu lado e queriam saber a versão dele. Foi parte da estratégia nunca deixarmos de responder a nenhum comentário ou mensagem. Mais do que isso, entramos em todos os debates públicos possíveis nas páginas e grupos da cidade. Foram apenas três meses, mas pareceu muito mais, pois convivíamos com a tensão de gravar cada vídeo, o desânimo que vinha de prognósticos pessimistas, o clima de caça às bruxas que o país vivia, a luta para transcrever cartas que vinham cheias de emoções e sentimentos. Muitas vezes era possível se sentir um pouco preso também, porque aquele processo dominava a vida de quem se envolvia nele, especialmente pelas características kafkianas do roteiro. **Fernando Stern**

Em cada reunião, Fernanda seguia um roteiro mais ou menos pré-traçado, no qual explicava, tintim por tintim, o que havia realmente acontecido e que não fora publicado pela imprensa.

A gente fez, ao todo, 20 encontros até fevereiro. O primeiro foi ainda em dezembro, um encontro com caráter religioso, de oração, na mesma semana da prisão. Eu pedi para reunir algumas pessoas para rezar mesmo. Amigos, alguns parentes, pessoas próximas. Liguei para uma pessoa querida, a Talita, e pedi para ser na casa dela. A mãe dela tinha sido professora das crianças e elas eram espíritas. Talita até dizia que nós tínhamos uma conexão. Aquele encontro reuniu umas 30 pessoas e me fortaleceu, pude chorar e receber um apoio que precisava muito. A irmã Irenita, que é muito amiga nossa e foi nossa madrinha de casamento, ajudou a conduzir a oração. **Fernanda Sixel Neves**

O segundo encontro, dez dias depois da prisão, em 20 de dezembro, já foi um ato político mesmo, de solidariedade a Rodrigo. Aconteceu no auditório da Câmara dos Diretores Lojistas (CDL) de Niterói, em São Domingos. O auditório, com apenas 164 cadeiras, ficou pequeno.

Foi um encontro muito importante. Estava lotado, ficou uma multidão do lado de fora. Muita gente chorou, várias pessoas vieram falar comigo na hora em que eu cheguei, querendo me abraçar. Dentro, tinha muita representação política e social, incluindo algumas lideranças religiosas. A ideia era fazer um encontro não só de apoio a Rodrigo, mas de esclarecimento, porque as pessoas não sabiam direito o que estava acontecendo. **Fernanda Sixel Neves**

Tensão não faltou para Fernanda. Ela ficou em dúvida sobre a realização do encontro, porque não sabia direito o que as pessoas poderiam falar lá e qual o rumo que a reunião tomaria. Tampouco tinha certeza se já era o momento de politizar o discurso.

Lembro que no encontro teve a intervenção de um amigo querido que falou muito do Lula: "A gente ao menos pode gritar 'Bom dia, Lula' (do lado de fora da Polícia Federal, em Curitiba), *mas, com Rodrigo, a gente não pode nem falar com ele". E aquilo foi me dando uma angústia, porque eu não sabia se era bom ou ruim politizar. Os advogados falavam para não fazer nada, para ficar calado, e a gente estava indo por um caminho oposto. Eu não conseguia aceitar aquela coisa de "Ah, agora a gente tem que ficar totalmente em silêncio". Eu não concordava e Rodrigo também não, mas muitas pessoas do nosso grupo queriam segurar a onda. Por outro lado, tinha acabado de acontecer a votação do impeachment na Câmara e havia outro grupo querendo muito gritar e se manifestar. E eu tinha que fazer um pedido de "Calma, gente...". Fui numa reunião na Famnit e as pessoas insistiam: "Fernanda, a gente tem que ir pra rua!". Eu tinha que falar: "Não, não é a hora, vamos segurar". No início foi muito confuso, porque não sabíamos exatamente o que se podia fazer. E não podíamos errar, fazer alguma coisa que prejudicasse o Rodrigo. Meu medo era iniciar um movimento que tivesse um efeito contrário. Tínhamos também muita preocupação de não atacar o Judiciário e de não envolver a Lava Jato, que era o que a extrema-direita queria. Nossa intenção era focar mais na arbitrariedade da ação do que propriamente na politização daquilo.* **Fernanda Sixel Neves**

O encontro no CDL teve repercussão na imprensa. O jornal "A Tribuna" estampou na capa, no dia 21 dezembro, uma foto de Fernanda, em que ela dizia "Não podemos naturalizar o que não é natural". Um trecho da reportagem:

> *"Dez dias após ter sido violentamente retirado de minha casa, de minha família e das minhas funções como chefe do Executivo de Niterói, preso em um lugar cuja sensação térmica chega a 50°C (...)", assim*

começou a carta que Rodrigo Neves fez à população da cidade, lida pela sua esposa, Fernanda Sixel, visivelmente emocionada. Ontem, apoiadores do prefeito realizaram um ato na Câmara de Dirigentes Lojistas de Niterói (CDL), no Centro de Niterói, mas que começou com quase duas horas de atraso por conta de uma confusão. Um grupo a favor da prisão do Rodrigo Neves discutiu com os presentes, houve empurra-empurra, que só cessou com a chegada da Polícia Militar.

Rodrigo escreveu a carta especialmente para o evento. Foi lida por Fernanda, com dificuldade.

Na hora que ele falava na carta que a cidade estava pronta para o Natal, minha voz embargou e chorei muito. Acabei chorando também em outros momentos, foi uma fala com muitas lágrimas. Mas as pessoas me deram força, uma energia que me levantou. Estava muito cheio, muito mesmo. Na entrada do auditório tem um salão grande, que ficou lotado. Foi um ato muito importante, porque foi logo no início, um dia depois de o habeas corpus ser negado pelo STJ. Mas minha cabeça naquele dia estava confusa, eu saí sem saber se, politicamente, tinha sido bom ou ruim para o Rodrigo. Fiquei muito tensa, tive até que tomar remédio para dor de cabeça. Na dúvida, resolvemos tirar do ar o vídeo do ato. E não fizemos mais nenhum ato em dezembro. **Fernanda Sixel Neves**

Em janeiro, Fernanda intensificou os encontros de mobilização, mas colocou um limite junto aos apoiadores.

Eu fiz uma reunião na Famnit, no início de janeiro, quando decidimos que o pessoal começaria a fazer movimentos. Mas eu falei: "Olha, a gente não vai fazer movimento de rua, não vai ter ato público ocupando as ruas da cidade, nada disso. Vamos fazer reuniões e encontros para esclarecer a população e contar sobre o processo". Eu queria tranquilizar as pessoas e mostrar o que era real e o que era mentira. E assim foi feito, a gente fez um encontro com os gestores na prefeitura, secretários e subsecretários. Depois disso, fui ao primeiro encontro com o movimento comunitário, na casa de uma liderança do Fonseca, na Zona Norte. Foi muito bonito e significativo, porque as pessoas começaram a dar depoimentos sobre o Rodrigo. Acho que todo mundo estava muito triste e precisava falar. Pena não ter filmagem disso. As pessoas contaram que Rodrigo, quando ia nas comunidades, fazia questão de estar com elas e de escutar. Falaram do Rodrigo amigo, do Rodrigo que cresceu trabalhando nas comunidades. E foi no Fonseca que ele começou sua trajetória, de pastoral e dos movimentos sociais. As pessoas falavam: "Fernanda, eu amo o seu marido. Ele é nossa liderança. A gente nunca teve alguém que nos ouvisse e nos recebesse, que constrói junto e prioriza". **Fernanda Sixel Neves**

Uma pessoa muito importante naquele processo foi Mayara, que visitava Rodrigo diariamente e levava informações e mensagens a ele e trazia de volta cartas e orientações de seu pai para Fernanda. Rodrigo também respondia às várias cartas que recebia, inclusive de gente de Niterói que não conhecia. Todas eram levadas para dentro e para fora do presídio por esse "carteiro" improvisado, mas muito motivado: Mayara.

Após a votação do impeachment, meu pai fez uma primeira carta a Niterói. Ele me ditou, eu transcrevi e a gente colocou na internet. Aí começaram as movimentações. **Mayara Sixel Neves**

Nas cartas, ele mandava orientações: "Fernanda, não politize muito", "Fernanda, não é hora de ir para a rua", "Vamos esclarecer a população". E essas orientações ditavam o caráter dos encontros. **Fernanda Sixel Neves**

Em janeiro, as reuniões promovidas por Fernanda começaram a ser segmentadas.

Uma reunião foi com o movimento comunitário, outras com mulheres, com a cultura, com o pessoal do esporte, com jovens, com o movimento negro... E nessas reuniões minha mãe informava mesmo, tirava dúvidas, botava a cara na frente e ouvia as inquietações das pessoas. Às vezes era na casa de alguém ou num sindicato. Teve uma na sede do PDT. Em todas, ela municiava de informações as pessoas que estavam nos apoiando. Contava que Rodrigo unificou as tarifas dos ônibus, que a concessão não fora feita durante o governo dele, que a gente estava com uma dívida de gratuidade e que essa dívida fora renegociada. Explicava que havia um fundo municipal de transporte que não passava pelo gabinete do prefeito, que quem fazia o repasse dos valores eram as secretarias. **Mayara Sixel Neves**

O que a gente decidiu é que seriam encontros, realmente, para esclarecer de uma forma bem didática, e que as pessoas pudessem levar esse esclarecimento adiante. Porque ninguém tinha informação, os jornais não falavam mais nada, só pautaram a prisão, a votação do impeachment e o ato na CDL. Depois, foi um silêncio. Em janeiro, Rodrigo já completava um mês preso e ninguém tinha informação. Em alguns encontros, eu recorri a um quadro para poder ilustrar exatamente o que acontecia, quase como uma professora. A imprensa ignorou esses encontros, a mídia esqueceu do Rodrigo em janeiro e fevereiro, até porque não havia fato novo para noticiar. Tinha pedidos para entrevistas, mas a percepção do pessoal da comunicação era assim: "Eles vão te ouvir, vão botar apenas duas frases suas e vão relembrar a prisão. Não vale a pena". **Fernanda Sixel Neves**

A única repercussão maior dada pela imprensa foi para um vídeo que Fernanda gravou explicando as contas do Rodrigo, com informações do Coaf.

Foi um vídeo divulgado em janeiro no site do "Globo". Nele, eu falo das contas, de Imposto de Renda, eu mostro que, na verdade, o Coaf dizia que o Rodrigo não tinha nenhuma movimentação financeira suspeita. Esse foi o único vídeo que teve uma produção. Eu gravei de primeira, mas antes houve uma conversa de preparação e os jornais foram avisados que ele iria ser postado nas redes sociais. **Fernanda Sixel Neves**

Da primeira reunião com lideranças da Famnit, no Fonseca, surgiram vários apoios a Rodrigo nas ruas.

Em diferentes comunidades de Niterói foram colocadas faixas nas ruas principais com dizeres como "Tô com o Rodrigo", "Apoio Rodrigo", "Volta, Rodrigo". Vi muita faixa no Viradouro, mas também no Preventório, na Região Oceânica, no Fonseca... Acho que também colocaram no Cavalão, no Morro do Estado e no Serrão. **Fernanda Sixel Neves**

As reuniões de esclarecimento e mobilização aconteceram de duas a três vezes por semana ao longo de janeiro e fevereiro. A maioria reunia em torno de 30 a 40 pessoas. Não eram reuniões grandes, embora algumas juntassem mais de cem pessoas. Todas saíam dispostas a espalhar as informações em defesa de Rodrigo.

As pessoas falavam que era bom ouvir, para entender tudo. Elas queriam saber se Rodrigo iria voltar, e eu confirmava: "Ele vai voltar, não tem nada contra ele. Fiquem tranquilos, que ele vai voltar". Eu sentia que isso fortalecia todo mundo. Nós fizemos uma no Clube Fluminensinho com comunidades da Zona Sul e do Centro da cidade que foi forte, com um tom mais político e falas mais engajadas de lideranças populares. Depois, tivemos uma reunião na Região Oceânica, outra com o pessoal do Largo da Ba-

talha, que foi numa igreja evangélica, dentro da comunidade. Essa foi um pouco diferente, tinham também moradores, não eram só as lideranças das associações. Fizemos uma na Ponta da Areia, organizada pela associação de moradores local, que também reuniu vários moradores, pessoas pobres, pescadores. Um encontro que fluiu de uma forma muito carinhosa foi no Morro da Penha, na casa do Adriano, que é uma liderança lá. A esposa dele fez dois bolos: "Esse é para você comer, e esse outro é para levar para o Rodrigo". Teve um carinho muito grande. E lá tinha uma vista linda, que me fez um bem danado, dava para ver a Ponte. Em outra reunião, um cara, acho que do Tribunal de Contas, começou a me fazer muitas perguntas mais técnicas: de onde era o repasse, como é que fazia o pagamento etc. Porém, depois ele começou a dar depoimento, dizendo que a prisão de Rodrigo era um absurdo, que estava mais do que convencido de se tratar de perseguição. Ele saiu da reunião como um defensor de Rodrigo. **Fernanda Sixel Neves**

Um dos encontros, que chegou a Fernanda como uma demanda, foi com mulheres amigas e conhecidas da sociedade niteroiense.

Não eram mulheres de movimentos sociais. Tinha diretora de hospital, integrantes da OAB, dona de loja... Foram umas 40 mulheres. A reunião foi no Ingá, numa cobertura. Elas que me pediram: "Fernanda, a gente quer entender, a gente quer defender o Rodrigo, queremos te ouvir". **Fernanda Sixel Neves**

Daqueles encontros, Fernanda guarda lembranças emocionantes:

Outro dia, numa igreja, uma moça me abraçou. Eu tinha ido ao encontro com o setor de educação no clube Canto do Rio, mas não lembrava dela. Ela falou: "Fernanda, eu quero te agradecer, eu tinha acabado de perder um filho, e vendo a sua determinação, falando e até confortando outras pessoas, aquilo me deu força para também lutar e reagir". **Fernanda Sixel Neves**

Paralelamente ao esforço de Fernanda nas reuniões, várias demonstrações espontâneas de apoio e solidariedade foram surgindo pela cidade.

Teve o seu Mário, do Caneco Gelado do Mário (restaurante tradicional de Niterói, de comida portuguesa e de peixes e frutos do mar), *o seu Antônio, lá do Cafubá* (restaurante Seu Antônio, famoso por seu bacalhau). *E a gente começou também a ver muito apoio nas redes sociais. Gente de Niterói mesmo, colocando que estava com o Rodrigo, que ele era o melhor prefeito da história.* **Mayara Sixel Neves**

Nas redes sociais, surgiram vários posts de pessoas comuns, como esses que reproduzimos aqui:

> *Força, fé e firmeza! Rodrigo é um grande líder, houve líderes na história que tb foram injustiçados. Assim como eles, Rodrigo sairá mais forte para seguir em frente. Deus no comando!! Estamos em oração. #forçafernanda* (Karla Barcellos)

> *Não concordo com certas atitudes dele ao governar a cidade, mas acho muito prematuro prendê-lo sem provas, denegrindo sua imagem, aceitando qualquer tipo de denúncia. Ainda bem que a Câmara não aceitou o pedido de abertura de processo de impeachment pelos abutres de plantão.* (Renato Alves)

> *Não sou de Niterói, mas frequento Niterói, e sempre elogiei o prefeito Rodrigo Neves pelo trabalho feito e, como moradora do Rio, digo que a beleza de Niterói não é mais a vista do Rio de Janeiro, Niterói agora tem beleza própria, e graças ao trabalho desse prefeito. Povo niteroiense, lute pela libertação do seu prefeito e cobre das autoridades competentes essa arbitrariedade. #ToComRodrigo* (Maria Virgínia Gonçalves de Souza)

> *Eu, médico atuante, residente em Niterói, chocado com a inesperada prisão do prefeito, venho espontaneamente declarar: conheço pessoalmente o atual prefeito de Niterói, Rodrigo Neves, considero ser uma pessoa do bem, com destacado amor à cidade, sendo um realizador de importantes obras na sua gestão, tanto físicas quanto imateriais, promoveu uma significativa modernização na estrutura administrativa da prefeitura, enfim, se mostrou como sendo o maior e o melhor gestor municipal, transformando Niterói num modelo de administração pública, levando o município a se tornar o mais promissor do estado do Rio de Janeiro (excetuando a capital). (...) Tenho certeza de que quando Rodrigo Neves puder se apresentar à Justiça para prestar esclarecimento, haverá de existir a devida comprovação de sua inocência. PRA FRENTE COM A VERDADE.* (Heraldo Victer)

O pastor Celso Brasil, da Assembleia de Deus do Fonseca, conta como os evangélicos e religiosos de outras igrejas apoiaram Rodrigo.

Durante a prisão, em vários locais da cidade foram realizadas muitas reuniões de oração. Eu creio que estive em todas. Uma marcante aconteceu no Centro de Niterói, na CDL, onde se reuniram dezenas de políticos, populares, líderes religiosos, a sociedade de um modo geral, todos solidários em ajudar, em fazer um manifesto. Eu fui como pastor para levar a minha palavra de fé e de esperança para a Fernanda, que é uma guerreira - ou, copiando o adjetivo que ouvi de muitos lá, "uma leoa". É uma mulher forte e que se manteve firme em apoio ao marido. Quando tudo aconteceu, eu e outros líderes religiosos nos prontificamos a dar apoio espiritual para a família. Interessante frisar que o Rodrigo Neves é um homem que preza os valores familiares. Nós vemos o quanto ele é querido por sua esposa, seus filhos. Quando ele se pronuncia, não são raras as vezes em que faz elogios à esposa e agradece ao apoio da família. Por meio de agentes de capelania e advogados que estiveram em contato com ele, fizemos chegar às suas mãos alguns livros, uma Bíblia e notícias de que estávamos aqui fora apoiando sua família e realizando correntes de oração para que tudo fosse esclarecido através da verdade. Fiz tentativas de visitá-lo, fui lá na porta do presídio, mas não me foi permitido entrar. Lá na porta, porém, consegui contato com o Rodrigo através de um advogado amigo que, gentilmente, levou as literaturas e nossa manifestação de apoio para que ele tivesse um conforto em meio a todo aquele caos. E depois, através da filha do Rodrigo, que é advogada, continuei enviando bilhetes de consolo e refrigério. **Pastor Celso Brasil**

Um dos livros enviados pelo pastor Celso, de sua autoria, fala do evento no caminho de Emaús, após a ressurreição de Jesus.

Está registrado detalhadamente em Lucas, capítulo 24, a partir do verso 13. Resumidamente, o livro descreve a passagem em que, num domingo, as mulheres vão ao sepulcro e trazem a notícia para os discípulos de que Jesus não estava lá, mas havia ressuscitado. Porém nem todos creram. Dois deles retornaram para sua aldeia e, no caminho, desanimados, encontraram um viajante que ainda não sabiam que era Jesus. O Mestre percorreu o caminho conversando com eles e procurou saber o motivo do desânimo, explicando-lhes, posteriormente, passagens do Antigo Testamento que já previam tudo aquilo que o Cristo passaria. Ao chegar em Emaús, os discípulos convidaram o (até então) desconhecido para cear com eles. Ao pegar o pão, abençoou e partiu, e os discípulos reconheceram que era Jesus. Eu mandei esse livrinho para o Rodrigo, ele leu e, segundo o que me disse depois, foi uma bênção na vida dele. **Pastor Celso Brasil**

Uma das primeiras manifestações de apoio que deixou Rodrigo muito emocionado, dentro do presídio, veio de Axel Grael, em 17 de dezembro, uma semana após a prisão.

A carta do Axel me deu força nos primeiros dias. Muito forte! Falando de como que ele esteve ao meu lado, naqueles anos todos, e que era um absurdo o que estava acontecendo. Uma carta de um irmão. **Rodrigo Neves**

Fiz uma carta aberta contando a minha história com o Rodrigo. Dizendo como que aquela acusação não se sustentava. E dei um depoimento dizendo que, em todo aquele tempo com o Rodrigo na prefeitura, eu nunca tinha presenciado nada, nenhuma conversa ou ato que me levasse a duvidar da honestidade dele. **Axel Grael**

Na carta, intitulada "Justiça e liberdade para Rodrigo Neves", Axel conta como conheceu Rodrigo e se aliou a ele em seu primeiro mandato na prefeitura, detalha as realizações alcançadas enquanto esteve à frente do Escritório de Gestão de Projetos de Niterói (EGP-Nit), os projetos que coordenou (Niterói de Bicicleta, Enseada Limpa, Niterói Inteligente), o planejamento e a estruturação do Programa Niterói Mais Resiliente, os vários prêmios conquistados pelo município, a transparência e os controles internos. E detalhou a questão dos ônibus e da gratuidade, lembrando que, em 2017, a prefeitura contratou a Fundação Getúlio Vargas para analisar as planilhas operacionais das empresas e verificar a adequação da tarifa praticada na cidade, assim como as condições de equilíbrio contratual daquelas concessionárias. Na parte final da carta, Axel questiona:

> *Como um prefeito que implementou tantas medidas de controle interno, moralidade na gestão e transparência pública se exporia aos mecanismos que ele mesmo criou e cometeria as irregularidades de que é acusado? Como um prefeito que tomou medidas tão austeras com relação aos concessionários do transporte poderia ainda receber propina do setor? (...) Ao longo destes anos, desde 2012, tenho*

estado muito próximo ao prefeito Rodrigo Neves e sou testemunha da sua dedicação quase compulsiva à administração da cidade. Nunca presenciei qualquer atitude desonesta e nunca notei qualquer inclinação patrimonialista de Rodrigo, que, apesar do cargo, leva uma vida simples. Por isso, manifesto aqui a minha indignação e profunda estranheza com relação à violência praticada contra Rodrigo Neves, que mancha injustamente a reputação pessoal e de gestor público de um dos quadros políticos mais promissores do estado e até do país.

No mesmo dia, a controladora-geral do município, Cristiane Mara, também divulgou uma longa e expressiva carta de apoio a Rodrigo:

Queridos amigos, não sei se todos sabem, mas sou auditora de controle externo do Tribunal de Contas do Município do RJ e atualmente encontro-me cedida para o município de Niterói, onde exerço o cargo de controladora-geral do município. Iniciei minhas atividades como subsecretária de Controle em 2013, logo no início da gestão do Prefeito Rodrigo Neves, e em 2018 fui nomeada como controladora-geral. Nestes cinco anos trabalhei muito, inclusive sábados e domingos, e muito fizemos pela cidade no âmbito do Controle, com o intuito de ampliar e fortalecer a atividade. Realizamos inúmeras análises de processos, previamente às publicações dos editais; diversas auditorias, análises de prestações de contas, edição de normativos com o intuito de estabelecer fluxos de processos, treinamentos e capacitações de forma a melhorar as entregas de cada um dos servidores, enfim... tenho consciência do quanto há por fazer em prol da atividade de controlar os recursos públicos, mas também tenho plena consciência de tudo o que foi feito por esta cidade, por esta equipe técnica escolhida pelo prefeito. E por que estou aqui me manifestando em público? Para dizer a todos que NUNCA fui cerceada em minhas atividades. NUNCA recebi um pedido para fazer vistas grossas para uma ou outra situação, NUNCA fui impedida de atuar no que considerava pertinente. Fomos a única cidade do RJ a assinar um Pacto de Transparência, Integridade e Participação Social com a Controladoria-Geral da União, realizamos a 1ª Jornada de Educação Cidadã de Niterói, envolvendo cerca de 150 alunos da rede municipal, aderimos ao Sircad, sistema para cadastramento de empresas inidôneas e suspensas impedidas de participarem de licitações ou de contratarem com a Administração Pública, criamos a carreira de auditor de controle interno, além da criação da própria Controladoria-Geral do Município, órgão autônomo e independente, diretamente vinculado ao prefeito. (...) Enfim... aqui segue um depoimento de uma pessoa como qualquer uma de vocês, que trabalha por amor ao que faz, e que não se sente cerceada em nada para continuar trabalhando com o que mais gosta de fazer. Que vislumbra em Niterói inúmeras possibilidades de atuação, com total independência. Peço a liberdade do prefeito Rodrigo Neves, o qual foi preso no dia 10/12/18 sem NENHUMA PROVA, e no qual confio e acredito que conseguirá provar sua inocência. Do contrário, eu mesma não estaria/continuaria aqui.

Os apoios variados, vindo espontaneamente de diferentes pessoas e lugares, até hoje emocionam Fernanda.

Foram muitas visitas aqui em casa, muitas flores, o tempo todo assim. Uma vez, teve uma coisa engraçada. Um deputado amigo nosso, do PT, veio me visitar e, na mesma hora, por coincidência, chegou uma amiga minha que era bolsonarista, super de direita, daquelas que odeiam o PT. Mas, mesmo assim, era uma amiga querida, das antigas. Eu olhei para os dois, e disse: "Olha só, eu vou falar aqui, antes de você dar algum ataque de antipetismo: ele é do PT". Aí ela começou a rir: "Não, imagina, o que nos une aqui não é isso, é o Rodrigo, o Rodrigo está acima de tudo". Às vezes eu saía para resolver alguma coisa e as pessoas na rua vinham dar uma voz de apoio. Não recebi nenhuma fala de condenação. Eu realmente não sentia a cidade contrária a Rodrigo. Claro que eu ficava num universo restrito, mas aonde eu ia era sempre muita solidariedade. Em janeiro, fui um dia na loja da Vivo, no Plaza Shopping, e lá uma senhora veio me abraçar, chorando, porque havia me reconhecido de um vídeo que ela tinha assistido. Depois, passei por outra pessoa desconhecida e ela: "Olha, você não me conhece, mas eu conheço você...". Muitas pessoas que eu não conhecia vinham manifestar apoio. **Fernanda Sixel Neves**

Em Niterói, a reação à prisão de Rodrigo foi de estranheza, de espanto e, pouco a pouco, de solidariedade. Eu fui a vários eventos e testemunhei manifestações de apoio de diferentes pessoas da sociedade niteroiense. Isso foi um fator preponderante: ele não foi crucificado nem criminalizado pela população de Niterói. A cidade conhecia o Rodrigo de muito tempo e não comprou a denúncia. Sabia que ele não era um criminoso. **Waldeck Carneiro**

Enquanto isso, dentro de casa, a vida ia sendo levada com muita dificuldade por toda a família.

Eu não estava me cuidando, estava todo largado. Mas no começo de janeiro voltei a trabalhar no estágio (Cadu era estudante de Administração de Empresas) e umas três semanas depois começaram as visitas em Bangu. Era um clima horrível... Como eu posso dizer? A energia de lá... A gente passou um perrengue para conseguir ir, e aquilo deixava a gente mal, eu não conseguia produzir nada. Me sentia mal em muitos momentos e, quando eu curtia alguma coisa, pensava: "Meu pai está na cadeia, como é que eu posso estar curtindo aqui fora?". A primeira vez que eu saí foi quando um amigo meu tinha aberto um food truck. Todo mundo já tinha ido, e devia ser fim de janeiro ou começo de fevereiro. Mas não consegui curtir, porque começava uma música e eu chorava. Só fiquei lá meia hora. Eu tentava sair com os amigos, vários foram lá em casa muitas vezes, quase todo dia tinha alguém comigo. Mas sair assim, para curtir, eu não conseguia, me sentia mal. Eu ficava preocupado de o pessoal falar: "Ahhhhh, ele está na rua, tá bebendo, tá curtindo". Eu chegava em casa e minha mãe também estava mal pra cacete, dormindo sozinha. Ela falava que o pior momento era a noite, porque de dia a gente já não tinha costume de estar com meu pai, mas à noite sempre estávamos juntos. Meu pai chegava tarde, mas a gente se encontrava. Ficou um vazio durante um bom tempo, até começaram as visitas em Bangu. Dois dias na semana, quarta e sábado, íamos visitar ele. A gente acabou se adaptando, mas foi muito ruim. **Cadu Sixel Neves**

Eu sempre tentava ser forte e falava: "Mãe, está tudo bem, vamos escrever aqui". Aí a gente fez um painel lá em casa, no vidro da varanda, com vários recados. Eu sempre chamava ela para escrever. Ela falava: "Marina, eu sei que você está mal, você pode chorar, tudo bem chorar". Mas eu era forte: "Não, mãe, eu tenho fé de que meu pai vai voltar, vai dar tudo certo". Mas, quando eu estava sozinha no meu quarto, eu chorava. Eram aqueles minutos que eu retornava o pensamento para meu pai. **Marina Sixel Neves**

Um dia, assim do nada, a Marina pegou a canetinha dela e escreveu no vidro da varanda alguma coisa pra Rodrigo, tipo: "Pai, nós somos fortes, resista!". Botou a data e a partir daí a gente começou a escrever. Cobrimos as duas portas dos vidros com mensagens, até embaixo. Começou quando perdemos no STJ, foi a primeira vez que Marina escreveu. "Faz uma semana, mas você vai voltar". Nós fomos escrevendo, até o dia em que ele foi solto. Aí, a última escrita foi dele, foi algo como: "Cheguei, tô em casa". Aquilo se tornou nosso memorial. **Fernanda Sixel Neves**

Em um vídeo divulgado em 10 de janeiro, quando completou um mês da prisão, Fernanda revelou um problema de sua vida mundana, comum a tantas famílias brasileiras, e que era mais uma dor de cabeça em meio ao turbilhão que vinha passando. Ao apresentar documentos (Imposto de Renda, relatório do Coaf..) mostrando que sua família possuía como único bem o apartamento onde morava, ela contou:

> *Como toda família de classe média, vamos equilibrando as contas e às vezes nos enrolamos. No mês de dezembro, um dia depois de Rodrigo ter sido levado, recebi uma carta do Serasa com dívida do cartão de crédito...*

No meio do baixo-astral generalizado, Marina recorda um pequeno momento de descontração, embalada pela música de Nando Reis.

Uma vez que estava eu, minha mãe e minha tia no carro, quando minha mãe já podia visitar meu pai. Aí minha tia botou uma música supertriste no rádio e a gente começou a rir. Minha mãe falou: "Adriana, você está de sacanagem, né? Não é possível... rsrs". Mudamos a estação e veio uma música do Nando Reis, chamada "N", que diz assim: "Espero que o tempo passe, espero que a semana acabe, pra que eu possa te ver de novo..." Eu e minha mãe começamos a rir e a chorar ao mesmo tempo. E começamos a cantar. Essa música foi um marco para mim, eu não parava de ouvir. **Marina Sixel Neves**

Marina esforçou-se para segurar a onda e ajudar sua mãe, Mayara e Cadu. Mas não foi fácil para ela. Tinha apenas 14 anos, e muito amor pela família.

Em toda carta meu pai botava no fim: "Cuida da sua mãe", "Cuida do seu irmão". E eu ficava sempre numa antítese de sentimentos. Eu era choro no meu quarto, mas era sorriso na frente da minha mãe, porque eu tinha que ser forte! Uma hora você queria chorar, outra hora queria ir para cima deles e mostrar toda a indignação que a gente sentia. **Marina Sixel Neves**

Distante do pai, sofrendo, Cadu foi o último da família a escrever para Rodrigo.

Eu demorei muito. Por umas duas semanas, a Mayara me cobrava: "Cadu, meu pai perguntou de você, falou que você não escreveu nada...". Mas eu não sabia o que falar. Minha mãe e Marina começaram logo a fazer cartas, mas eu só consegui uns 15 dias depois. A primeira carta que meu pai me mandou tenho guardada. De vez em quando ainda leio e choro à beça. Um dia, decidi finalmente escrever. Fiz a carta de madrugada. Estava deitado com minha mãe: "Estou aqui com mamãe, são três e pouca da manhã, ela está dormindo pesado, está difícil...". Ele mandou uma carta de volta, a segunda dele, dizendo: "Fiquei preocupado com seu horário, mas, de resto, está tudo bem, estou firme, forte e saudável". Eu consegui escrever para ele umas três vezes até conseguirmos visitá-lo. Foram três meses muito ruins, pesados. **Cadu Sixel Neves**

CAPÍTULO 7

CARTEIRINHA, RDD E A BUROCRACIA DA DOR

A gente tinha que acordar todo dia às 6h para entrar no site do Detran e ver se tinha vaga para fazer a carteira. Mas não saía, a gente nunca conseguia marcar. **Mayara Sixel Neves**

Depois de 20 anos de casado, acho que nunca conversei tanto com a Fernanda. Eu fiquei cinco horas conversando com ela na primeira vez que me visitou. Cinco horas! E a visita era apenas dois dias por semana. Eles iam de madrugada, passaram vários momentos de um constrangimento enorme. Os caras mexiam na comida para ver se tinha alguma coisa dentro. Rasgavam as toalhas que traziam, porque você não podia levar uma toalha muito comprida, que pudesse ser usada para fazer uma teresa[19]*. Como essas crianças sofreram... Minha mãe só veio depois de uns 70 dias, que alegria que ela estava. Mas meu pai se acabou com a minha prisão, coitado, ele envelheceu uns cinco anos.* **Rodrigo Neves**

Trinta e seis dias. Este foi o tempo que Fernanda Sixel levou para conseguir visitar seu marido no presídio de Bangu 8. Cadu e Marina demoraram mais de 40 dias para rever o pai. Mayara visitava Rodrigo dia-

[19] Teresa é o nome dado a uma corda feita de lençóis amarrados que, pendurada da janela do cárcere, é usada por prisioneiros para descer em fuga. O nome vem de Santa Teresa, que teria aparecido numa visão, no século 14, para São João da Cruz, que estava preso e era torturado. Na visão, Santa Teresa teria ensinado João da Cruz a fazer a corda com lençóis para escapar do cativeiro pela janela.

riamente como advogada desde 11 de dezembro, mas falava com ele por trás do vidro do parlatório, por um interfone. Só pôde abraçá-lo também após esses 40 dias.

Minha filha Marina, de 14 anos, quando finalmente veio, ficou no meu colo a visita inteira. Me abraçava, me beijava... **Rodrigo Neves**

A famigerada carteirinha da Seap (Secretaria de Estado de Administração Penitenciária) não se tratou de mais uma maldade contra Rodrigo Neves. O atraso em sua liberação foi tão somente um descaso da burocracia estatal fluminense. Mas causou angústia e frustração. Não apenas para Rodrigo, Fernanda, Mayara, Cadu, Marina, Dona Luisa e o professor Edison, como também para milhares de outros presos e suas famílias.

Até hoje, a carteira de visitante, como é oficialmente chamada, é tirada pelo site do Detran-RJ, no qual é descrita assim:

> *Modalidade de documento gratuito, destinado ao cidadão que deseja visitar um custodiado em uma das Unidades Prisionais ou Hospitalares da Secretaria de Estado de Administração Penitenciária - Seap. Para obtenção da carteira de visitante, é necessário que o cidadão solicite o seu credenciamento nos Postos de Identificação Civil.*

"Custodiado" é o nome oficial do preso, que fica sob a guarda do Estado enquanto está na cadeia. Nos dias de hoje, a visita é permitida a cônjuges (oficialmente casados) e companheiros (com união estável ou filho com o custodiado); filhos e enteados; pai e mãe; padrasto e madrasta; pai afetivo e mãe afetiva (somente quando não houver pai e mãe cadastrados para visita); avós; netos; irmãos; tios e sobrinhos (maiores de 18 anos); e amigo – mas "*somente um único amigo será permitido por custodiado*".

Em 7 de novembro de 2018, o Detran informou em seu site:

> *A partir do dia 21 de novembro, o Detran-RJ será o responsável pela emissão das carteiras de visitantes usadas para garantir acesso aos presídios, antes emitidas pela estrutura da Secretaria de Estado de Administração Penitenciária (Seap). A responsabilidade passará para o órgão de trânsito após decreto do governador Luiz Fernando Pezão devido ao vasto banco de dados de identificação civil e ca-*

pacidade de atendimento do órgão. (...) Os agendamentos estarão abertos a partir do dia 21 de novembro (...) e o atendimento começa no dia 22 de novembro.

Menos de um mês depois, em 12 de dezembro, o site Reclame Aqui já registrava a queixa de um morador de Araruama:

Estou há alguns dias tentando o agendamento pelo site do Detran para a carteira de visitante (Seap) e não estou conseguindo realizá-lo, sendo que desde meados do mês passado (NOVEMBRO) o agendamento para fazer a carteira é somente pelo Detran. Já tentei pelo site em vários horários diferenciados, também realizei ligações para o número disponível no site para o agendamento e não funciona. Tentei também enviar uma mensagem para a Ouvidoria do Detran e a mesma não abre. Queria saber como proceder, pois, como visto, já tentei em várias formas de acesso e não consegui ainda fazer o agendamento para a realização da carteira.

Na prática, o Detran-RJ, que já imprimia as carteiras de motorista e de identidade, além dos documentos de veículos, teve um problema operacional e não conseguiu atender à demanda por carteirinhas de visitantes da Seap. Demorou alguns meses para entregar e interrompeu o fornecimento do documento, impedindo que famílias de presos nos últimos meses de 2018 conseguissem visitar o parente "custodiado".

O deputado estadual André Corrêa (PV), velho conhecido de Rodrigo Neves na política, passou pelo mesmo problema. Ele foi preso por conta de um depósito milionário errado na conta de um assessor de sua equipe – segundo ele, houve um erro operacional do Itaú, rapidamente admitido de forma oficial pelo banco, que cancelou o depósito. Foi detido com outros nove parlamentares fluminenses pela Polícia Federal, em 8 de novembro, na Operação Furna da Onça, cerca de um mês antes de Rodrigo. André e Rodrigo foram colegas de cela em Bangu 8, mas o deputado ficou bem mais tempo: só conseguiu sair em outubro de 2019. Tão ruim quanto ficar tanto tempo preso foi a incrível demora que sua família enfrentou para poder visitá-lo.

Eu levei 150 dias para ver minhas filhas, porque tinha o problema da carteirinha. Tive que entrar na Justiça para minha família poder vir me visitar. E, quando elas chegaram lá, e me viram bem mais magro, com aquela camisetinha branca de preso e aquele shortinho azul, que deixava todo mundo igual, mais uma sandália Havaianas, que tinha que ser branca... quando me viram com aquela roupa e mais magro, entraram em depressão. Depois, eu é que não quis que minhas filhas viessem mais me visitar, só a mãe. A partir dali, toda a comunicação com as minhas filhas foi através de cartas, para preservá-las. **André Corrêa**

Fernanda, Mayara, Cadu e Marina ficaram mais de um mês na novela da carteirinha, que tornou ainda mais dramático aquele período em que nada dava certo para a família.

Nos demais presídios de Bangu, você ainda conseguia entrar apenas com o protocolo do Detran, mas em Bangu 8 era diferente, tinha que mostrar a carteira mesmo. **Mayara Sixel Neves**

A impossibilidade de ver Rodrigo, mantendo comunicação com ele apenas por meio de Mayara e de outros amigos advogados que conseguiam chegar até o prefeito niteroiense, gerou uma angústia extra para a família. A atuação de Mayara como "correio" entre o pai e o mundo externo foi fundamental.

Se não existisse a Mayara fazendo esse canal de comunicação com ele, não sei o que seria. Eu tinha confiança total de que aquilo que eu falava para minha filha seria exatamente o que ele receberia na prisão, e vice-versa. Essa segurança de eu poder falar tudo, minhas impressões políticas, de quem eu achava que estava se comportando assim ou assado, as avaliações que eu não poderia falar para outra pessoa, para ela eu podia falar. **Fernanda Sixel Neves**

Mayara, o advogado Marcello Ramalho, Luciano Alvarenga e outros advogados amigos – inclusive alguns vereadores que tinham carteira da OAB – só conseguiam falar com Rodrigo através do vidro do parlatório. O contato direto era permitido apenas nas visitas de parentes, às quartas e sábados. Mas, sem a carteirinha, nada feito.

Tudo foi muito impactante – a prisão, a votação do impeachment, a proibição de visitas e, para completar, a frustração com o habeas corpus negado pelo STJ e a constatação de que Rodrigo ficaria ao menos mais um mês naquela situação, preso e isolado. Passaram-se duas semanas, três semanas, um mês e todos os esforços de Fernanda e dos filhos para rever Rodrigo, abraçá-lo e beijá-lo fracassavam. Não faltaram buscas por alternativas.

O marido de uma amiga professora havia sido diretor daquele presídio. Ele me disse que era só pedir uma visita especial antes de a carteirinha ficar pronta. Falei com o advogado, que me explicou que isso ficava a critério do diretor do presídio. Fizemos o pedido, mas, o que aconteceu? Como o ex-governador Sérgio Cabral estava naquele presídio e houve acusações de ele ter vários privilégios lá[20]*, aquilo foi uma grande desculpa para foi implantar o tal Regime Disciplinar Diferenciado (RDD) para todos em Bangu 8. Por isso, o meu pedido foi mandado para o Ministério Público, que havia tirado do diretor do presídio a prerrogativa de despachar sobre a visita especial. Ou seja, quem despachava, se podia ou não ter visita especial, era o MP. Claro que não me deram. Por conta do RDD, Bangu 8 era um presídio todo monitorado pelo MP. As imagens das câmeras iam direto para os procuradores. Uma vez, quando eu já estava podendo visitar, levei junto com a comida um sachezinho de azeite e aí o agente penitenciário me disse: "Não pode, não pode". Eu argumentei: "Como não pode? Outro dia falou que podia, uma pessoa entrou com isso...". O agente reagiu na hora: "Por favor, não fale isso, a gente está sendo filmado e observado. Aqui eles escutam tudo o tempo todo". Em qualquer lugar, tinha alguma câmera filmando. "Eles vêm em cima da gente". Era um clima ruim até para os agentes, que se viam naquela pressão também.* **Fernanda Sixel Neves**

A carteirinha de visitante só saiu – e somente para Fernanda – em 15 de janeiro. E mesmo assim, porque ela tomou uma atitude mais incisiva.

Não saía, não ficava pronta de jeito nenhum. Aí, resolvemos jogar na imprensa. Passamos pros jornais que eu estava há mais de 30 dias sem ver meu marido. Isso acabou pegando muito mal. Saiu algo assim: "Rodrigo não tem visita da família". Aí, rapidamente, uma pessoa do Detran me

[20] Condenado em cerca de 20 processos por corrupção e desvio de mais de R$ 300 milhões dos cofres públicos, entre outros crimes, o ex-governador Sergio Cabral, segundo o Ministério Público e a imprensa, obteve privilégios no início do cumprimento de pena em Bangu 8. Todas as supostas regalias, porém, foram desmentidas mais tarde.

ligou: "Vem hoje, sua carteira vai ficar pronta". Ela me ligou de manhã dizendo que eu tinha que ir na sede do Detran às 15h para pegar minha carteirinha. A notinha no jornal deu uma pressionada neles. Mas só a minha carteira ficou pronta. Era um problema que acontecia com muitas pessoas, tinha gente que estava há mais de dois meses tentando a carteirinha. **Fernanda Sixel Neves**

À tarde, Fernanda saiu correndo para pegar a carteirinha no Detran, no Centro do Rio. Antes, avisou a Mayara, que estava com Rodrigo em Bangu. Ao saber que no dia seguinte receberia a visita de Fernanda, Rodrigo já fez um pedido, repassado pela filha.

Quando eu saí do Detran, umas 17h, liguei logo para a mãe do Rodrigo: "Minha sogra, peguei a carteirinha e já avisei a Mayara, e ela me disse que o Rodrigo quer comer a sua carne assada." Ela imediatamente desceu para comprar a carne e botou para assar. Lá pelas 11 da noite, fui buscar a carne assada na casa dela. Foi uma verdadeira operação de guerra! Rsrs... **Fernanda Sixel Neves**

No dia 16, uma quarta-feira, com a carteirinha em mãos e a carne assada da sogra, Fernanda conseguiu, enfim, ver Rodrigo. Exatos 36 dias depois da prisão. O reencontro, como não poderia deixar de ser, foi uma emoção só. Regrado, entretanto, pelas limitações do RDD em Bangu 8, que Fernanda começava a conhecer naquele dia.

Sob forte emoção, ela foi rapidamente apresentada às várias e complicadas regras da visita em Bangu. Nem sempre muito lógicas para quem vive fora do presídio.

É um universo completamente diferente do que a gente está acostumada. Do lado de fora do presídio tem um comércio que vende tudo que é necessário para os presos e suas famílias. Vende o short azul, a camisa branca, o chinelo de dedo branco, todos os tipos de frutas cortadas nos potinhos, o saco plástico – porque tem que levar tudo em sacos transparentes. Todos os produtos de higiene têm que estar em sacos transparentes. E tinha tudo ali. Às 6h da manhã já era um comércio movimentado. Por exemplo, é preciso comprar a bolsa transparente e transpassada, que vendia lá no "shopping" fora do presídio. Eu fui cheia de bolsinhas de plástico, mas havia um limite de sacolas, não podia levar um monte delas. As minhas eram pequenininhas, e vi que as pessoas compravam sacolas grandes. Então, comecei a ver que eu estava toda errada. Era muita informação que eu não tinha... Na minha ingenuidade, havia comprado aqueles saquinhos Ziplock, com aquela coisinha que fecha. E aquilo não podia, tinha que ser tudo saco de mercado. E eu não tinha o saco de mercado. Fiquei transtornada. Mas todo mundo tentou me ajudar, rolava uma solidariedade ali fora. Na fila, as pessoas se prontificaram: "Calma, nós temos sacos sobrando". E aí tive que abrir as coisas para passar de um saco para o outro. Eu era um peixe completamente fora d'água. Fiquei muito assustada. E também me senti humilhada, por ter que passar por aquilo. **Fernanda Sixel Neves**

A primeira vez em Bangu foi bem cansativa para Fernanda. Não apenas dos pontos de vista emocional e psicológico, mas fisicamente também.

Você começa o processo às seis e pouco da manhã, mas, de fato, só vai encontrar a pessoa quase 11h. Isso quando não passa das 11h. Era uma hora na fila do lado de fora, depois você anda quase três quilômetros a pé lá dentro do complexo, debaixo de um sol forte de verão, um verdadeiro inferno. E aí você chega a outra fila para poder, finalmente, entrar. Quando consegui entrar, já me tremia toda. Aí eles fazem a revista, abrem as comidas todas e mexem nos alimentos. Era um troço bem difícil de aceitar. Na hora que eu, na fila, vi que seria a próxima a ser revistada, tremia muito e chorava quieta, segurando as lágrimas. Ao mesmo tempo, eu pensava: "Graças a Deus que estou aqui, após tanto tempo sem ver Rodrigo". Foi um misto de sentimentos. **Fernanda Sixel Neves**

Cumpridos os protocolos, Fernanda chegou, afinal, à sala de visitação dos presos.

Estava sentada e aí, de repente, ele apareceu, magro, muito mais magro. Eu não me aguentei e saí correndo para abraçá-lo. A gente chorou muito assim, abraçados, em pé, até que ele falou: "Vamos andar, vamos sentar", porque estávamos junto à porta atrapalhando a entrada de outros presos no salão. Então, a gente se sentou e conversou. Choramos, nos abraçamos, rezamos e rimos muito. Acho que tinha anos que não conversávamos tanto assim, ficamos falando de 11 da manhã às quatro da tarde sem parar. Ele me contou que tinha tomado banho e se arrumado pra mim. E estava cheirosinho mesmo. Depois, ainda me apresentou para as pessoas. Inclusive, me apresentou para o guarda que estava na porta, que era muito católico.
Fernanda Sixel Neves

Depois daquela emoção toda, às 16h terminava a visita e era preciso ir embora. Uma despedida que não foi nada fácil, fechando aquele dia de experiências fortes.

Era um ambiente muito quente, um calor danado, mas era muito bom estarmos juntos. Foi maravilhoso encontrá-lo. Mas na hora de ir embora lembro que fiquei vendo Rodrigo sair numa fila para entrar no pavilhão. Isso foi muito forte, ele ia me dando tchau, um tchau atrás do outro, e mandando beijo. Até sumir pela portinha. E aí, quando ele se foi mesmo, caiu a ficha: Rodrigo estava preso. Ele estava naquele local onde não deveria estar. Eu então saí e tive que andar novamente quase três quilômetros. E isso se repetiu em todas as outras vezes. Depois a gente acabou se acostumando com aquilo, não ficava mais chorando na entrada nem na saída. Mas, na primeira vez, eu saí de lá arrasada. Só que, ao mesmo tempo, aquele reencontro foi muito bom, me fez um bem danado. **Fernanda Sixel Neves**

Para Rodrigo, a emoção de rever Fernanda, o grande amor de sua vida, foi rejuvenescedora.

Nós falamos sobre a vida, sobre essa experiência dolorosíssima, sobre nossa família. Ela me trouxe um relato de como estava cada uma das crianças. **Rodrigo Neves**

O dia 16 de janeiro marcou a primeira de um total de 17 visitas que Fernanda faria a Rodrigo, toda quarta e sábado. Na última, em 13 de março, ela só deixou o presídio depois que Rodrigo saiu, libertado por decisão judicial, após o término da visita regular, às 16h.

Com sua cabeça de gestor, prefeito de Niterói há seis anos, Rodrigo começou a organizar as visitas, para que rendessem o máximo para suas necessidades emocionais e políticas.

A partir da segunda visita, Rodrigo dividia o tempo. A gente de manhã conversava sobre a família, como é que estava sendo a semana etc. E à tarde ele vinha com o caderninho dele. Arrancava as folhinhas e estavam ali todas as orientações: "Você tem que falar com fulano, você tem que fazer esse movimento...". Às vezes, eu reagia, dizia que não conseguiria fazer o que ele queria. Mas Rodrigo era incisivo: "Você vai conseguir, claro que vai!". Era muito impressionante a capacidade dele de visualizar. Ele acertava os movimentos dos agentes políticos. Falava: "Fulano vai tentar fazer isso, beltrano vai iniciar não sei o quê". E acontecia exatamente o que ele falava. Ele tinha uma enorme capacidade de fazer a leitura política de cada momento. Um dia, me disse: "Eles não conseguiram, Fernanda, tinham certeza que iriam achar alguma coisa. O projeto era me destruir moralmente e então convocar uma eleição. Isso deu errado. Agora, eles vão tentar um segundo caminho...". A análise dele, de dentro da cadeia, naquelas condições, sempre me impressionava. **Fernanda Sixel Neves**

Na segunda visita, e dali em diante, Fernanda passou a levar sempre alguma comida especial para compensar a marmita servida no presídio no almoço e no jantar.

A comida da cadeia era horrorosa, às vezes vinha até estragada. A quentinha tinha um apelido: "brilhosa". E era brilhosa mesmo, porque era óleo puro. Tinha um prato que a gente chamava de "frango à Bangu", com umas peles de galinha misturadas com arroz e feijão, que, para engolir, tinha que tampar o nariz. Mas tinha que comer para não passar fome. Havia um agente que chegava na porta da cela e gritava: "Chegou a brilhosa!". Fazíamos fila para receber. Mas a "brilhosa" não passava pelas grades, era preciso virar a quentinha de lado para ela passar na vertical. E aí, com aquele óleo, o arroz e o feijão, a carne, a comida toda se misturava... **Rodrigo Neves**

Na visita seguinte, no sábado, lembrei que Rodrigo adorava o peixe de um restaurante em Niterói, o Paludo. Aí encomendei e levei para o presídio. Na outra semana, encontrei o dono desse restaurante e contei para ele, que reagiu: "Poxa, Fernanda, que absurdo você não me falar! Eu queria mesmo mandar isso pro prefeito". E ele mandou outra vez. Na semana seguinte, soube que Seu Mário (do restaurante Caneco Gelado do Mário) queria também mandar um almoço para o Rodrigo. Seu Mário foi um querido, um fofo, ele é muito especial. Colou os cartazes "Tô com Rodrigo" no restaurante. Rodrigo ficou maluco quando recebeu o almoço! Seu Mário, aliás, mandou mais de uma vez o bolinho de bacalhau e o risoto de camarão com vagem de ervilha, prato preferido do Rodrigo. Dayse Monassa (atual secretária municipal de Conservação e Serviços Públicos de Niterói) virou o meu ponto de apoio nisso, ela foi sensacional. Eu falava: "Dayse, olhe, amanhã é dia de visita". Ela saía falando com um e com outro, organizava tudo. Aí teve lasanha do Da Carmine, teve o bacalhau do seu Antônio do Cafubá, teve comida do Beto, do Botequim Salve Simpatia, teve doce da

Dona Henriqueta... Seu Mário, Seu Antônio, o Beto e Dona Henriqueta foram todos muito gentis. **Fernanda Sixel Neves**

Um item curioso acabou marcando bastante o cardápio de Rodrigo nas visitas de quartas e sábados.

Tinha uma coisa que não podia faltar e que, hoje, o Rodrigo não gosta: a farofa de Neston. A gente até comeu aqui em casa por esses dias, mas só porque Rodrigo está em Portugal. É uma farofa que fica granulada e é adocicada. A gente fazia balde daquilo, eu botava num saco e levava para ele. Rodrigo jogava essa farofa de Neston para misturar na quentinha, para conseguir comer um pouco melhor. Só que, logo depois que saiu da prisão, a gente fez um churrasco e eu fiz a farofa. De noite, ele me disse: "Amor, não faz mais essa farofa, porque ela me remete direto à comida da prisão". Nunca mais fiz. **Fernanda Sixel Neves**

Na mesma semana em que saiu a carteirinha de Fernanda, Cadu e Mayara também conseguiram o documento e acompanharam a mãe na segunda visita dela, no sábado 19 de janeiro. Marina, infelizmente, ainda teve que esperar mais algum tempo. Cadu recorda o esperado reencontro:

A gente entrou, eu, minha mãe e Mayara, mas meu pai demorou a aparecer. Quando afinal chegou, a gente se abraçou e chorou muito. Eu estava com uma saudade absurda, tinha uns 40 dias que não o via. **Cadu Sixel Neves**

Rapaz, que alegria!! Que alegria estar com meus filhos Mayara e Cadu!! Parecia que as crianças estavam nascendo de novo. Revê-los me deu muita, muita força. **Rodrigo Neves**

Cadu foi em todas as visitas, com exceção de uma, no carnaval, porque viajou com amigos. Mas, mesmo depois de conseguir visitar seu pai, continuou sofrendo os impactos emocionais e psicológicos daquela situação.

Eu ficava deprimido e jogava muito videogame. Às sextas-feiras, virava a noite jogando e ia de manhã cedo para Bangu, quase sempre sem ter dormido. Chegava lá antes das 8h a saía às 16h. Pegava aquela fila, que era uma barra, uma confusão danada, tinha muita gente e, de vez em quando, havia alguma discussão. Sábado era pior, porque nas quartas-feiras muita gente trabalhava e não podia ir. E minha mãe queria ir cedo para aproveitar todo o tempo. Depois, na volta, era o mesmo caminho de sempre, o mesmo trajeto a pé, e aquela multidão, todo mundo carregando bolsas. Aquela fila me assustava, me marcou muito. **Cadu Sixel Neves**

O ritual para entrada dos visitantes era realmente demorado e com uma série de regras.

Você entra numa fila, lá na frente, e depois anda tudo para entrar em outra fila, na porta de cada unidade. Aí as pessoas vão entrando de pouquinho em pouquinho, porque é preciso revistar tudo que você tá levando. Nas primeiras vezes, eu entrava junto com minha mãe, mas depois a gente percebeu que valia mais a pena eu entrar na fila preferencial para grávidas, que andava mais rápido. Eu já ia na frente levando as comidas, e aí minha mãe entrava sem nada, escapava da revista da comida. **Mayara Sixel Neves**

Muito observadora, Mayara guarda lembranças daqueles dias em Bangu.

Na visita, eles apresentavam a família aos demais detidos. Meu pai me mostrava para eles, orgulhoso: "Olha, essa aqui é minha filha que vai ter neném". E pedia para eu levantar a blusa para mostrar a barriga. Foi lá que conhecemos os empresários que foram presos com ele, nunca tínhamos ouvido falar dos dois. O João era um senhor de mais de 70 anos, de cabelo branco e bem magrinho. Meu pai ficava preocupado com ele e me dizia: "Mayara, é preciso trazer o remédio dele". Queria que eu resolvesse o remédio junto ao advogado dele, chegou a me mandar a lista de medicamentos. Teve outro senhor que era de Niterói, não lembro o nome, que me falou: "Você precisa comprar essa luzinha para o seu pai ficar lendo livro à noite. Ele fica querendo ler com a luz da lua, que não entra na cela. Vai ter problema de visão". Rapidamente compramos a luzinha de LED. **Mayara Sixel Neves**

As muitas idas a Bangu – primeiro como advogada, diariamente, e depois como visitante – fizeram Mayara conhecer muitas histórias das famílias dos presos.

Você ficava na fila e, querendo ou não, descobria que aquela ali era a esposa de tal pessoa, aquela outra era esposa de não sei quem. E acabava sabendo das histórias. Lembro que tinha um deputado que num dia recebia uma mulher e no outro dia recebia outra. Pelo amor de Deus... E era uma coisa que todo mundo sabia: quarta-feira era uma, no sábado era outra. Tinha dia certo para elas. Eu ficava chocada. Até na prisão ele mantinha as duas mulheres... **Mayara Sixel Neves**

A carteira de Marina demorou um pouco mais para sair, por mais uma regrinha do Detran.

Eu só pude dar entrada na carteirinha da Marina depois de tirar a minha, porque ela era menor de idade. Mas acabou saindo. Imagina, todo mundo podia visitar o pai e ela era a única que não ia. **Fernanda Sixel Neves**

Eu fui, eu fui! Quando chegou o meu dia, nada mais importava. Eu sempre fui muito envergonhada, mas no dia da visita eu não ligava pra ninguém. Meu pai já estava na mesa quando eu entrei e, mesmo de costas e bem mais magro, eu reconheci ele. Saí correndo para abraçar e fiquei um bom tempo ali, abraçada. Eu chorava e ele só dizia: "Principesa! Principesa!". Por mais que tenha demorado aquele negócio da carteirinha, foi muito bom quando conseguimos. Depois, fui em todas as visitas. Aquela rotina de não querer ficar com minha família foi totalmente desconstruída: eu só queria era estar com eles, só isso! **Marina Sixel Neves**

Algumas histórias do presídio, contadas por Rodrigo, acabaram se tornando uma pequena diversão para a família naqueles dias sombrios. Cadu relembra:

As histórias da Chérie (ou Cherri, numa versão abrasileirada) *eu nunca vou esquecer. Era um preso, acho que homossexual, que cortava o cabelo dos demais. E aí ele ficava zoando com os outros presos: "Cumé que você vai me pagar, hein?", "Tá sem dinheiro pra pagar, xiiii... comé que vai fazer?". Teve uma vez que sumiu a tesoura dele, e acharam na cama de outro preso, zoaram muito. Um dia, a Chérie apareceu lá no salão de visitas – não costumava ir porque acho que era de outro complexo. Era um negro gigante, e todo mundo falou: "Chegou a Chérie!!". Outra história engraçada foi quando transferiram para o pavilhão dele, mas em outra cela, o Doutor Bumbum. Meu pai contou que os demais presos cantaram em coro, batendo nas grades: "AHA! UHU! O bumbum é nosso!".* **Cadu Sixel Neves**

Apesar de fazer vários relatos para Fernanda e os filhos sobre a difícil vida na prisão, o lado pior nem sempre era narrado por Rodrigo, num esforço para preservar a família, que já estava tão abalada com tudo.

Ele me poupava um pouco das piores situações. Dava uma filtrada no que me contava. Depois, até falou um pouco mais. Por exemplo, os bichos dentro da cela, ele não me contava. Um dia, comentei: "Nossa, fulana falou que teve barata na cela...". Ele me respondeu: "Ah, Fernanda, eu não gosto de falar essas coisas para você...". **Fernanda Sixel Neves**

O pai de Rodrigo, o professor Edison, ficou muito abatido, emagreceu e nunca mais se recuperou do abalo emocional. Morreu em março de 2021, logo depois de Rodrigo ir para Portugal, como pesquisador convidado do Centro de Estudos Sociais da Universidade de Coimbra.

Rodrigo lembra também de um desentendimento menor, após uma visita, que quase o deprimiu.

> *Acho que foi depois da sexta visita. Eu discuti com Mayara, por algum assunto bobo relacionado à situação política. O tempo da visita acabou e não me despedi da Fernanda como eu gostaria. Depois, percebi o que tinha acontecido. Fiquei muito mal, muito mal mesmo.* **Rodrigo Neves**

Hoje, Rodrigo faz um balanço significativo da importância da presença da família naquela situação.

> *As visitas tinham aspectos muito relevantes. Para começar, tinha o lado afetivo e psicológico. De conforto e de apoio, que são fundamentais para você se manter de pé. Quem está lá dentro não pode transmitir que está mal, nem quem está fora pode transmitir para quem está dentro que não está bem, senão desequilibra. Se, em algum momento, quem está dentro demonstrar fragilidade ou desorientação, isso desestabiliza completamente quem está do lado de fora. E quem está fora, se chegar um pouquinho triste ou abatido, desestabiliza quem está dentro. Eu percebi essa dinâmica na primeira semana, quando por dois dias a minha filha fraquejou, coitadinha. Eu falei para ela: "Filha, você pode não estar bem, mas você nunca chore na minha frente, porque eu volto lá para dentro destruído". A partir daquele dia, Mayara passou a fazer um esforço incrível para nunca chorar quando estava comigo. Por isso, quando recebia visita, eu penteava o cabelo, tomava banho etc. Eu podia estar muito mal, mas chegava lá rindo. Isso foi importante para minha família. Outro aspecto fundamental das visitas é que você passa a comer melhor. Depois de perder dez quilos, eu comecei a engordar de novo com a comida que a Fernanda levava às quartas e sábados. A cada semana, engordava meio quilo.* **Rodrigo Neves**

CAPÍTULO 8

E A VIDA CONTINUA...

Como gestor, Rodrigo é um sujeito muito organizado. Na prefeitura, fez mapas de metas, de compromissos, de prazos. Ele é do tipo que está conversando com você e pega um telefone, liga para o cara da obra e pergunta como está, dá outro telefonema, fala com alguém da Educação para ver quando é que inaugura a escola. Ele tem um supercomputador na cabeça para controlar aquilo. Convivi com muitas lideranças políticas, e poucas tinham essa capacidade de agregar talento político com capacidade administrativa. Eu falava para a equipe dele: "Cumpram as metas, porque ele vai sair e logo fazer uma reunião. E quem estiver atrasado no cumprimento das metas, vai levar um puxão de orelha". **Luciano Alvarenga**

Rodrigo, Fernanda e os filhos foram tirados do seu normal naquele dezembro de 2018 e passaram todas as semanas do verão de 2019 buscando desesperadamente, de alguma forma, fazer com que a vida retornasse à normalidade – com Rodrigo fora da cadeia e de volta ao cargo de prefeito.

Mas outro normal afetado foi o da Prefeitura de Niterói, responsável pela manutenção e desenvolvimento da cidade para seus mais de 500 mil habitantes, comércio, serviços, indústrias, instituições de ensino, unidades de saúde, projetos sociais e outras atividades. Mais do que na maioria das cidades fluminenses, a prefeitura havia se tornado o motor da economia local. Uma reportagem do jornal "O Globo" de 9 de fevereiro de 2019 sintetizava isso:

> *NITERÓI – Natural de Rio Bonito, Pâmella Moraes, de 23 anos, mora há quatro anos em Niterói. Na época, ela veio com o sonho de se formar em Engenharia Ambiental pela Universidade Federal Fluminense. Faltando menos de um ano para concluir o curso, Pâmella já não pensa mais em voltar para sua cidade natal e hoje mora na região central da cidade com a irmã, Larissa, de 20, que seguiu seus passos e estuda Publicidade na UFF. Elas fazem parte de um grupo que ajudou a eleger Niterói a cidade, não capital, mais desejada por quem busca imóveis no Brasil, segundo pesquisa da ZAP Imóveis, empresa do Grupo ZAP, divulgada para "O GLOBO-Niterói". O levantamento, feito anualmente, refere-se a 2018, mas desde 2015 Niterói se mantém no topo da lista. Campinas, Santos, Ribeirão Preto e São José dos Campos, todos em São Paulo, completam, respectivamente, o top 5. (...) Uma das explicações para Niterói ser a queridinha pode estar atrelada a outro levantamento, este feito no mês passado pela Spin Inovações Imobiliárias, mostrando que, em 2016, o município teve o maior investimento por habitante nas 400 maiores cidades do país. (...) Investimentos em áreas como educação e saúde, empreendedorismo e saneamento nos últimos anos, a boa balneabilidade das praias e o fato de Niterói ter o maior Índice de Desenvolvimento Humano Municipal (IDH) do estado também contribuem para a cidade se manter na primeira colocação.*

A chegada abrupta de Paulo Bagueira ao cargo de prefeito interino gerou uma inquietação inicial entre os servidores da Prefeitura de Niterói, que se viram obrigados a aceitar um novo chefe por ordem monocrática da Justiça, sem saber por quanto tempo e o que isso representaria na sua vida – o dia a dia de trabalho que seguia rigidamente os planos de metas estabelecidos por Rodrigo Neves. Também provocou alguma tensão na Câmara de Vereadores, com representantes eleitos questionando se Rodrigo voltaria mesmo e se não era melhor que Bagueira assumisse de vez a prefeitura, dando sua cara e seu jeito ao governo municipal.

Logo após a prisão, apoiadores de Rodrigo chegaram a um consenso: era preciso dar continuidade à gestão, de maneira que a população não sentisse sua falta e entendesse que o fato de seu prefeito estar afastado não paralisaria os trabalhos. Era preciso deixar claro que a prefeitura continuava atuando para manter e melhorar a cidade, do jeito que determinara o prefeito eleito.

Tínhamos muito clara a importância disso. A população, no seu dia a dia, não podia sentir que a ausência de Rodrigo afetava a prefeitura. Essa era a minha obrigação e dos demais secretários. A gente não podia deixar a peteca cair enquanto ele estivesse preso, precisávamos tocar a prefeitura e seus projetos. E assim foi, a população de Niterói não sentiu a ausência de Rodrigo, porque nós, secretários e demais servidores, não deixamos. **Giovanna Victer**

Esse esforço teve declarado apoio do interino Paulo Bagueira, que sempre enfatizou a continuidade da gestão de Rodrigo.

Aquele momento em que assumi a prefeitura foi o de maior dificuldade e pressão que já tive em toda a minha vida pública. Você ter que assumir com uma gestão do Rodrigo Neves, que era uma referência premiada, não foi nada fácil. Mas a cidade tinha um programa de governo, que se chamava "Niterói que queremos". Tínhamos metas para o ano, sabia-se o que devia ser feito a cada três meses. Isso ajudou muito. **Paulo Bagueira**

Na prefeitura, o presidente da Câmara precisou gerenciar setores interessados no afastamento de Rodrigo da política niteroiense.

As forças que geravam pressão vinham dos campos contrários, principalmente da direita. Toda hora surgia uma conversa dizendo: "Ah, porque Rodrigo isso, porque Rodrigo aquilo...". Citava-se muito o nome do Rodrigo a todo instante. E o novo governo federal vinha tomando decisões que preocupavam. Nós tínhamos o Rodrigo como um nome forte circulando no estado, se destacando nas discussões de segurança pública, de educação, de saneamento, buscando recursos, trazendo prêmios para Niterói. E aquilo vinha incomodando, era perceptível. Incomodava até o campo adversário do outro lado, da extrema-esquerda. Após algumas semanas na prefeitura, me pediram para tomar decisões que ultrapassavam as questões do meu mandato interino. Eu reagi: "Essas decisões serão tomadas pelo Rodrigo Neves, porque ele vai ser julgado e nós vamos aguardar a volta dele". Chegaram a dizer que a Câmara toda seria presa, que até eu seria preso... Eu falava: "Olha, se eu for preso, será pelo mesmo motivo do Rodrigo: por nada!". **Paulo Bagueira**

Nos três meses em que comandou a prefeitura, Bagueira fez questão de deixar claro que ele não era prefeito – apenas estava prefeito. E que não iria mudar o trabalho de Rodrigo.

Eu acho que a cidade entendeu que eu estava esperando o Rodrigo voltar. Procuramos tocar a prefeitura como se o Rodrigo tivesse feito uma viagem. E um fator importante, que facilitou isso, é que tinha programa de governo. A cada três meses, ele costumava fazer reunião com todos os secretários para ver o alcance das metas. E a cidade não sentiu diferença, porque, efetivamente, não teve mudança de ideia, de proposta ou de governo. A equipe continuou a mesma, nada mudou. O Axel foi uma peça-chave nessa questão, sempre esteve muito próximo. Passou a ser um parceiro e um conselheiro. Nós discutíamos diariamente todas as questões. Eu tomava as decisões mais políticas e Axel me ajudava nas ações de governo. **Paulo Bagueira**

Axel Grael se surpreendeu positivamente com Bagueira, a quem conhecia apenas de maneira formal, pois, como vice-prefeito (no primeiro mandato) e secretário-executivo (segundo mandato), reuniu-se várias vezes com o presidente da Câmara.

Quando Bagueira assumiu, me coloquei à disposição, afinal, eu conhecia o dia a dia da prefeitura. Assim, comecei a me aproximar muito dele. O Bagueira teve uma postura muito correta e digna. Ele poderia ter sido um complicador enorme, mas, em nenhum momento, criou problemas ou tentou se impor. Sempre se colocava como interino e, quando alguém o chamava de prefeito, respondia: "Não sou prefeito, sou o presidente da Câmara, exercendo aqui interinamente a prefeitura". Nunca se sentou na cadeira do Rodrigo nem na mesa de reunião – Rodrigo sentava-se numa ponta, Bagueira passou a ocupar a outra ponta. São questões simbólicas importantes. Ele sempre repetia: "Rodrigo vai voltar". Procurou se informar melhor sobre as questões, principalmente na área de transportes, e demandou muita informação e relatórios. Todas as questões que a gente levava para ele, Bagueira perguntava: "Como é que vocês faziam isso antes? O que o Rodrigo faria?". A gente explicava, e ele dizia: "Então, vamos fazer assim". **Axel Grael**

A vereadora Verônica Lima enfatiza a importância da equipe de governo montada por Rodrigo no esforço para manter a normalidade na administração.

O Rodrigo tinha um secretariado muito afinado e que sabia mais ou menos como ele gostava das coisas. "Se o Rodrigo estivesse aqui, faria assim...". Isso dava um sentido no trabalho e, de fato, a cidade não foi impactada em seus serviços. A coisa já estava azeitada, dos pontos de vista institucional e administrativo. Por isso, foi fácil dar continuidade. Outro elemento importante é que diferentes setores somavam esforços na mesma direção. Por exemplo, tinha a Fernanda municiando de informações os formadores de opinião em tempo integral, com reuniões de manhã, de tarde e de noite. Tinha os vereadores historicamente comprometidos com Rodrigo, articulando a sustentação política. E, na prefeitura, contávamos com o conjunto de secretários repetindo: "Não podemos deixar a gestão cair, Rodrigo vai voltar e a casa tem que estar no mesmo lugar". Pouca gente percebeu, mas a atuação integrada nessas três frentes foi muito importante para manter a cidade funcionando. **Verônica Lima**

O vereador Leonardo Giordano recorda as pressões citadas por Paulo Bagueira no período de interinidade.

Alguns vereadores especulavam sobre uma eventual possibilidade de o Bagueira permanecer, e por trás disso havia um movimento político para convocar novas eleições. Apesar de a gente ter derrotado a extrema-direita no processo de impeachment, eles insistiam na ideia de novas eleições. E aí rolavam conversas em que um achava que Rodrigo voltava, outro achava que não. Bagueira deu um tom de continuidade, até porque não cabia abrir um novo governo. Ele reforçou o clima de aguardo na administração pública, pela volta do Rodrigo. Mas, na Câmara, havia muita conspiração, muitos sussurros. A extrema-direita não disse: "Viva o novo governo do Bagueira". Ela continuou insistindo: "Novas eleições!". **Leonardo Giordano**

O advogado eleitoral de Rodrigo, Luciano Alvarenga, destaca outro fator importante para a continuidade da gestão:

Rodrigo conseguiu, durante seus mandatos, ter uma relação de muito diálogo com as comunidades, sem intermediários. Mesmo que tivesse lá uma liderança de bairro, Rodrigo sempre conseguia falar diretamente com as pessoas. Ele não ficava como normalmente um prefeito faz, encastelado no Executivo e evitando o contato pessoal, usando o vereador ou a liderança como intermediário. Ele fazia uma linha direta. Eu até brincava, dizendo: "Antigamente, muito candidato a prefeito dependia de formar uma chapa de vereadores para se eleger e ter sucesso no Executivo. Rodrigo subverteu essa ordem: o vereador que estivesse contra ele estava frito". Porque ele não precisava do vereador para falar à base do próprio vereador. Essa comunicação com as comunidades era realmente muito forte. Quando esteve preso, chegavam cartas e mais cartas das comunidades para ele. A cidade e a sociedade como um todo não aceitavam a prisão dele. **Luciano Alvarenga**

Da cadeia, Rodrigo teve a ideia de pedir uma pesquisa de opinião para medir o estado de espírito da população niteroiense diante de sua prisão. O resultado o deixou positivamente surpreso.

Eu pedi para a Mayara falar com o Cláudio Gama, que é um cientista político que já fazia pesquisa qualitativa há tempos em Niterói. Isso foi uma semana depois da minha prisão. E o resultado foi impressionante. Com o povão mais pobre, eu tinha 100% de apoio. Já na classe média, que estava mais influenciada pelo lavajatismo, havia perplexidade, as pessoas não acreditavam. E, mais do que não acreditar, elas estavam querendo que minha prisão fosse uma mentira, torciam para que a acusação não fosse verdadeira. **Rodrigo Neves**

Da Igreja de Nossa Senhora de Fátima, o padre João Cláudio também viu que a cidade queria o retorno de Rodrigo.

Quando a gente não tem nada de errado, Deus vem e faz o trabalho de ajudar a mostrar que a verdade sempre prevalece. Foi o que eu comecei a perceber e falava isso o tempo todo para Fernanda: "Fica tranquila, Rodrigo vai ser solto". Em janeiro, o pessoal já estava começando a sentir saudade de Rodrigo. "Ah, padre, vamos rezar aí para o Rodrigo voltar logo, para a cidade voltar ao normal". Em fevereiro, até niteroienses bolsonaristas pediam a volta dele. **Padre João Cláudio**

Enquanto isso, a mais de 50 quilômetros da Prefeitura de Niterói, no Complexo de Gericinó, Rodrigo recebia visitas de todos que tivessem uma carteira da OAB e quisessem levar uma palavra de apoio. Também recebia mensagens daqueles que não se habilitavam a entrar no parlatório de Bangu 8.

Os secretários todos mandavam recados ou perguntavam como é que ele estava: "Olha, fala isso assim para o seu pai...". Vários deles escreveram cartas. A Dayse Monassa, secretária de Conservação e Serviços Públicos, que foi responsável pelo projeto de Natal da cidade, me pediu: "Fala pro seu pai que o Natal está maravilhoso, que as famílias estão amando a decoração natalina". **Mayara Sixel Neves**

Logo na primeira semana, Mayara arranjou um companheiro importante nas visitas a Bangu 8.

O Luciano Alvarenga, que além de advogado eleitoral era um amigo, quando esteve lá pela primeira vez, me contou: "Seu pai me perguntou se eu voltaria a visitá-lo". Alvarenga viu que meu pai ainda estava muito abatido e por isso garantiu que iria visitá-lo todos os dias. Ele foi superparceiro, ia sempre comigo. Depois que a gente começou a visitação familiar, em alguns dias eu não ia, porque começou a ficar muito cansativo para mim. Então, o Alvarenga começou a revezar comigo. De janeiro para fevereiro eu estava chegando aos sete meses de gravidez, já carregava uma barriga muito grande, e minha mãe ficava preocupada de eu ir dirigindo até Bangu. O Luciano foi sempre muito presente. Oito horas da manhã de domingo? Ele estava lá indo comigo! **Mayara Sixel Neves**

Uma colega me alertou que Rodrigo só estava podendo receber advogados. Aí disse para ela: "Se ele não sair da prisão até sábado, vou lá. Não quero ir agora porque já tem um advogado criminalista no caso, e eu não quero atrapalhar, porque sei que o processo para dialogar dentro de Bangu é complicado. Arrisca você ocupar o tempo que estaria destinado para o advogado da pessoa". Falei isso e fui para casa. Quando cheguei lá, tocou o telefone e era Fernanda. Muito emocionada, conversou um pouco comigo e me pediu: "Você pode ir ver o Rodrigo?". Respondi: "Imediatamente!". Eu já estava de prontidão para ir no sábado. "Se quiser, vou amanhã mesmo". Fernanda contou que a Mayara já estava indo e me pediu para ir com ela. E, a partir daí, começou nossa peregrinação, praticamente todos os dias. Quando começaram as visitas familiares, aí passei a não ir no dia da família, para que ele aproveitasse o tempo todo com eles. Dos 93 dias dele em Bangu, acho que fui a uns 70, talvez 80 dias. **Luciano Alvarenga**

Uma preocupação de Luciano naquele momento foi a de evitar que servidores e secretários da prefeitura fossem visitar Rodrigo, porque isso poderia trazer problemas legais.

Eu alertei quem estava no governo para que não visitasse Rodrigo, mesmo que fosse advogado. Havia uma liminar de afastamento da prefeitura e tudo que a gente não queria era correr o risco de um desembargador achar que ele estava descumprindo a ordem judicial. Isso poderia piorar ainda mais a situação do Rodrigo. **Luciano Alvarenga**

Mas várias pessoas de fora do governo que tinham carteira da OAB se empenharam em fazer uma visita.

Todo mundo que era advogado e tinha carteira queria visitar, estavam na ânsia de ver meu pai. Alguns vereadores advogados foram. Lembro do Leandro Portugal, do Binho Guimarães e do Emanuel Rocha. Até minha avó materna, Vera Sixel, sogra do meu pai, que estava aposentada, correu na Ordem dos Advogados do Brasil e deu entrada na carteira, porque tinha que ver o genro. E conseguiu. **Mayara Sixel Neves**

O ex-ministro da Justiça do governo Dilma Rousseff, José Eduardo Cardozo, também visitou Rodrigo.

Ainda em dezembro, no fim do mês, meu pai me disse assim: "Procura o Zé Eduardo Cardozo!". Eu achei aquilo uma maluquice dele. Como é que eu, Mayara, que tinha acabado de tirar a carteira da OAB, iria ligar para um ex-ministro, que eu sequer conhecia. Mas ele foi insistente: "Você tem que falar com o Zé Eduardo, tem que ligar para ele". Pedi ajuda a minha mãe e ela reagiu da mesma forma: "Gente, como é que eu vou ligar pro Zé Eduardo?". Mas não teve jeito: fomos atrás do contato dele, acho que quem nos deu foi o Tarso Genro. Minha mãe ligou, toda sem graça: "Oi, Zé, tudo bem? Meu nome é Fernanda, sou esposa do Rodrigo Neves e ele pediu que ligássemos para você para ver se poderia ajudá-lo." O José Eduardo foi extremamente educado e humilde conosco: "Claro! Pode contar comigo para o que precisarem. O que querem que eu faça? Não precisa me pagar, eu conheço o Rodrigo há muitos anos e eu sei que isso é uma injustiça!". Ele disse que estaria no Rio num dia específico e aí nesse dia levamos o José Eduardo a Bangu 8. Antes, ele foi ao escritório do advogado do meu pai e conversou para ver a melhor forma de ajudar, usando os contatos que tinha em Brasília. Essa intervenção do José Eduardo deu mais segurança para minha mãe, porque ele é uma referência nacional. **Mayara Sixel Neves**

Cardozo soube da prisão de Rodrigo pela imprensa e tentou ajudar.

Fiquei espantado, eu o conhecia muito bem e sempre o tive em altíssima conta, como sendo uma pessoa de uma idoneidade moral absoluta. Posteriormente, recebi uma ligação do deputado federal Wadih Damous, que eu tenho a honra também de ser amigo. Ele me perguntou se eu poderia ajudar o Rodrigo, inclusive com atuação do meu escritório em Brasília. Respondi na hora: "Não tenho a menor dúvida de que eu posso ajudar!". Naquela época, eu tinha montado escritório no Rio de Janeiro e ia toda semana para atender um cliente lá e estava com uma ida prevista. Disse a ele que iria me reunir com os advogados de Rodrigo para saber dos detalhes da causa, para entender e colaborar de alguma forma. Além dos advogados, encontrei depois a esposa e a filha de Rodrigo – que, aliás é uma menina brilhante, tem um futuro imenso na advocacia. A partir dali, eu comecei a auxiliar, despachando com ministros do STJ em Brasília. Depois, quando entrou o Técio Lins e Silva, liguei para ele me oferecendo para fazer uma dobradinha, ele com atuação local e eu em Brasília. Conversei muito com o Técio, acompanhei todos os lances do processo e, quando teve o julgamento, embora eu estivesse em Brasília, um advogado nosso, que aliás é meu genro, o Lucas Galli, acompanhou pessoalmente a magnífica sustentação que o Técio fez no tribunal, como sempre aguerrido e competente. **José Eduardo Cardozo**

O ex-ministro visitou Rodrigo duas vezes em Bangu 8.

Eu fiquei muito impactado por vê-lo naquela situação. As condições carcerárias no Brasil são péssimas e ali em Bangu eram muito ruins. Eu falava com ele apenas através do parlatório, e dentro da cela que ele se encontrava o calor era imenso. Tenho uma vivência na advocacia de muitos anos, já ocupei vários postos, visitei muitos presídios, e nas duas vezes em que vi Rodrigo em Bangu 8 saí bastante deprimido por vê-lo naquela condição e por ter a absoluta convicção de que estava diante de uma grande injustiça. **José Eduardo Cardozo**

Levar o ex-ministro da Justiça a Bangu 8 foi uma pequena aventura para a barriguda Mayara.

Era dia 3 de janeiro. Eu fui com o Ford Ka[21] *da minha ex-cunhada e o Alvarenga foi comigo. O Wadih Damous preferiu ir com seu próprio car-*

[21] O Ford Ka era um carro popular da Ford, inicialmente com motor 1.0, lançado no Brasil em 1997. Muito pequeno, era conhecido por ser apertado para os passageiros, especialmente no banco de trás.

ro, levando o José Eduardo para encontrar conosco lá no complexo. Eu expliquei para ele como chegava e como era o esquema lá, mas o Wadih me ligou depois dizendo que o carro dele estava com algum problema de documentação relacionado à blindagem. Aí o veículo foi rebocado e eles iriam de Uber mesmo. Eu já estava em Bangu e não tinha como retornar para pegar eles. Mas, na volta do presídio, eles vieram conosco no Ford Ka... Jesus Cristo, quando eu cheguei em casa e contei, minha mãe falou: "Mayara, você botou o ex-ministro da Justiça e o ex-presidente da OAB no Ford Ka??". O que eu poderia fazer?... Rsrs... Ainda deixei o José Eduardo se sentar no banco da frente e fui atrás... Eles não reclamaram, mas minha mãe me deu uma bronca daquelas: "Como você não ofereceu para chamar um Uber para eles??". Caramba, na hora, nem pensamos nisso. Ainda estava desnorteada naqueles dias... **Mayara Sixel Neves**

Eu já tinha oferecido a carona de volta para eles: "A gente deixa vocês onde quiserem". Só na hora de ir embora a gente se deu conta de que iríamos voltar no Ford Ka, que é pequenininho. Ainda por cima, estava cheio de garrafas d'água vazias no chão, que a gente ia bebendo e acumulando para depois jogar no lixo. Quando vi, estava eu dirigindo aquele Ford Ka com o José Eduardo no banco da frente, Mayara grávida e Wadih espremidos atrás. Pensei: "Esse mundo é muito engraçado. Quando é que eu iria imaginar que estaria de motorista para o ex-ministro da Justiça e para o ex-presidente da OAB, num carrinho daquele tamanho, saindo do presídio de Bangu?". **Luciano Alvarenga**

Aquela não foi a única vez que Wadih Damous visitou Rodrigo em Bangu 8.

Era verão, um calor danado. Enquanto esperava a minha vez de falar com ele, fiquei refletindo: "Se aqui fora está esse calor insuportável, imagina lá dentro da prisão...". Encontrei Rodrigo bastante abalado. E aí também tem o olhar do advogado, né? Temos uma percepção melhor do que a da maioria para essas coisas. Eu estava diante de um sujeito inocente, mas, ao mesmo tempo, um cidadão com um raciocínio firme e muito afiado. Falávamos pelo interfone, e curiosamente tem uma ironia nisso. Aqueles interfones foram instalados quando eu era presidente da OAB, no Rio de Janeiro, a nosso pedido, como parte da reforma do parlatório. Só que naquele dia os interfones não estavam funcionando. Daí, o Rodrigo escrevia pra mim e a gente acabou fazendo muita leitura labial para conversar. Depois, passei a visitá-lo regularmente, acho que uma vez por semana. Ele manifestou muito desconforto por ainda não ter sido ouvido - e até hoje não foi. Um negócio kafkiano. Você é preso sem saber o motivo! E saber por que está preso é um direito! Nosso sistema de processo penal é o que se chama de sistema acusatório. Só que a acusação é um processo e, no processo acusatório, você sabe do que está sendo acusado e o motivo - pelo menos deveria ser assim, pois está na lei. Meu principal papel ali foi prestar solidariedade, pois como advogado, ex-presidente da OAB, advogado do perseguido mais famoso do país, que era o presidente Lula, eu me senti imbuído da missão de prestar solidariedade e ver, na medida do possível, como poderia ajudar. **Wadih Damous**

O ex-deputado Trajano Ribeiro conhecia pouco Rodrigo Neves, com quem havia esbarrado em alguns eventos do PDT. Ele foi chamado pelo presidente do partido, Carlos Lupi, para dar apoio ao prefeito, porque, além de dirigente partidário, era também advogado.

Já tinha convivido com Rodrigo em palestras, seminários e outros eventos partidários em Niterói, mas não havia tido um diálogo franco com ele. E, durante o período em que esteve preso, tivemos muitas conversas, foi uma oportunidade rara. O objetivo das minhas visitas era dar uma assistência a ele, para que sentisse que o partido estava ao seu lado, solidário, porque nós entendíamos o que havia acontecido. Ele ficou muito contente quando me viu e também de saber que o partido o apoiava. Me contou a história toda, explicou como as coisas aconteceram e escreveu textos que eu levava. Às vezes, se emocionava - o que era normal, afinal, estava preso injustamente. Porque uma coisa é, por exemplo, eu, que sou de esquerda, ser preso pela ditadura. É o preço que eu pago pela minha idoneidade e meus princípios. Agora, você ser preso injustamente, e mantido lá naquele ambiente de prisão, que é muito ruim, isso é bem pior. Conversando com ele, eu sentia que aquilo era uma baita de uma maldade. **Trajano Ribeiro**

Ciro Gomes, ex-ministro da Fazenda (1994/95) e da Integração Nacional (2003/2006), ex-governador do Ceará (1991/94) e candidato a presidente pelo PDT (2018), também foi visitar Rodrigo e enfrentou alguma dificuldade para conseguir chegar a ele.

Sou advogado e professor de Direito e fui visitar o amigo diante da flagrante injustiça e ilegalidade que sofreu. Não poderia ter outro gesto que não fosse esse, de solidariedade humana e política. O calor era impressionante naquele verão em Bangu, uma temperatura escaldante. Depois de várias horas, consegui falar com Rodrigo atrás do vidro do parlatório. Ele estava um pouco abatido, mas também firme e indignado com toda aquela situação. O que aconteceu foi de uma violência sem precedentes. Ele nunca foi ouvido ou convocado a prestar esclarecimentos! As informações do Coaf e do MPF deixaram claro que não havia qualquer corroboração das denúncias contra ele. Mentiram dizendo que a esposa dele seria dona de uma empresa que ela nunca tinha ouvido falar. Tudo naquela prisão foi arbitrário. Vi ali uma clara expressão da cultura lavajatista de perseguição política que tanto mal fez e ainda faz ao Brasil. Retirar o prefeito de Niterói da função para a qual foi eleito por dezenas de milhares de cidadãos daquela forma foi um golpe na democracia! Tudo isso eu disse ao Rodrigo, para fortalecê-lo em suas convicções. **Ciro Gomes**

Passei a ter um respeito e um carinho muito grande pelo Ciro, pela atitude de ter ido a Bangu conversar com Rodrigo. Ele levou horas para conseguir entrar, porque a carteirinha da OAB dele era uma cópia autenticada e nem era do Rio, era do Ceará. O pessoal de Bangu ficou em polvorosa quando viu um advogado com a carteirinha de papel, ainda por cima do Ceará. E que, mais do que um advogado, era ex-candidato a presidente da República e ex-governador do Ceará. Os agentes não sabiam como receber o Ciro ali. Era dia de visita e ficaram esperando as famílias dos presos irem embora para liberar a entrada dele. Ficamos durante um bom tempo esperando, mas o Ciro não foi embora, aguentou várias horas naquele calor até conseguir falar com Rodrigo. Foi um ato de apoio fraterno a um amigo. **Luciano Alvarenga**

FOTOS DOS FATOS

IMAGENS DA LUTA POR JUSTIÇA PARA RODRIGO

Cadu, Mayara, Rodrigo, Fernanda e Marina na véspera da prisão: uma família feliz curtindo a nova iluminação de Natal do Campo de São Bento, em Icaraí.

O apoio de dois nomes tradicionais da gastronomia de Niterói: Seu Antônio, do Cafubá, e Seu Mário, do Caneco Gelado, no Centro

Tô Com Rodrigo
16 de dez. de 2018 ·

"Uma injustiça com o nosso prefeito "

Essas foram as palavras do Seu Mário, do Caneco Gelado, representante da gastronomia da cidade e um ícone de Niterói.
É muito bom ver a confiança, a indignação e a torcida de pessoas tão queridas como o Mário, para que Rodrigo retorne o mais rápido possível para seu lar.

#TôComRodrigo

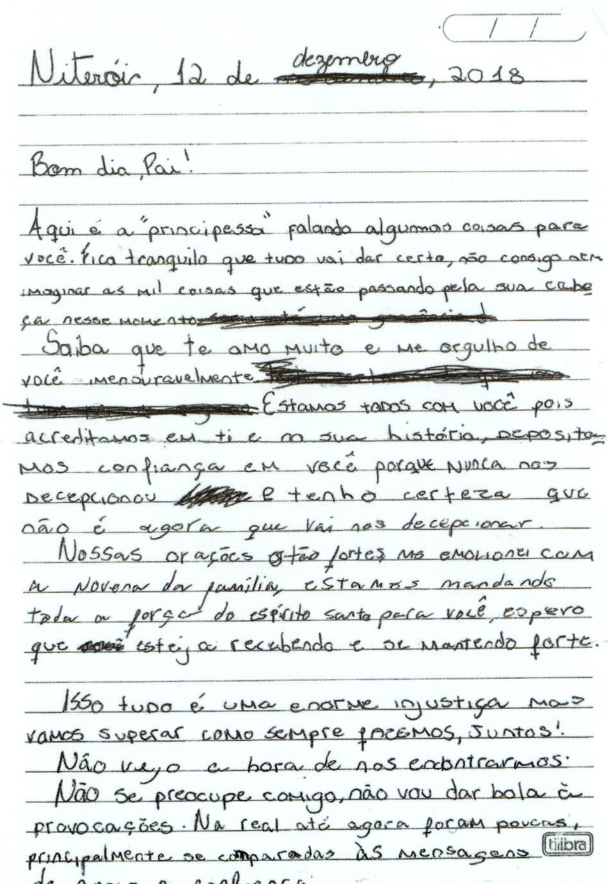

Niterói, 12 de dezembro, 2018

Bom dia, Pai!

Aqui é a "principessa" falando algumas coisas para você. Fica tranquilo que tudo vai dar certo, não consigo nem imaginar as mil coisas que estão passando pela sua cabeça nesse momento.

Saiba que te amo muito e me orgulho de você imensuravelmente. Estamos todos com você pois acreditamos em ti e na sua história, depositamos confiança em você porque nunca nos decepcionou e tenho certeza que não é agora que vai nos decepcionar.

Nossas orações estão fortes me emocionei com a Novena da família, estamos mandando toda a força do espírito santo para você, espero que esteja recebendo e se mantendo forte.

Isso tudo é uma enorme injustiça mas vamos superar como sempre fazemos, juntos!

Não vejo a hora de nos encontrarmos.

Não se preocupe comigo, não vou dar bola à provocações. Na real até agora foram poucas, principalmente se comparadas às mensagens de apoio e confiansa.

Primeira carta de Marina a seu pai em Bangu. Rodrigo a chamava sempre de principessa (princesa), inspirado pelo "Buongiorno, Principessa!", do filme italiano "A vida é bela"

ENVIE SUA NOTÍCIA
97848.4642

A TRIBUNA

NITERÓI · SÃO GONÇALO · ITABORAÍ · RIO BONITO · MARICÁ · COLUNAS · NACIONAL · PROMOÇÃO AMERICANAS

Ato em defesa de Rodrigo: "sensação térmica é de 50°C na prisão", diz prefeito

21 de dezembro de 2018 · A Tribuna · 2 Comentários · prisão, Rodrigo Neves

Casa cheia no primeiro grande ato público em defesa de Rodrigo Neves, realizado no auditório da Câmara de Dirigentes Lojistas de Niterói, no Centro da cidade, em 21 de dezembro

Reunião com o pessoal da área cultural, no Clube Gragoatá

Encontro de Fernanda, no Ingá, com mulheres da sociedade niteroiense que pediram para ouvir a versão de Rodrigo

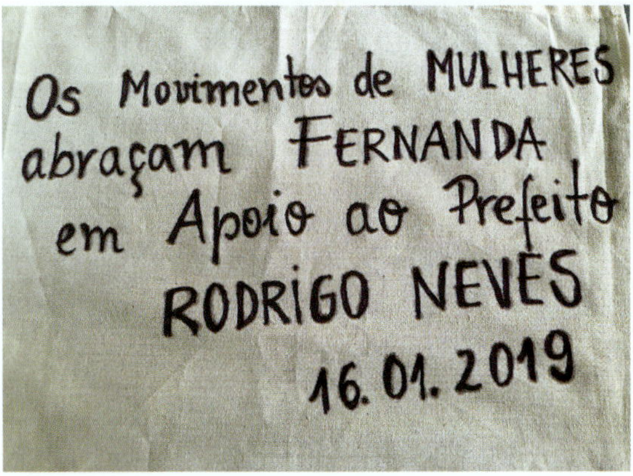

Mensagem do Movimento de Mulheres em apoio a Rodrigo e Fernanda. Vários grupos enviaram manifestações semelhantes

O ato no Clube Gragoatá, em 11 de fevereiro, foi o ponto máximo da mobilização liderada por Fernanda: mais de mil pessoas presentes. Acima, parentes de Rodrigo que participaram do protesto. Ao lado, mural com centenas de assinaturas em apoio a Rodrigo

Entrada do Complexo Penitenciário de Gericinó, conhecido popularmente como Presídio de Bangu

Fernanda olha fixamente para a tela da TV, durante a missa do Recreio. Ao lado, carta que ela escreveu para Rodrigo na véspera da primeira visita no presídio

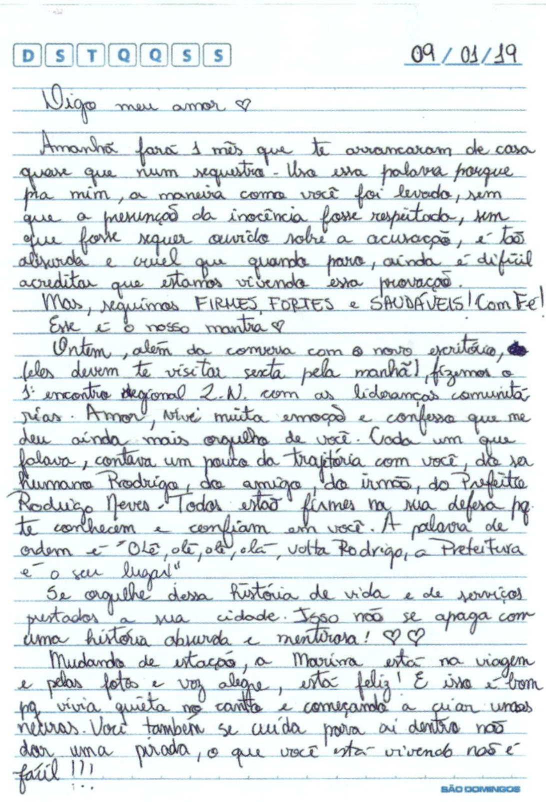

D S T Q Q S S 09/01/19

Digo meu amor ♡

Amanhã fará 1 mês que te arrancaram de casa quase que num sequestro. Uso essa palavra porque pra mim, a maneira como você foi levado, sem que a presunção da inocência fosse respeitada, sem que fosse sequer ouvido sobre a acusação, é tão absurda e cruel que quando paro, ainda é difícil acreditar que estamos vivendo essa provação.

Mas, seguimos FIRMES, FORTES e SAUDÁVEIS! Com Fé! Esse é o nosso mantra ♡

Ontem, além da conversa com o novo escritório, (eles devem te visitar sexta pela manhã), fizemos o 1º encontro Regional Z.N. com as lideranças comunitárias. Amor, vivi muita emoção e confesso que me deu ainda mais orgulho de você. Cada um que falava, contava um pouco da trajetória com você, do ser humano Rodrigo, do amigo, do irmão, do Prefeito Rodrigo Neves. Todos estão firmes na sua defesa pq te conhecem e confiam em você. A palavra de ordem é "Olê, olê, olê, olá, volta Rodrigo, a Prefeitura é o seu lugar"

Se orgulhe dessa história de vida e de serviços prestados à sua cidade. Isso não se apaga com uma história absurda e mentirosa! ♡♡

Mudando de estação, a Marina está na viagem e pelas fotos e voz alegre, está feliz! E isso é bom pq vivia quieta no canto e começando a criar umas neuras. Você também se cuida para aí dentro não dar uma pirada, o que você está vivendo não é fácil!!!

SÃO DOMINGOS

Faixas de apoio a Rodrigo Neves nas galerias da Câmara Municipal de Niterói, durante a votação do pedido de impeachment

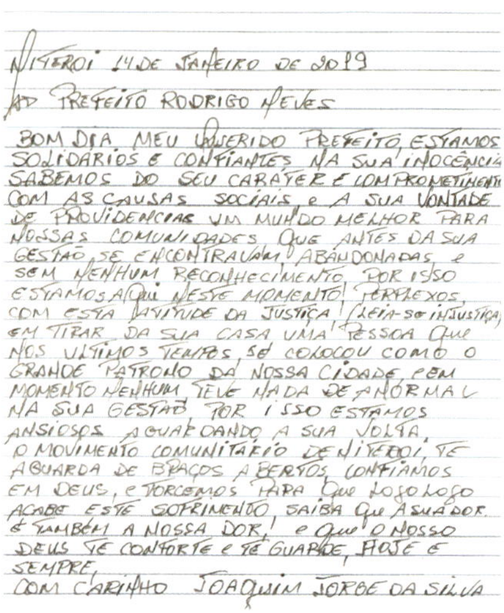

NITEROI 14 DE JANEIRO DE 2019

AO PREFEITO RODRIGO NEVES

BOM DIA MEU QUERIDO PREFEITO, ESTAMOS SOLIDARIOS E CONFIANTES NA SUA INOCÊNCIA SABEMOS DO SEU CARÁTER E COMPROMETIMENTO COM AS CAUSAS SOCIAIS E A SUA VONTADE DE PROVIDENCIAR UM MUNDO MELHOR PARA NOSSAS COMUNIDADES QUE ANTES DA SUA GESTÃO, SE ENCONTRAVAM ABANDONADAS E SEM NENHUM RECONHECIMENTO, POR ISSO ESTAMOS AQUI NESTE MOMENTO! PERPLEXOS, COM ESTA ATITUDE DA JUSTIÇA! (LEIA-SE INJUSTIÇA), EM TIRAR DA SUA CASA UMA PESSOA QUE NOS ULTIMOS TEMPOS, SÓ COLOCOU COMO O GRANDE PATRONO DA NOSSA CIDADE, E EM MOMENTO NENHUM TEVE NADA DE ANORMAL NA SUA GESTÃO, POR ISSO ESTAMOS ANSIOSOS AGUARDANDO A SUA VOLTA, O MOVIMENTO COMUNITÁRIO DE NITEROI, TE AGUARDA DE BRAÇOS ABERTOS, CONFIAMOS EM DEUS, E TORCEMOS PARA QUE LOGO LOGO ACABE ESTE SOFRIMENTO, SAIBA QUE A SUA DOR É TAMBÉM A NOSSA DOR! E QUE O NOSSO DEUS TE CONFORTE E TE GUARDE, HOJE E SEMPRE,

COM CARINHO JOAQUIM JORGE DA SILVA

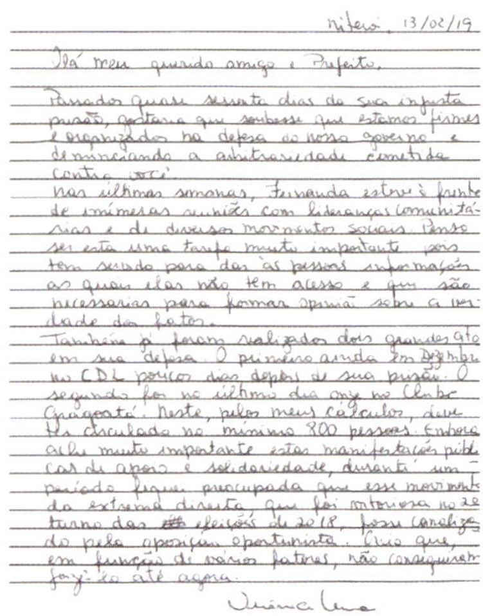

Niterói, 13/02/19

Olá meu querido amigo e Prefeito.

Passados quase sessenta dias da sua injusta prisão, gostaria que soubesse que estamos firmes e organizados na defesa do nosso governo e denunciando a arbitrariedade cometida contra você.

Nas últimas semanas, Fernanda esteve à frente de inúmeras reuniões com lideranças comunitárias e de diversos movimentos sociais. Penso ser esta uma tarefa muito importante pois tem servido para dar às pessoas informações as quais elas não tem acesso e que são necessárias para formar opinião sobre a verdade dos fatos.

Também já foram realizados dois grandes ato em sua defesa. O primeiro ainda em Dezembro no CDL poucos dias depois de sua prisão. O segundo foi no último dia onze no Clube Gragoatá. Neste, pelos meus cálculos, deve ter circulado no mínimo 800 pessoas. Embora ache muito importante estas manifestações públicas de apoio e solidariedade, durante um período fiquei preocupada que esse movimento da extrema direita, que foi vitoriosa no 2º turno das eleições de 2018, fosse canalizado pela oposição oportunista. Creio que, em função de vários fatores, não conseguiram fazê-lo até agora.

Verônica Lima

Cartas escritas para Rodrigo na cadeia: à esquerda, do líder comunitário Joaquim Jorge da Silva, do bairro do Sapê; à direita, da vereadora Verônica Lima

Após 40 dias sem ver seu pai, Cadu fez o post ao lado no Instagram quando finalmente conseguiu visitar Rodrigo

Post de 31 de dezembro de 2018: "Faça como na imagem e escreva #TôComRodrigo em um pedaço de papel. Tire uma foto, poste nas suas redes sociais e envie pra gente!"

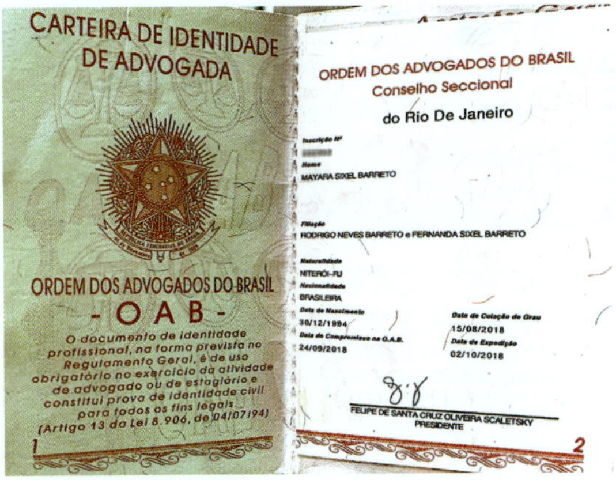

A carteira da OAB de Mayara: passaporte para a única visita familiar que Rodrigo recebeu na prisão em mais de 30 dias

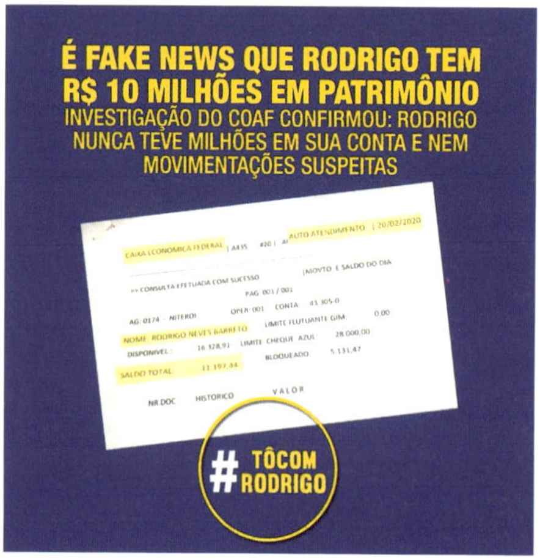

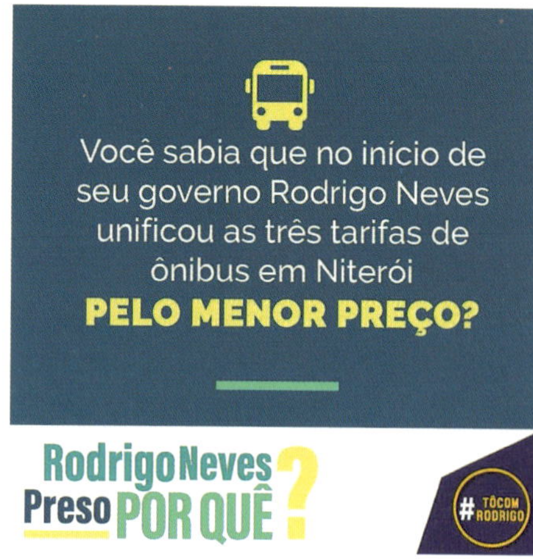

A campanha em defesa de Rodrigo no Facebook foi intensa nos 93 dias de sua prisão. A equipe de profissionais voluntários de Comunicação, coordenados por Fernando Stern, criou vários posts mostrando as realizações e argumentos em defesa de Rodrigo

Marina, Fernanda, Mayara, Cadu e Maria Luisa (mãe de Rodrigo) logo após a decisão da Justiça que libertou o prefeito

Um dos últimos posts na página "Tô com Rodrigo", no Facebook, pouco antes do julgamento

O GLOBO

Rodrigo Neves é solto e reassume hoje a prefeitura de Niterói

Político estava preso desde dezembro, acusado pelo Ministério Público de chefiar esquema de corrupção com empresas de ônibus que teria desviado R$ 10,9 milhões

Reprodução de imagens do jornal "O Globo" (site e impresso) e do site G1 noticiando a saída de Rodrigo Neves do Complexo de Gericinó. Em todas, ao seu lado, aparece Mayara

Rodrigo foi retirado do carro e carregado efusivamente pelas pessoas que o aguardavam há algumas horas na entrada de seu prédio. Em seguida, subiu num carro de som e fez um discurso vigoroso, aplaudido por Fernanda, bastante emocionada

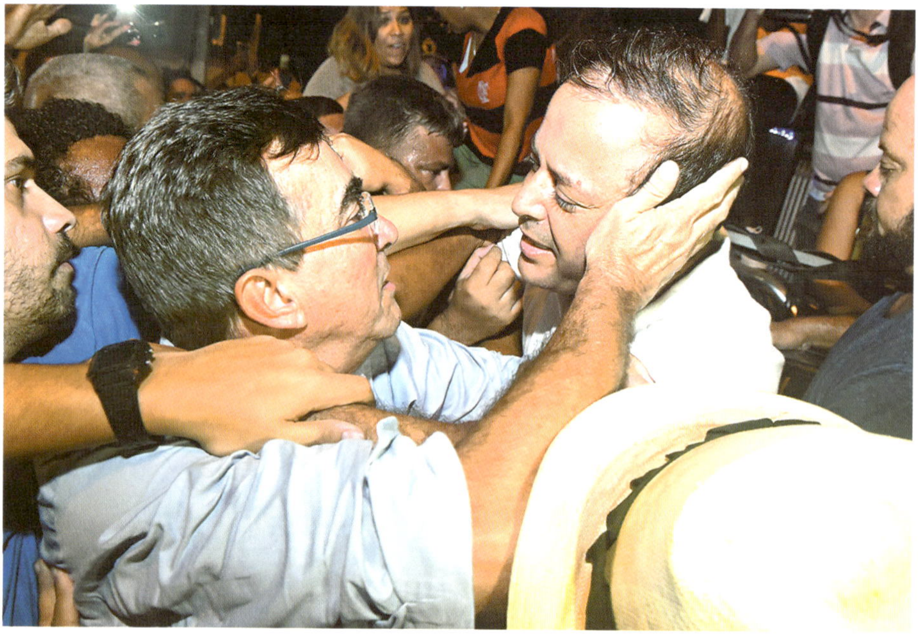

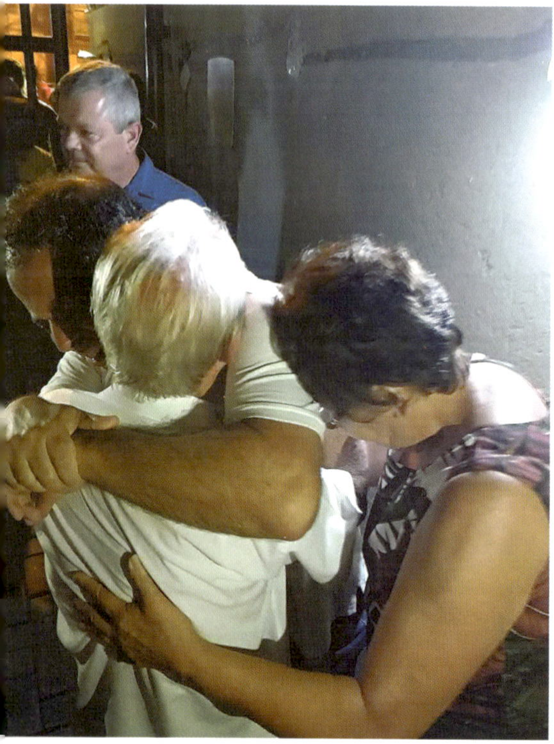

O encontro de Rodrigo com o prefeito interino Paulo Bagueira logo após a chegada em Niterói

Ao lado, o abraço emocionado de Rodrigo em seu pai, na portaria do prédio. Acima, em casa, Rodrigo com os primos Alessandra (à esquerda) e Ronaldo, com sua esposa Ana Luiza

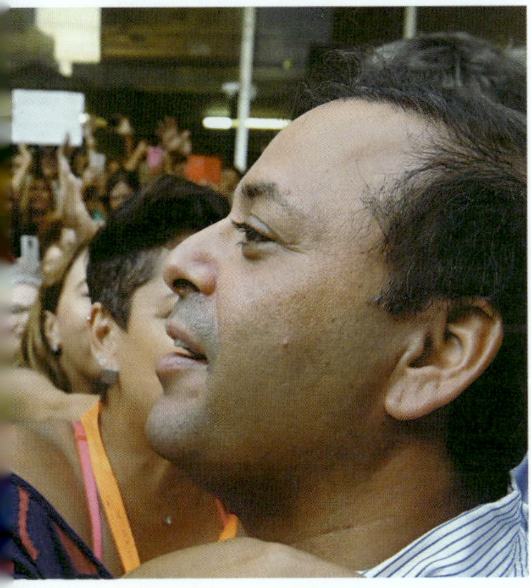

Multidão recebe Rodrigo Neves na porta da Prefeitura de Niterói

Rodrigo Neves (PDT) reassumiu a Prefeitura de Niterói no fim da tarde desta quinta-feira (14), após três meses preso no Complexo Penitenciário de Bangu 8, na Zona Oeste do Rio. Ele foi recebido por uma multidão na porta da sede do Executivo Municipal, entre secretários e aliados políticos. De acordo com a prefeitura, Neves deve participar de uma reunião com o secretariado, para se inteirar do que aconteceu na sua ausência e definir as próximas ações.

No dia seguinte à libertação, Rodrigo é ovacionado por uma multidão ao chegar à prefeitura. Na foto principal, estão Verônica Lima (vereadora), Pipico (secretário municipal de Participação Social), Comte Bittencourt (secretário municipal de Governo), Paulo Bagueira (prefeito interino) e Chico D'Angelo (deputado federal).

Natal em 2019, com a família completa: Cadu, Marina, Rodrigo, Fernanda e a pequena Manu com mamãe Mayara e papai Caio

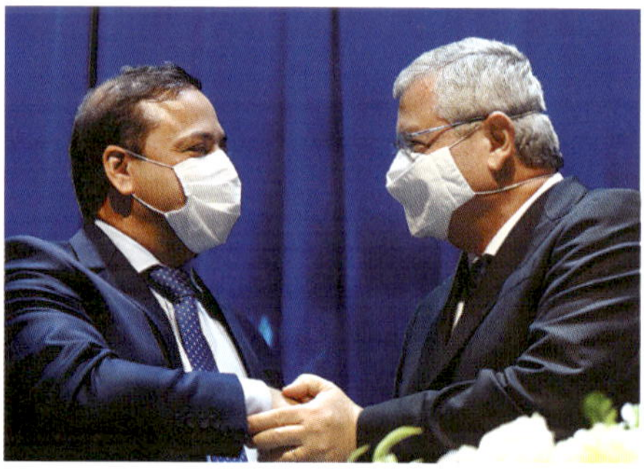

Rodrigo transmite o cargo para o prefeito eleito em 2020, seu amigo Axel Grael

Primeiro mergulho de praia pós-prisão: Cadu, Rodrigo e Marina

CAPÍTULO 9

A VIDA A 60 GRAUS CELSIUS

O verão que começa oficialmente em 21 de dezembro deve ter temperaturas acima da média histórica no Brasil, segundo o Centro de Previsão de Tempo e Estudos Climáticos do Instituto Nacional de Pesquisas Espaciais (CPTEC-Inpe). O aquecimento é consequência da formação do fenômeno El Niño, que também vai impactar os regimes de chuvas em boa parte do Brasil. De acordo com o órgão, a média histórica de temperatura máxima em todo o Brasil é de 31,5°C no trimestre (dezembro, janeiro, fevereiro). Esse é o valor que deve ser superado no período. **Notícia do site G1, em 14 de dezembro de 2018**

As condições da prisão numa cela que mais parecia um forno ligado, ao longo de 93 dias, com 38 pessoas em Bangu 8, são uma lembrança dolorosa para Rodrigo Neves. Os detalhes de seu relato sobre a vida em Bangu 8 oscilam entre o terrível e o tragicômico. Foram complementados por histórias que Mayara e outras pessoas que o visitaram ouviram dele, juntamente com a memória dolorida de um colega que dividiu com Rodrigo tudo que aconteceu naquela cela – o deputado estadual André Corrêa (PV).

Para começar, Rodrigo jamais esqueceu do calor insuportável.

Sem exagero, a sensação dentro da cela era de 60 graus. O verão de 2018/19 havia sido o mais quente dos últimos anos. Era um calor infernal, a ponto de você pendurar a cueca lavada na cama e, em cinco minutos – isso mesmo, em cinco minutos! – ela ficar seca. A escada do beliche, feita daquele ferro fundido e velho, se você subia para dormir às dez da noite, seu pé chegava a queimar no degrau, de tão quente que estava. Uma das coisas que mais nos deixava ansiosos era ver a previsão do tempo da semana. Rezávamos para chover, porque, quando chovia, você conseguia dormir. Se não chovesse, não dava para dormir, de tanto calor. E, naquela temperatura infernal, a gente ainda tinha que comer uma comida horrorosa, às vezes estragada. E quando faltava água para a privada e o chuveiro? A água voltava só num filetinho. A cela não era somente um afastamento social, tratava-se de um ambiente de tortura psicológica mesmo. Foi quando comecei a ter que tomar o tal do Alprazolam[22]. Porque era um calor insuportável. Eu nunca tive problema pra dormir, mas lá eu tive que tomar esse Alprazolam, numa dose bem leve. **Rodrigo Neves**

Meu pai falava muito do calor, porque realmente era muito quente. No verão, o Rio de Janeiro já é um forno, e Bangu é mais quente ainda. Lá na cela não tem quase ventilação, só janelas no alto, e são janelas pequenas, a circulação de ar é muito baixa. Ele me contava que os presos botavam toalha molhada na cama pra tentar refrescar, mas logo depois já estava seca. Mesmo com o ventilador que a gente levava, e todo mundo lá tinha ventilador, o ar ventilado era muito quente. As condições eram insalubres. Reclamava muito da alimentação, a qualidade das quentinhas era muito ruim. Dizia que tinha dia que uma coisa ou outra até se salvava, mas várias vezes não dava nem para comer. Ele botava batata palha em cima da comida para dar uma enganada, depois passou a pôr a farofa de Neston que a gente levava. **Mayara Sixel Neves**

Os advogados não podiam levar comida para os presos, apenas as famílias tinham esse direito. Por isso, Rodrigo só conseguiu comer um prato decente na primeira visita de Fernanda, em seu 36º dia de prisão.

Tem três portugueses em Niterói que criaram uma tradição e uma fama

[22] Segundo a bula do remédio, Alprazolam "é indicado no tratamento de estados de ansiedade" que incluem: "Tensão, medo, apreensão, intranquilidade, dificuldades de concentração, irritabilidade, insônia e/ou hiperatividade neurovegetativa, resultando em manifestações somáticas variadas". O medicamento também é indicado no tratamento de ansiedade associada com outras manifestações, como a abstinência ao álcool, e também de transtorno do pânico.

muito grande na gastronomia. Um é o Seu Mário, do Caneco Gelado do Mário, que tem a melhor cerveja gelada e o melhor bolinho de bacalhau. Outro é o Seu Antônio do Cafubá, na Região Oceânica, que faz um bacalhau maravilhoso. E tem a Dona Henriqueta, que faz uns doces portugueses divinos. Além de ir aos restaurantes, eu adoro todos os três. Eles prepararam quentinhas para os dias de visitas e não deixavam a Fernanda fazer comida. Rapaz, no primeiro dia que chegou o risoto de camarão com vagem de ervilha do Seu Mário, depois de quase dois meses sem sentir gosto de nada – porque você até perde o paladar e o olfato na prisão – foi muito bom! A visita nos fortalecia psicologicamente, porque você comia uma comida boa, e comia com gosto. A comida tem esse aspecto espiritual. A Dona Henriqueta faz um doce, que eu adoro, que é tipo um chouriço de Portugal. Ela mistura amendoim com chocolate, é um negócio tipo um salame, só que é um doce. E Seu Antônio mandou o bacalhau. Acho que um dia veio um cozido também, eu gosto muito do cozido dele. As comidas de todos eles me transportavam para Niterói. **Rodrigo Neves**

As condições para receber a família estavam longe de serem as ideais, mas era um momento de fortalecimento psicológico para os presos.

Você saía da cela dois dias na semana, só isso já era muito importante. O lugar para receber as famílias, que eles chamam de reservado, era horrível: um ginásio, sob um calor gigantesco, com telha de amianto. E era uma barulheira, juntava umas cem famílias num espaço pequeno, um lugar meio sujo. Os mesões para receber os parentes eram coletivos. Era muito ruim para as famílias, mas para quem estava preso lá dentro parecia que você estava num banquete. Eu tinha pena das crianças e da Fernanda. E imagino que elas achavam até que eu estava maluco, porque eu ficava tão feliz ali... Era uma alegria enorme durante umas cinco horas! A gente tomava banho de manhã já na expectativa de ser chamado para ser retirado da cela e levado para encontrar as famílias. E você voltava para a cela com alguma comida levada por elas. Aliás, eu não aguentava mais comer fruta caramelizada, porque não podia entrar fruta na cela, porque podia ser usada para fazer bebida alcoólica. **Rodrigo Neves**

As restrições ao que o detento podia receber das famílias eram muitas – e rígidas. E ainda muito mais restritas em Bangu 8, por conta do Regime Disciplinar Diferenciado (RDD). Além disso, nem tudo tinha lógica, algumas restrições não faziam muito sentido. Para Mayara, aquela realidade foi um aprendizado duro e rápido.

Todo mundo só podia entrar de chinelo de dedo. Todo mundo. E óculos, só de grau. Brinco, não podia; pulseira, não podia. Qualquer coisa que amarrasse, também não podia. Além disso, não podia ir com a roupa da mesma cor da roupa dos guardas, que é preta. Também não podia ir de blusa branca, porque é a cor da camisa dos presos. E, se a camisa verde fosse parecida com a que era usada pelos detentos com autorização para prestar serviços, aí a camisa verde tampouco podia. Havia muitas regras. Os potes tinham um tamanho específico. Para levar ventilador para o preso, só se tivesse a nota fiscal do aparelho. Livro de capa dura, não podia. Quando chegamos lá com o livro do Mandela de capa dura e o agente falou que não podia, não pensei duas vezes: arranquei a capa do livro. Você pode entrar com gilete, mas aí tem que ser do tipo Bic, amarela, porque não tem como colocar nada no cabo do aparelho. Remédio, só podia entrar a dose recomendada na receita médica, não entrava a caixa inteira. Podia dar dinheiro, mas apenas R$ 100 por semana. Com esse dinheiro, era possível comprar na cantina água, refrigerante, chocolate, gelo... A cantina lá devia realmente dar dinheiro, porque todos na cela compravam direto. **Mayara Sixel Neves**

A adaptação àquele "estilo de vida" representou um grande desafio para Rodrigo.

Eu já estava há seis anos na prefeitura, tinha ajudante de ordem, segurança, secretária, motorista, uma equipe fazendo as coisas para mim. Cuidavam de mim para eu cuidar da cidade. De uma hora para outra, me vi tendo que fazer tudo. Na cadeia, eu não era prefeito, era um preso comum. **Rodrigo Neves**

A primeira semana, ainda não adaptado à nova rotina, foi a mais difícil.

Eu estava muito transtornado. Só fui saber do que estava sendo acusado lá pelo sexto ou sétimo dia. Minha filha Mayara teve, realmente, um papel fundamental. No dia seguinte da minha prisão, às 6h da manhã, ela já foi para Bangu e, assim que abriu a possibilidade de os advogados terem acesso, às 9h, o carcereiro veio na porta e falou: "Olha, sua filha está lá no parlatório". Minha neta conheceu o arbítrio na barriga da mãe... Aquelas visitas dos advogados eram muito importantes, uma oportunidade de sair um pouco da cela e mudar o ambiente. Me deslocava 20, 30 metros até uma salinha para falar com o advogado através do vidro. **Rodrigo Neves**

Cada preso procurava entreter seu tempo na prisão, fator importante para manter a sanidade naquelas condições.

Lá dentro você só vê o cinza da cela e das paredes. Isso é muito pesado. E eu valorizo ver o horizonte. Uma coisa que eu fazia era ficar olhando os urubus voando, enquanto caminhava na quadra. Ali naquela região tem muito urubu. E eu ficava naquela quadrazinha, observando eles voarem, olhando e contando os urubus. **Rodrigo Neves**

Mayara guardou uma folha do caderninho de Rodrigo na prisão, na qual ele registrou sua rotina diária nos primeiros dias na cadeia:

8h – Fiscalização
9h – Café com colega de beliche na cela
10h – Leitura
11h30 – Sua visita (horário de receber Mayara)
12h30 – Almoço
14h – Banho de sol
16h – Banho de chuveiro coletivo
17h – Café na cela
18h – Angelus / Participo todos os dias – Ave-Maria – Lembro muito de vovó Mercedes
19h – Culto evangélico na cela
20h – Banho
21h – Cartas
22h – Leitura
23h – Terço e durmo

O dia a dia de Rodrigo e dos demais presos começava um pouco antes da contagem das 8h.

A gente levantava umas 7h. Rezávamos o Pai-Nosso e aí tínhamos uma reunião de todo mundo da cela. Ficávamos numa roda e fazíamos o planejamento do dia. Quem ia lavar o banheiro? Quem ia varrer? Porque é isso, uns 40 homens numa área muito pequena, se não tiver o mínimo de asseio, começa a dar rato e barata. O calor era insuportável e tinha muito buraco, por onde entravam os bichos. Tinha que botar jornal para fechar os buracos. Às 8h, precisava estar todo mundo arrumado para a verificação, o "confere", para ver se alguém tinha fugido. Os agentes entravam e contavam um por um. **Rodrigo Neves**

Após a verificação matutina, Rodrigo costumava se exercitar. Não havia equipamentos de educação física, mas os presos improvisavam.

Tinha uns cabos de vassoura e umas garrafas PET. Então, a gente enchia a garrafa de água, pegava um pedaço do lençol, enrolava a garrafa PET na ponta do cabo de vassoura e improvisava halteres. Geralmente eram seis a oito pessoas que faziam ginástica, abdominal, alongamento etc., durante mais ou menos uma hora, e aí revezávamos aqueles halteres de PET. **Rodrigo Neves**

Apesar de se dizer "largado" com suas coisas pessoais, Rodrigo era muito organizado em seu trabalho na Prefeitura de Niterói. E, na cadeia, não foi diferente.

Eu comecei a organizar a minha rotina, com muita disciplina. Era estudo bíblico, leitura, atividade física e um cigarrinho. Eu não fumava cigarro, passei a fumar na prisão. Tinha um cantinho da cela, junto da grade, que a gente combinou que seria o único local permitido para fumar. Lá, eu passei a fumar uns oito a dez cigarros por dia. Os cigarros eu recebia das visitas, num saquinho plástico transparente. **Rodrigo Neves**

Como acontece na maioria das prisões brasileiras, as condições em Bangu 8 eram, de maneira geral, desumanas. Especialmente as condições sanitárias.

Tomar banho era sempre uma confusão danada, porque eram dois chuveiros para 40 pessoas. E tinham apenas três vasos sanitários! **Rodrigo Neves**

O Regime Disciplinar Diferenciado (RDD) foi um agravante nas precárias condições de Bangu 8. Nas demais cadeias para presos com ou sem curso superior, os detentos podiam passar a maior parte do dia na quadra, ao ar livre. Em Bangu 8, esse tempo foi reduzido a apenas duas horas. No restante do dia, os presos ficavam confinados na cela.

Em todo o complexo, o nosso era o único que tinha esse regime. Era um absurdo. A área do banho de sol ficava aberta das 8h às 17h nos outros presídios. Mas a gente fica trancado num calor de 60 graus e só tinha banho de sol duas horas por dia: das 10h às 11h, e das 15h às 16h, numa quadra muito pequena, talvez oito metros por 15. Na verdade, o espaço correspondia a metade de uma quadra. E era tudo cercado de arame farpado, com muros altos e os agentes com fuzis lá em cima olhando como se você fosse o cara mais perigoso da pior facção criminosa. Tinha na quadra uma única bica d'água que a gente chamava de "cachoeira". Mas era só um filetinho disputado por uns 60 a 70 homens naquele calor, todo mundo suado. Você ficava 22 horas dentro da cela e tinha apenas duas horas de banho de sol por dia. Isso enlouquecia as pessoas, né? Até a biblioteca, que era uma salinha pequena, tinha horário restrito pelo RDD. Aquele regime era o pau de arara do século 21, a ideia era desestabilizar mesmo, para estimular as delações. **Rodrigo Neves**

Uma das restrições impostas pelo RDD foi na comunicação dos presos com seus advogados. Diferentemente das visitas da família, quando o detento podia se sentar numa mesa junto das pessoas e até abraçá-las, a conversa com os advogados era no parlatório, separado pelo tal vidro e com contato exclusivo pelo interfone. Ainda assim, tudo era filmado.

Um dos companheiros mais frequentes de Rodrigo foi seu colega da cama de baixo do beliche. Uma pessoa difícil e que acabou se transformando em um desafio diferente para o prefeito niteroiense.

Ele tinha uma empresa e era morador de Niterói. Eu não o conhecia e logo percebi que era muito marrento. Ele ficou lá quase um ano, também sem ser ouvido. Perdeu a formatura da filha em Medicina. E aí eu tomei como uma tarefa ajudar aquele cara a mudar. O pessoal brincava, dizia que eu iria "converter" ele. Padre João Cláudio me mandou o livro sobre sua história de vida. Os dois tinham uma história muito parecida, inclusive ambos haviam sido criados em São Gonçalo. O livro contava que o pai de João Cláudio, de alguma forma, o maltratava e que ele não recebera muita atenção paterna. E mostrava que João Cláudio tinha tudo para dar errado na vida, mas acabou dando certo, com a ajuda da fé cristã. Eu dei o livro para ele ler e todo dia conversava sobre o livro. O fato é que meu colega de beliche, quando saiu, foi na missa de São Miguel. **Rodrigo Neves**

Outro preso com quem Rodrigo conversou muito foi o então diplomata Sergio Schiller Thompson-Flores. Ele ficou preso sete meses em Bangu 8 em 2019, até ser condenado à pena de três anos em regime semiaberto, usando tornozeleira eletrônica, sob a acusação de agredir a atriz global Cristiane Machado, com quem era casado. Numa entrevista para o "Fantástico", da Rede Globo, com grande repercussão, a atriz denunciou a violência doméstica e mostrou vídeos do diplomata a agredindo. Posteriormente, Cristiane foi acusada de crimes de fraude processual e extorsão. Segundo o ex-diplomata, a atriz é quem o agredia e forjou um cenário para incriminá-lo para conseguir dinheiro.

O caso foi bastante noticiado na época. Ele nos dizia que, depois do casamento com ela, sua vida havia virado um inferno e que ela havia armado tudo contra ele. Mas Sergio era um sujeito culto, eu gostava de conversar com ele sobre sociologia e ciência política. Ele e o André Corrêa eram as pessoas com quem eu mais conversava ali. **Rodrigo Neves**

Outra surpresa daquele ambiente, para Rodrigo, ocorreu fora da cela.

Acho que foi lá pelo 15º dia. Na quadra, tinham aqueles agentes com fuzil lá em cima, olhando duro pra gente. A quadra era pequena, tínhamos um sistema de andar um tempo numa direção, em roda, aí alguém batia palma e depois virávamos para o outro lado, porque senão você ficava tonto. Eu fazia atividade física todos os dias. Porque era fundamental, aprendi isso no livro do Nelson Mandela. A atividade física na cela deu sanidade e saúde ao Mandela. Mas aí, naquele dia, tinha um agente, de touca e fuzil, que ficou me olhando. Pensei: "Esse cara vai me sacanear...". O cara ficou me olhando o tempo todo. "Esse cara está me marcando, será que eu fiz alguma coisa errada??". Então, uns 15 minutos antes de terminar o banho de sol, vi que o cara havia sumido. Bem, faltando cinco minutos para acabar o banho de sol, ouvi: "Rodrigo Neves!". Pensei: danou-se. "Estão te chamando lá na sala da segurança". Eu comecei a pensar em tudo. Na prisão, a gente fica com uma sensação de completa impotência, de fragilidade, você não tem controle de coisa alguma. E eu me comportava, era um cara disciplinado. Mas, ali, era apenas um preso. Quando cheguei na sala de segurança, o cara tirou a touca. Pensei logo: "Ele vai me bater!". Mas não. Ele me disse: "Prefeito, eu sou de Niterói, e quero te dar os parabéns, todo mundo reconhece seu trabalho em Niterói, toda a cidade está com o senhor". Fui pego completamente de surpresa... **Rodrigo Neves**

Nem sempre as surpresas tinham final feliz. Fernanda se lembra de um episódio relatado por Rodrigo.

Às vezes, eu chegava lá e tinha acontecido algum momento tenso. Uma vez, houve uma invasão na cela: policiais que não eram do complexo, todos encapuzados, entraram de repente e reviraram tudo, jogaram as coisas todas no chão. É como se eles tivessem fazendo uma vistoria, para ver se achavam alguma droga, arma ou outra coisa que não podia. Rodrigo contou que foi horrível, uma coisa bem invasiva. Eles estavam já dormindo, 11 e pouco da noite, e de repente as grades se abriram e entrou aquele monte de policial obrigando todo mundo a pular da cama e ficar em forma. E aí saíram tirando as coisas, levantando colchão, jogando tudo no chão. Quando foram embora, o cenário na cela era de caos. Cada um ali, minimamente, tentava organizar sua vida. E Rodrigo era muito organizado, imagine o que não foi para ele derrubarem tudo dele... **Fernanda Sixel Neves**

Os livros, que foram parar no chão naquela noite, tiveram importância fundamental para ajudar Rodrigo a manter a mente ativa, buscando ensinamentos e exemplos nas páginas que lia ardorosamente.

A turma da cela costumava dizer: "Esse Rodrigo é maluco...". Porque eu lia demais, muito mesmo. O pessoal ficava de conversa fiada, às vezes até saía briga, eram várias horas por dia naquele inferno, um falatório danado. Imagine uns 40 homens dentro de uma cela com as camas uma do lado da outra. Era muito barulho e, mesmo assim, eu conseguia ler. **Rodrigo Neves**

Rodrigo arrumava tempo, entre os vários momentos da agenda penitenciária, para estar sempre com algum livro.

Quando batia 13h30, eu dava uma descansada depois do almoço, mas às 14h já começava a ler. Ia até 16h, quando tinha outro banho de sol. Voltava e lia até umas 18h, quando começavam os grupos de oração. Depois das 20h, já não tinha luz pra ler. Então, a gente improvisava uma gambiarra e arrumava uma luzinha, uma lampadazinha pequena de LED. Às 22h, apagava tudo, tinha que dormir. Havia uma regra de que a televisãozinha não podia ficar ligada depois das 22h. Então, em geral, às 22h30 a gente dormia. **Rodrigo Neves**

A maioria dos companheiros de cela não lia. Mas a TV quase ninguém perdia.

A maior parte da programação era novela e jornal. E a coisa mais engraçada é que tinha uns caras noveleiros. Pegavam da novela das seis à novela das nove. Eles ficavam lá, sentadinhos. Faziam fila para ver, acredita? Alguns ficavam em pé, assistindo. **Rodrigo Neves**

Entre os livros, vários ajudaram Rodrigo a encontrar seu eixo naquela condição difícil.

Uma das coisas mais marcantes que li foi sobre a perseguição a Juscelino Kubitschek. Eu li um tijolão, que era a melhor biografia sobre o Juscelino, "O artista do impossível". Ele comeu o pão que o diabo amassou após a ditadura militar, em 64. Acabaram com ele, teve câncer... Ele ia ganhar a eleição de 1965[23]*. Por outro lado, as biografias do Mandela e o livro do carcereiro dele me deram dicas sobre como me relacionar dentro da prisão. Me inspiraram na resiliência e no comportamento ali dentro. Já a história do Churchill, que ganhou a batalha da Segunda Guerra Mundial em boa medida pelos pronunciamentos que fez, para mim foi muito forte. E eu tinha um cuidado enorme quando escrevia os pronunciamentos que a Fernanda lia em meu nome. São pronunciamentos assim, robustos, eu ficava horas escrevendo na prisão até achar o tom certo. Felizmente eu consegui ter essa disciplina de ler muito, inclusive bastante estudo bíblico. Reli livros de sociologia, como "Raízes do Brasil", do Sérgio Buarque de Holanda; "A elite do atraso" e "A classe média no espelho", do Jessé Souza; "Ruptura, a crise da democracia liberal", do Manuel Castells; "Radicalizar a democracia", do Boaventura de Sousa Santos; e "A soma e o resto", um breve balanço da vida de Fernando Henrique Cardoso. Também lia as biografias do Getúlio Vargas, escrita pelo Lira Neto, e de Abraham Lincoln, de autoria da Doris Kearns Goodwin. Havia uma biblioteca, e quem estudasse e fizesse resenhas dos livros ganhava redução da pena. Mas isso era para quem estava condenado. No meu caso, eu sequer havia sido ouvido por qualquer autoridade. Mesmo assim, consegui ir para a biblioteca. Li muito Machado de Assis e fiz umas três ou quatro resenhas dele, acho que uma*

---

[23] Juscelino Kubitschek (JK) era senador por Goiás e preparava sua candidatura à presidência em 1965, quando foi acusado pelos militares golpistas de 64 de corrupção e de ser apoiado pelos comunistas. Seu mandato foi cassado e os direitos políticos, suspensos. Partiu para o autoexílio, vivendo entre Estados Unidos e Europa, até março de 1967, quando voltou em definitivo e uniu-se a Carlos Lacerda e João Goulart na articulação da Frente Ampla. Em 1968, a Frente Ampla foi extinta pelos militares e JK, preso por um curto período. Em 22 de agosto de 1976, morreu em um acidente de carro, em condições mal esclarecidas que levantaram a suspeita de que teria sido forjado e que, em verdade, fora assassinado.

foi sobre "Dom Casmurro". Elas devem estar lá na Uerj, que é quem coordenava esse trabalho na biblioteca. **Rodrigo Neves**

Outra atividade diária que ajudou Rodrigo a se manter firme e lúcido foi a religião. Ele participou dos dois grupos formados dentro da cela: o católico, com dez presos, e o evangélico, com outros 15 detentos. Às 18h, rezava e cantava com os católicos na hora do Angelus. E, em seguida, reunia-se para cantar os hinos evangélicos com o segundo grupo.

Na oração do Angelus, eu me lembrava muito da minha avó Mercedes, mãe da minha mãe. E me lembrava muito também da minha mãe, Maria Luisa. Porque na infância a gente fazia essa oração com ela e era um negócio fortíssimo para mim. Esse Angelus era às 18h, num radinho de pilha. Eu também rezava todos os dias o terço. E dedicava dezenas do terço para cada filho, para minha esposa, para os advogados e para aqueles que causaram mal a mim. Inclusive para o desembargador que assinou a ordem da minha prisão. E eu participava também do grupo dos evangélicos, de estudo bíblico. Eu insisti com o André Corrêa e ele aceitou participar. Nós dois éramos os únicos católicos que faziam parte dos dois grupos, o evangélico e o católico. Aquilo era importante também para ocupar o tempo dentro da cela. **Rodrigo Neves**

O deputado estadual André Corrêa esteve com Rodrigo em todos os 93 dias dele em Bangu. Seu depoimento, forte e em tom de desabafo, reforça a dor e a humilhação impostas aos que, como ele e Rodrigo, não tinham condenação.

Como a gente suporta o sofrimento da família? Minhas filhas entraram em depressão. E o constrangimento imposto, tanto à minha mulher, quanto à mulher de Rodrigo? Toda quarta-feira e todo sábado elas estavam lá, enfrentavam uma fila quilométrica na entrada do presídio, carregando comida pra gente. Era muito constrangimento. Ao chegar, nossas esposas eram revistadas. Abriam as comidas, para ver se não tinha nada escondido. Várias vezes minha mulher me contou como eles olhavam e reviravam a comida. Passamos por todas as dificuldades, mas, e a família? Tanto a esposa do Rodrigo quanto a minha foram muito guerreiras. Num calor que beirava 60 graus, chegamos a ter 42 homens na mesma cela, que a gente chamava de Maracanã. Um dos instrumentos da cela eram os borrifadores, que as mulheres nos traziam. A gente enchia aquilo e à noite acordava com aquele calor, borrifava e voltava a dormir. Cada um tinha o seu borrifador. E os pernilongos? E a comida? Era tudo muito ruim. O Rodrigo perdeu peso, não sei quanto. Eu perdi uns 15 quilos. **André Corrêa**

André também criou suas rotinas e leu livros. Não foi à toa que se tornou um dos principais parceiros de Rodrigo na cela "Maracanã".

A questão central nesse ambiente de cárcere é você ter uma rotina. Senão, você pira. Minha rotina e a do Rodrigo eram muito parecidas, de muita leitura. Devo ter lido uns 40 livros. Quem me emprestou os livros do Mandela foi ele. E vendo a história do Mandela... Rapaz, o que ele viveu a gente não chegou nem perto da unha encravada dele. Então, vimos que tínhamos que superar aquilo lá. Além disso, tinha a questão da fé. Tanto eu quanto o Rodrigo somos católicos, temos muita fé. E, na verdade, eu descobri que a minha fé era superficial. Lá eu vivi uma experiência muito forte de fé. Porque eu tive exemplos de que – e tenho certeza de que Rodrigo acredita nisso também – tudo tem um propósito na vida. Por mais que a gente não merecesse aquilo, se Deus permitiu que a gente passasse por aquilo, havia um propósito. Eu já descobri vários propósitos na minha vida. Estava perdendo uma filha para as drogas, antes de ser preso, e a prisão a salvou, porque ela mudou completamente, entrou em depressão, se converteu e, do nada, essa menina, que não tinha nenhuma religiosidade, hoje está pregando, com mais de 15 mil seguidores no Instagram. Mudou a vida dela, passou para o curso de Medicina, tudo isso enquanto eu estava preso. **André Corrêa**

Em suas lembranças, André complementa as impressões de Rodrigo sobre as difíceis condições de vida na prisão:

Quando Rodrigo chegou, a cela lotou e chegamos a ter os tais 42 presos, que foi o máximo que vi nos quase 11 meses em que fiquei lá. Imagina 42 homens andando dentro de uma cela com um calor danado de 60 graus. Era preciso muita paciência pra não haver confusão. Volta e meia tinha algum desentendimento. Eram 42 pessoas diferentes convivendo na intimidade, uma coisa complicada. E com regras rígidas. Nós mesmos estabelecemos regras que todos tinham que cumprir. O guarda vinha às 8h, fazia o "confere" e, assim que acabava, todo mundo dava a mão e rezava o Pai-Nosso. Às 18h, a gente escutava a Ave-Maria do Angelus, num radinho, pela Rádio Petrópolis, que era a que pegava lá. Também criamos um culto. Um dos presos que era pastor e um outro rapaz, policial militar, Tiago, era o líder da cela. Ele organizava tudo e era uma pessoa de muita fé. Cada um tinha sua Bíblia. Começávamos cantando as músicas, aí cada um comentava uma passagem, e isso sustentou a gente naquele período todo. Sempre fui católico, mas aqui fora eu não lia a Bíblia. Lá dentro li inteira duas vezes. Aprendi muito, a minha Bíblia tem várias passagens marcadas. **André Corrêa**

Hoje, ainda tentando superar o trauma de 2019, André tem uma compreensão clara do que salvou sua vida no presídio.

Eu acho que duas coisas sustentaram a gente, e acredito que com Rodrigo não foi diferente. Primeiro, o amor da família. Que é a família confiar na gente. Eu sempre dizia para minhas filhas e minha mulher: "Eu não sou essa pessoa que estão descrevendo. Vocês, minhas filhas, confiem no seu pai. Eu não fiz nada que pudesse envergonhar vocês. A gente vai superar isso". A segunda coisa é a fé, ou seja, acreditar que aquilo veio para fortalecer. Era o que me mantinha de cabeça erguida. E é impressionante como Deus vem restituindo as coisas. **André Corrêa**

Outro fator que André destaca para a estabilidade na prisão é a organização dos próprios presos, no dia a dia, para tornar o ambiente minimamente civilizado.

Uma vez por mês a gente fazia uma faxina geral, com água no balde. Todo mundo entrava na faxina. A gente tirava as camas, botava remédio de barata, conseguimos acabar com as baratas e os ratos na cela. Quem estava na cela tinha que dividir a faxina. Cada um lavava sua roupa. E é engraçado como o homem se adapta às coisas. Chega um momento que você fica completamente adaptado à rotina. E lá você tinha muito pouca coisa. Cada um só podia ter três camisas brancas, dois shorts e uma sandália. Tinha ainda uma única roupa de frio, escova de dente e pronto. Era com aquilo que a gente vivia. **André Corrêa**

O deputado recorda a curiosa rotina das duas horas de banho de sol, pela manhã e de tarde.

Era engraçado, você rodava para um lado, rodava para o outro... No meio dessa roda, alguns jogavam futebol, e de vez em quando alguém levava uma bolada. O gol era aquele gol pequeno, porque a quadra devia ter uns 70 metros quadrados, mais ou menos do tamanho da cela. **André Corrêa**

Rodrigo era habitué da pelada, que tinha traves de garrafas PET.

Eu gostava de jogar aquele futebol. Mas, quando alguém chutava a bola mais forte e acertava na cara de quem estava andando, o pau comia, porque estava todo mundo com os nervos à flor da pele. Apesar disso, o futebol era uma forma de relaxar um pouco. **Rodrigo Neves**

Dois momentos tensos foram vividos por Rodrigo, ambos causados propositalmente por ações nada republicanas das autoridades. A primeira situação foi ainda nos últimos dias de 2018. Na prática, uma ação de tortura psicológica contra um dos empresários presos junto com Rodrigo.

Na véspera do Natal, às 23h, quando todos já estavam dormindo, entraram na cela e pegaram o João Carlos Félix Teixeira (o empresário mais jovem). Ficaram rodando com ele por muitas horas pelas ruas da cidade dentro de uma viatura do sistema penitenciário, juntamente com vários outros presos perigosos, até chegarem em Benfica, onde o tiraram do veículo e o deixaram numa cela com outros detentos de alta periculosidade. O que ouvi na cela é que o ameaçaram para forçar uma falsa delação. Em 28 de dezembro, ele acabou conseguindo um habeas corpus, com o desembargador de plantão, para voltar à cela em Bangu. Foi uma coisa apavorante, ele voltou muito abatido e assustado. Pasmem: o argumento dos procuradores para fazer isso foi que ele estava sendo ameaçado em Bangu. Ali, não tive mais dúvidas de que se tratava de uma conspiração. E também de que a acusação não tinha nada. Em 53 apreensões, não encontraram nada. E ninguém delatou, porque não tinha o que delatar. **Rodrigo Neves**

A segunda situação complicada foi vivida pelo próprio Rodrigo, já em fevereiro.

Eles não conseguiram uma foto minha algemado, destruído. Minha imagem era a de um cara abatido, mas altivo, que falou com a imprensa. Eu fui o único preso que fez isso entre tantos naquela época. Depois que viram que não encontraram nada contra mim, tentaram fazer mais uma agressão brutal, pois a minha prisão já havia sido uma imensa maldade. **Rodrigo Neves**

No dia 11 de fevereiro, uma segunda-feira, aconteceria no Clube Gragoatá um grande ato convocado por Fernanda, de apoio a seu marido. Dois dias antes, Fernanda, Mayara e Cadu receberam um sinal de que algo estranho poderia acontecer. Mas não entenderam bem do que se tratava.

Um amigo do meu filho, que trabalhava no cartório, ligou no sábado à noite e contou que Rodrigo iria segunda-feira em Niterói para prestar um depoimento. Achei muito estranho, aquilo não fazia o menor sentido. Começamos a tentar descobrir o que poderia ser e aí Mayara achou um processo, em que ele era arrolado como testemunha. Mas segunda-feira nem era dia de prestar depoimento, achamos que aquilo era mentira. **Fernanda Sixel Neves**

Rodrigo só foi saber daquela história no início da noite de domingo que, para um preso, inviabilizava qualquer tentativa de pedir ajuda externa, como falar com seu advogado.

O carcereiro me chamou por volta das 19h e falou o seguinte: "Prefeito, tem uma convocação aqui para o senhor prestar um depoimento amanhã de manhã, em Niterói". Disse ainda que o carro do sistema penitenciário, que é um camburão totalmente fechado, viria me buscar às 8h da manhã e eu iria algemado para um depoimento às 14h em Niterói. Lembrei que o Tribunal de Justiça, onde seria o depoimento, fica do lado da Prefeitura de Niterói. E que a entrada dos presos que vão depor é do lado da garagem onde eu, como prefeito, entrava, atrás do tribunal e da prefeitura. Na hora me veio à cabeça a imagem daqueles meninos presos, geralmente pretos e pobres, algemados um atrás do outro, de cabeça baixa, uniformizados, saindo daqueles carros pretos, onde dentro é tudo escuro, você não enxerga nada. Eles saem completamente desorientados, depois de duas a três horas ali dentro sem luz e sufocados. Percebi que era aquilo que iriam fazer comigo. Uma covardia! Ficou claro que se tratava de uma ação para destruir minha imagem. Me avisaram no domingo de noite para não dar tempo de eu avisar meu advogado e minha família. Era a foto que eles queriam: eu saindo do camburão, algemado, ao lado da prefeitura. **Rodrigo Neves**

Ao saber daquela "intimação", Rodrigo chamou dois presos de sua confiança e contou o que estava acontecendo.

Eu não sabia o que era aquele depoimento, mas eu logo concluí que não podia ir, de jeito nenhum, porque era uma armadilha! Fiquei sobressaltado, bastante agitado. Mas aí combinamos um plano. Umas 5h30 da manhã, faríamos um grande teatro na cela, sugerindo que eu estivesse enfartando. Na prática, eu já devia estar quase enfartando mesmo, de tanto estresse... **Rodrigo Neves**

Com a colaboração de presos amigos, assim foi feito. Perto das 6h, começou uma gritaria na cela.

Eu caí no chão me contorcendo. O carcereiro começou a gritar e a chamar a segurança: "Ele está passando mal!!". Eu realmente estava muito tenso, mas não em nível de um enfarte. Eles chamaram um carro, e foi a única vez em que me algemaram nesse processo todo. O agente pediu desculpa, disse que era obrigado a botar as algemas. Foi também a única vez que eu fui para a UPA (Unidade de Pronto Atendimento) do Complexo de Gericinó. Me colocaram dentro do carro, uma sensação horrorosa, eu fiquei 15 minutos preso nas algemas. Cheguei na UPA umas 7h30 e já me botaram no soro, em cima da maca, no corredor. Então, aconteceu uma coisa incrível, coisa de Deus! O médico de plantão, quando me viu, disse: "Prefeito, sou seu eleitor, sou de Niterói. Mas eu estou saindo daqui a dez minutos do plantão". Coisa de Deus, só podia ser. Eu não sabia quem era aquele jovem médico, mas o chamei e disse: "É o seguinte, eu não posso sair daqui, tenho que ficar o dia inteiro nessa UPA, porque querem me levar pra Niterói para destruir a minha imagem". Ele logo entendeu a situação, tirou a minha pressão (que estava alta) e me injetou uma dose cavalar de calmante. Com o remédio, comecei a ver as coisas nubladas. O médico foi embora, terminou o plantão dele às 8h, e me colocaram numa enfermaria com mais de 30 presos de alta periculosidade. Nossa, a visão que eu tive ali era dantesca. Aqueles meninos pobres, ferrados, que apanham dentro da cela, alguns deles estavam quebrados. Ao meu lado, tinha um preso numa cadeira de rodas que vomitava sangue. A enfermaria estava toda vomitada, um cheiro horroroso. Ali, tive a dimensão do seguinte: eu estava preso numa cela horrorosa, mas a minha cela deveria ser uma das menos piores, porque o inferno era aquela UPA. O banheiro era só sangue e vômito. Eu fiquei zonzo do remédio, deitado, não enxergava nada direito. Mas ouvi os caras falando como iam vender arma para o Pavão-Pavãozinho, como iam vender arma para o Fallet. **Rodrigo Neves**

O relato do que aconteceu com Rodrigo naquele dia é digno de filme de suspense.

Então, eu vi novamente a mão de Deus me ajudando. Passou na frente da cela um agente que era do Movimento Sindical dos Agentes Penitenciários, e que também me reconheceu. Depois soube que, no fim de 2020, esse ra-

paz morreu de Covid-19, tinha uns 40 e poucos anos, muito triste. Mas, depois de três, quatro horas, quando esse agente apareceu e soube que eu estava naquela enfermaria, me tirou de lá e me botou numa enfermaria menor, com outros três presos. Também horrorosa, mas muito melhor do que a anterior. E aí aconteceu uma coisa engraçada: ele me pediu o telefone de alguém da família para avisar. Só que, grogue do jeito que eu estava, não conseguia lembrar o telefone de ninguém, nem da minha mulher! Só me veio à cabeça o número da Maria Célia, minha velha amiga e secretária municipal de Saúde. Ele ligou para ela e conseguiu falar com a minha família, informou que eu tivera um piripaque e estava me recuperando na UPA do Complexo de Bangu. **Rodrigo Neves**

Mas o pior ainda estava por vir: aquele 11 de fevereiro seria o segundo dia mais longo para Rodrigo Neves no verão de 2018/2019.

Os policiais que iriam me levar para a armadilha foram ao Complexo, viram que eu não estava na cela, e aí partiram para a UPA para me pegar. Eu só me lembro de uma discussão na porta dessa enfermaria, deles com o médico que entrou no lugar do primeiro. Esse novo médico de plantão era do Rio, mas havia feito residência no Hospital Antônio Pedro (da UFF, em Niterói). E ele conhecia mais ou menos a minha história. Eu só me recordo desse médico gritando: "Vocês não vão levar! Ele não tem condição de sair daqui! Vocês não vão levar! Vocês vão ter que passar por cima da minha autoridade! Eu sou o responsável pela vida dele!". Aquele médico foi firme e não deixou eles me tirarem da enfermaria. Nem sei o nome dele. **Rodrigo Neves**

Somente depois, Rodrigo e a família entenderam que o objetivo era conseguirem uma imagem negativa, de impacto, para ser usada contra ele.

Tinha um processo administrativo na prefeitura, de uns três a quatro anos antes de 2018, sobre máfia de táxis, no qual eu havia sido arrolado apenas como testemunha. O processo estava parado, mas, não sei como, deram um jeito de me convocar para dar um depoimento como testemunha! Depois soube que o dia para tomar depoimentos era apenas quarta-feira, e nunca na segunda. E aí tem o mais grave de tudo: sabe quem estava na porta da garagem do prédio, onde os presos entram no Tribunal de Justiça? A turma do MBL. Estavam a postos, com tudo montado para me filmar saindo algemado do camburão. Mas quebraram a cara! Ou eles foram avisados com antecedência, ou estavam envolvidos no esquema. **Rodrigo Neves**

Aquela experiência foi das mais marcantes para Rodrigo. E foi mais um indício forte de que sua prisão era uma farsa – na verdade, uma estratégia política para, como se diz hoje, "cancelar" Rodrigo Neves da política fluminense.

> *Eu saí da enfermaria umas 18h30, 19h... Passei o dia inteiro naquela UPA. Depois daquele dia, decidi que não jogaria mais futebol na quadra durante o banho de sol. Porque, se eu me machucasse jogando ali, iria parar naquela UPA, que era o inferno na Terra. E ali tive a certeza de que a rotina penitenciária, tal como existe hoje, não recupera ninguém.* **Rodrigo Neves**

CAPÍTULO 10

TÉCIO ENTRA EM CAMPO

> *Um dia estava rezando e, caramba, me veio a imagem do Técio. Na hora, ficou claro para mim: "É o Técio!". Eu precisava de uma pessoa para me defender que tivesse uma história na luta pela democracia e uma presença no cenário jurídico. Porque meu processo era um processo de perseguição política.* **Rodrigo Neves**

Um divisor de águas na luta pela libertação de Rodrigo foi a mudança de advogado, pouco mais de um mês depois da prisão. Ele vinha sendo assistido por um escritório chamado às pressas no dia 10 de dezembro. Porém, tanto ele quanto alguns de seus principais aliados sentiam que era preciso mais. Não se tratava apenas de uma defesa criminal, técnica; havia a necessidade de uma visão do caso com um enfoque mais político. Ou seja, tratar a detenção como um ato político embalado num processo criminal forjado.

A mudança começou nessa "visão" que Rodrigo teve dentro da cela, perto da virada de 2018 para 2019.

> *Meu pai falou assim: "Vocês têm que procurar o Técio!". Eu reagi na hora: "Pai, de onde você tirou isso? A gente não tem nenhuma relação com ele". Ele falou: "O Chico* (D'Angelo)*! O Técio é eleitor do Chico! Ele também é muito amigo do Luiz Roberto Tenório, que é médico. Conversa com o Chico!". Se não me engano, Chico e Tenório procuraram o Técio no dia 3 de janeiro e, uma semana depois, no dia 10, fomos todos lá.* **Mayara Sixel Neves**

Chico D'Angelo agiu imediatamente. Hora marcada, ele e Tenório foram ao escritório de Técio para convencê-lo a abraçar a defesa de Rodrigo. Aproveitaram e já levaram Fernanda, Mayara e Adriana, irmã do prefeito. Técio recebeu o pedido com ceticismo, muito mais como um favor a dois amigos. Conhecia Rodrigo Neves apenas de nome, de ouvir falar bem sobre sua gestão em Niterói.

Conversei com o Luiz Roberto Tenório, uma figura muito importante nessa história. É meu amigo, um irmão muito querido e quem me apresentou ao Técio. Tenório foi preso político, torturado, teve um problema de tímpano, e quem tirou ele da prisão foi o Técio, na época da ditadura. Tenório costuma dizer que deve sua vida ao Técio. Eles são muito amigos, desde o movimento estudantil, quando o Tenório foi diretor do Diretório Central dos Estudantes da Uerj. Então, fomos eu, Tenório, Fernanda, Mayara e Adriana ao escritório do Técio para falar sobre Rodrigo. Antes de ele receber as três, conversamos só entre nós – eu, Técio e Tenório. Técio argumentou que não conhecia o Rodrigo. Eu e Tenório contamos: "O Rodrigo é de classe média, um grande quadro político, um cara sério, não enriqueceu, mora num apartamento em Santa Rosa. É uma injustiça, isso aí tem coisa, tem a ver com o êxito dele na gestão da política e com a perspectiva de voar mais alto, de ser governador. É um cara novo, 40 anos, que já é um grande prefeito". Dei meu testemunho de que eu conhecia a vida de Rodrigo por dentro. Técio contou que ouvira muitos elogios a Niterói. Tenório reforçou o que eu disse. E aí o Técio falou: "Confesso que eu não estava mais disposto a ir a Bangu, ainda mais no verão. Já imaginou o calorão que deve estar aquilo, Chico? Eu vou botar um terno para ir lá em Bangu? Eu também não estou querendo advogar para essas coisas de Lava Jato aqui no Rio, tem muita gente me procurando, mas estou me negando. Mas, como vocês estão me falando tudo isso, vou conversar com a família". **Chico D'Angelo**

Mesmo reticente, Técio reuniu dois advogados que o auxiliam para também ouvir as três mulheres da família de Rodrigo.

Tivemos uma conversa muito longa, ele tomando notas com a caneta. E fomos vendo o Técio aos poucos se incorporando à causa do Rodrigo. Queria saber das coisas, perguntou muito a Fernanda e Mayara. Eu e Tenório só falamos pontualmente. Depois de uma hora de conversa, resolvemos deixá-los mais à vontade. O Técio fez questão de nos levar ao elevador:

"Vou continuar conversando com elas aqui, mas vocês não são nada fácil, hein... Eu vou assumir essa defesa". E reforçou: "Vou assumir de verdade, estou sendo ganho pelos relatos, é impressionante o que estão falando. Não conheço o Rodrigo, mas vou assumir isso. Tenório, você eu defendo de graça, você também, Chico. Mas com uma causa dessa dimensão eu vou ter que cobrar alguma coisa". Hoje, Técio se tornou amigo do Rodrigo e acabou abrindo mão da cobrança de honorários. **Chico D'Angelo**

A reunião foi densa e longa, como recorda Mayara:

O Técio Lins e Silva nos recebeu dizendo que não podia negar um pedido do Tenório. Passamos para ele tudo o que a gente sabia sobre o processo. Lembro que o Ilídio Moura, sócio do Técio, uma hora comentou alguma coisa e eu logo respondi: "Não, isso aqui é uma mentira!". Era uma ilação que a denúncia fazia de que minha mãe seria sócia da Toesa – e nós nunca sequer tínhamos ouvido falar dessa empresa. Aí expliquei para ele todo o quadro. Que naquele dia já conhecia muito bem, porque, depois que tivemos a convicção de que meu pai não iria sair antes do fim do recesso, no dia 31 de dezembro eu mergulhei no processo inteiro – passei o fim de ano só lendo aquilo. Li o principal e o anexo, que somava mais de 200 folhas e trazia uma pesquisa sobre cada pessoa da família: quem é pai, quem é mãe, se é concursado, se tem bens, tinha meus avós, minha tia, o que eles eram, qual a relação, se eram servidores públicos, se tinham empresa etc. Eles faziam ilações de quais seriam as relações com todas as sociedades empresariais de cada um dos empresários. Mas, em 200 folhas, não havia nada de substancial. Tinha também as mensagens trocadas, que tampouco diziam alguma coisa. Li cada parte daquela denúncia. Quando o Ilídio questionou, eu já sabia responder sobre tudo do processo. Minha mãe ficou bem mais segura depois daquele dia. O Técio falou pra gente: "Eu não defendo quem é culpado, só defendo gente que é inocente". Ele fez um valor que era 50% do que cobraria normalmente, e ainda iria parcelar. **Mayara Sixel Neves**

Técio conta que aquela reunião acabou sendo um caminho sem volta, o início de uma uma forte amizade com seu novo cliente, Rodrigo Neves.

Tenho dois amigos muito queridos: um é o Luiz Roberto Tenório, que foi da Secretaria de Saúde de Niterói e é um médico extraordinário, meu amigo da vida inteira. E, também de Niterói, o Chico D'Angelo, meu deputado queridíssimo, todos nós aqui no escritório votamos nele. Somos fiéis ao mandato do Chico por conta do Tenório, ele que me apresentou ao Chico D'Angelo, deputado que faz um mandato exemplar. Depois que eles vieram aqui pedindo para defender o Rodrigo, com a mulher, a filha e a irmã dele, eu me comovi. Fui lá conversar com os advogados dele, que não criaram nenhuma dificuldade na transição do caso para o meu escritório, são meus amigos. E, assim, assumi a causa. **Técio Lins e Silva**

O caso de Rodrigo fez Técio resgatar a memória de momentos sombrios da história brasileira, que ele conheceu bem, nos porões da ditadura militar que governou o país de 1964 a 1985.

Advoguei 20 anos na ditadura, frequentei tribunais e auditorias militares país afora. Visitei presos no DOI-Codi[24] *quando ainda não era DOI-Codi, era Pelotão de Investigações Criminais. Depois que veio o DOI-Codi, a gente não podia mais visitar os presos políticos. Mas visitei presos na Fortaleza de Santa Cruz, em Niterói. Eles ficavam numa cela que, quando a maré enchia, alagava e molhava os pés, todos pegaram frieira, pé de atleta e doenças de fungos causadas pela umidade daquela cadeia, uma prisão medieval imposta aos presos políticos que eu defendia. Funcionei intensamente nas auditorias militares aqui no Rio. Naquele tempo, as passagens eram caras, era muito difícil viajar. E havia menos voos. Se o advogado viesse de fora, ainda teria que dormir aqui no Rio, era mais um custo. Então, quem advogava para preso político o fazia pro-bono (sem cobrar honorários), quase ninguém cobrava. Por causa do custo, eram raros os advogados que vinham acompanhar os processos aqui. Assim, nós do Rio, fazíamos esse papel, representando os escritórios do Brasil inteiro. Eu advoguei para presos de Manaus, Recife, do Sul, de tudo que é canto. Até em Juiz de Fora, porque, por exemplo, em Goiás e Brasília, não tinha auditoria militar, os presos eram levados para a auditoria de Juiz de Fora. E o Rio era mais perto de Juiz de Fora. Era uma auditoria dificílima, condenadora,*

[24] DOI-Codi era a sigla de Destacamento de Operação Interna - Centro de Operações de Defesa Interna. Subordinado ao Exército, o DOI-Codi foi criado em 1970 como órgão de inteligência e repressão da ditadura militar implantada no Brasil em 1964. Na prática, as instalações do DOI-Codi em vários estados eram centros de tortura e assassinato dos inimigos da ditadura militar, totalmente à margem da lei. Foi nas dependências do DOI-Codi de São Paulo, no II Exército, que ocorreu o assassinato, em 1975, do jornalista Vladimir Herzog, diretor de jornalismo da TV Cultura.

lá a barra era pesada, não sei por quê. Fui muito lá de carro, eu mesmo dirigindo. A prisão do Rodrigo é igual à daquele tempo, igual! Ela remete àquela prisão sem prova que se fazia na ditadura. Você era preso em casa e não sabia o motivo. Assim como era solto depois sem saber por quê. Até os dias de hoje. Em 2021, vai fazer três anos da prisão e Rodrigo nunca foi ouvido sobre os fatos! Nunca! Ficou mais de 90 dias na prisão e não foi ouvido! A prisão dele é um retrato mal fotografado da ditadura militar de 1964. **Técio Lins e Silva**

Ao mesmo tempo em que a prisão de Rodrigo lhe remete aos tempos da ditadura, Técio associa o caso também a uma situação mais recente.

A prisão dele foi uma atitude típica de muitos casos da Lava Jato: prisão sem fundamento, para satisfazer a algum pedido ou interesse obscuro. A quem interessava a prisão? Ao povo de Niterói? Não, o povo deu seu voto a ele. Então, a quem interessava essa prisão arbitrária e absurda? Ao que Jânio Quadros chamaria de forças ocultas, para nós não eram tão ocultas assim. O lavajatismo age dessa maneira. Ali, era o bolsonarismo que queria inviabilizar uma liderança crescente, poderosa, honesta e forte. Tão forte que Rodrigo passou mais de três meses preso e o povo elegeu o sucessor que ele indicou. Poucas pessoas podem se gabar disso. **Técio Lins e Silva**

Apesar de facilitar o pagamento, o valor dos honorários do escritório de Técio não era pequeno para a família de Rodrigo.

Começamos a pensar em como pagar, fizemos até um jantar de adesão para ajudar a pagar as primeiras parcelas. As pessoas doaram, nossa família reuniu um valor, amigos ajudaram, cada um foi doando um pouquinho para conseguir o valor total. **Mayara Sixel Neves**

O escritório de Técio recebeu a primeira parcela do combinado, depois uma parte da segunda parcela, mas acabou decidindo trabalhar pro bono, resgatando a prática dos tempos da ditadura: de preso político não se cobram honorários.

Nós vivemos da advocacia, né? Assim, estabelecemos honorários razoáveis para pagar ao menos nosso custo. Nosso trabalho, como qualquer outro, tem um custo. Mas um dia ouvi de um amigo: "Ó, assinei lá o abaixo-assinado da vaquinha do Rodrigo". Que vaquinha? "Nós tivemos que correr uma lista para recolher dinheiro para pagar seus honorários, eu pinguei lá 500 pratas". Que isso? Descobri que Rodrigo não tinha dinheiro para me pagar. Por quê? Porque vivia de salário, não tinha sequer um automóvel! Vivia modestamente, era um homem simples de classe média. Estava até com o nome no Serasa, porque não havia pagado uma fatura do cartão de crédito. Aí, quando soube daquela vaquinha, imediatamente chamei a família e disse: "Vocês não vão pagar nenhum tostão. É pro bono". Àquela altura, eu já tinha visto que a prisão era uma violência e que ele era um preso político. E a tradição da advocacia criminal é de não cobrar de preso político, porque é uma obrigação cívica que nós, advogados criminais, temos. O crime de colarinho branco paga nosso trabalho pelos presos políticos. Foi assim na ditadura, e eu achei que tinha que dar a ele o tratamento que nós demos durante 20 anos aos perseguidos políticos que defendemos, e que foram muitos. **Técio Lins e Silva**

Depois de pagarmos uma parcela e meia, de um total de cinco parcelas, ele se recusou a receber. Falou que tinha virado um amigo de meu pai e que sabia que não havia nada contra ele. **Mayara Sixel Neves**

O primeiro contato direto com Rodrigo Neves do novo escritório que começou a defendê-lo foi através da Letícia Lins e Silva, uma de suas principais advogadas e prima de Técio.

Foi muito emocionante conhecer o Rodrigo. Ele é uma pessoa especial. Não porque é prefeito, mas porque é um cidadão muito íntegro. Ele estava lendo muito na prisão e as coisas que escrevia eram sempre uma emoção. Fiquei janeiro e fevereiro indo lá toda semana, às vezes duas vezes por semana. No começo, nossa conversa era apenas no parlatório, porque só tinha autorização para a visita individual na salinha quem era preso da Lava Jato, da 7ª Vara Federal Criminal (do juiz Marcelo Bretas). **Letícia Lins e Silva**

Letícia, e depois Técio, ficaram indignados com as restrições impostas para que os advogados pudessem conversar com seus clientes em Bangu 8.

Era revoltante! Fizemos uma reclamação à Ordem dos Advogados, porque o diretor do prédio resolveu instituir que só entravam os advogados de clientes do juiz Marcelo Bretas (indiciados na Operação Lava Jato), da 7ª Vara Federal. Nós ainda demoramos para poder estar com Rodrigo no parlatório – que era um balcão no qual ficávamos em pé, nós e o Rodrigo, ele do outro lado do vidro, e só podíamos nos falar pelo interfone. Uma coisa horrível! E você não tinha nem a segurança de que não estava sendo gravado. Por isso, a gente tentava falar pelo vidro, pertinho, para evitar o interfone. Era uma dificuldade absurda! Você defender uma pessoa, fazer uma resposta para a acusação, sem poder entrevistar com segurança e individualmente o seu cliente, era inadmissível. **Letícia Lins e Silva**

A partir da provocação do escritório de Técio Lins e Silva, a OAB fez uma inspeção em Bangu 8.

Depois disso, até mudou. Talvez, pela força de nosso escritório, conseguimos a entrevista individual numa sala e aí a emoção foi ainda maior. Ele estava muito abatido. Era aquele calorão, não tínhamos nem água durante a entrevista. Presídio é uma coisa muito complexa, cada um tem uma regra e, se o advogado não segue, quem sofre é o cliente. **Letícia Lins e Silva**

Técio enfrentou o calorão de Bangu para conhecer Rodrigo Neves. Na primeira visita, ficou revoltado com o parlatório – "*Nem na época da ditadura eu fiquei sem privacidade com meu cliente!*" – e se impressionou com a situação de Rodrigo.

A vida nos ensina a ter empatia, a ver se a pessoa é sincera e se é séria. Fiz isso a vida toda, lidando com presos e perseguidos, com gente de todo tipo, culpados e inocentes. Essa é a vida do advogado criminal. E Rodrigo era sincero, eu não tive dúvidas. Mas encontrei ele desassistido, sem a família, perplexo com uma prisão absolutamente injusta. E ninguém melhor do que ele sabia da injustiça. A gente sabe, quando é acusado de alguma coisa, se a gente fez ou não fez. Por exemplo, quando vem a multa de trânsito, de um avanço de sinal, você sabe se avançou ou não. **Técio Lins e Silva**

Imagine a cena: o Técio lá na porta de Bangu 8, na fila para entrar. Lembro que os advogados ficaram olhando espantados, dizendo: "Quem é o cara que está fazendo o Técio sair lá do Centro do Rio pra vir para Bangu 8 ficar na fila?". **Mayara Sixel Neves**

Após se inteirar do processo, Técio mudou a estratégia de defesa. Partiu para um habeas corpus no 3º Grupo de Câmaras Criminais do Tribunal de Justiça do Rio, onde seria julgado o processo contra Rodrigo. Apesar de a ordem de prisão ter sido dada de forma monocrática pelo desembargador Luiz Noronha Dantas, o processo contra Rodrigo teria que ser julgado pelo conjunto de sete desembargadores do 3º Grupo – Noronha entre eles. O recesso do Judiciário terminaria no fim de janeiro e haveria a possibilidade de se tentar colocar em votação o pedido de habeas corpus e o retorno de Rodrigo ao cargo de prefeito ainda naquele mês.

O 3º Grupo só se reunia uma vez por mês para deliberar os processos. Técio entendeu que teria que aguardar a reunião de fevereiro. E, depois, diante de novos fatos, reavaliou a estratégia e concluiu que a possibilidade de vitória seria mais certa em março. Para Rodrigo, a estratégia foi penosa, pois significou esticar a prisão por quase dois meses. Porém, o tempo revelou que Técio tinha razão.

Os advogados do Técio conversaram com o meu pai e detalharam para ele a estratégia: a melhor perspectiva é que fosse julgado pelo Grupo de Câmaras, na qual estava o processo. Porém, os desembargadores não se reuniriam em janeiro por causa da volta do recesso. Então, a perspectiva era de que a reunião acontecesse no fim de fevereiro, antes do carnaval. Estávamos com a expectativa de que alguma coisa acontecesse ainda em janeiro, no máximo no início de fevereiro. Essa estratégia foi um baque para nós. Mas o Técio foi firme: "A melhor expectativa para vocês é final de fevereiro". **Mayara Sixel Neves**

Rodrigo recebeu muito mal a notícia de que ficaria preso por pelo menos mais um mês.

Logo na primeira conversa que teve com meu pai, Técio avisou que a expectativa era de que o julgamento do recurso de habeas corpus acontecesse somente no fim de fevereiro. Técio argumentou que não acreditava que o STF desse o recurso nem que o STJ revisse a decisão de 19 de dezembro. Insistir nesses dois fóruns seria perda de tempo. E acrescentou que o grupo de desembargadores era correto, que tinha esperanças nele. Mas meu pai não reagiu bem: "Mayara, é impossível! Não posso ficar! A gente tem um tempo político, não tem como eu ficar aqui mais um mês... Temos que fazer alguma coisa!". Seria mais um mês preso sem ser culpado, sem provas. Eu tinha a mesma ânsia de que ele voltasse logo para casa, claro, mas, ao mesmo tempo, como advogada, sabia que não havia muito o que fazer. Estávamos no meio do recesso judiciário e, se o Técio falou que a melhor solução era esperar, a gente teria que esperar. Técio chegou a conversar com o presidente da turma de desembargadores para tentar que o julgamento ocorresse no fim de janeiro, mas não conseguiu. **Mayara Sixel Neves**

A reunião de fevereiro do 3º Grupo de Câmaras Criminais foi marcada para o dia 22, uma semana antes do carnaval (que em 2019 começou no sábado 2 de março). Só que dois dos desembargadores entraram de férias em fevereiro, e Técio ficou preocupado.

O Rodrigo sempre teve pressa nessa questão do habeas corpus por razões óbvias. Ele tinha anseios políticos, aquela prisão longa seria usada contra ele. Era totalmente justificável que tivesse pressa em sair. E a família mais ainda. Mas o Técio achou que seria um risco a gente correr e ele ser julgado de qualquer forma. O momento era ruim. Rodrigo realmente ficou muito frustrado, mas depois eu acho que ele compreendeu. **Letícia Lins e Silva**

Técio rapidamente tomou pé da situação e compôs o quadro jurídico que envolvia a prisão de Rodrigo.

Compete ao procurador-geral de Justiça oficiar em nome do Ministério Público nos processos de prerrogativa de foro. Então, no caso de Rodrigo, que era prefeito, não era o promotor público, mas sim o procurador-geral que oficiaria naquele processo junto ao tribunal. Ele tem essa prerrogativa, é da lei. Mas o procurador-geral Eduardo Gussem declinou de sua atribuição, de sua prerrogativa de liderar o processo contra Rodrigo. Ele constituiu um grupo de procuradores com um chefe para oficiar os processos que eram de sua competência. Quem então oficiava, em nome do procurador-geral, era o procurador de justiça Ricardo Martins, a quem Gussem delegou seus poderes. **Técio Lins e Silva**

Não demorou para que Técio descobrisse um episódio nos bastidores do Judiciário, em torno da prisão de Rodrigo.

A Justiça é uma família forense, e você, como membro da família, sabe de tudo que acontece internamente. Estou ali há mais de 50 anos, então acabo tendo notícia das coisas. O procurador-geral Gussem foi visitar o relator do processo (o desembargador Luiz Noronha Dantas, que deu a ordem de prisão contra Rodrigo) para pedir a prisão do Rodrigo. O relator é o que eu diria um juiz liberal, que absolve mais do que condena. Eu diria que não é um juiz duro, como há alguns. Mas, a presença pessoal do procurador-geral de Justiça, mostrando empenho... Além disso, Gussem é um ser humano inteligente, sedutor, muito simpático. Ele foi lá pedir a prisão do Rodrigo. E o relator é um juiz com quem eu tenho relações muito antigas, já foi advogado criminal, advoguei junto com ele antes de ele ser juiz, tivemos um caso famoso, funcionamos juntos. Mas, para minha surpresa, ele decretou monocraticamente a prisão de Rodrigo. **Técio Lins e Silva**

Três anos depois, Técio continua indignado com a ordem de prisão dada a Rodrigo.

Qual o argumento? Nenhum! Por que ele pediu a prisão? Eu não sei! A acusação dizia que o Rodrigo era um prefeito corrupto, tinha uma acusação de que chefiava uma organização criminosa para roubar Niterói. Mas ele assumiu a prefeitura no primeiro mandato com os salários todos atrasados e com aquela cota de gratuidade que o poder público paga, relativa aos que viajam de graça nos ônibus, só que quem paga é o poder público, com os impostos dos cidadãos. Tinha um débito gigantesco, que foi se acrescentando. Ele não pagou, deu preferência a pagar salário, a botar as contas em dia. E, quando foi pagar, porque tinha dinheiro, negociou os R$ 80 milhões e reduziu para R$ 50 milhões, um grande desconto, e ainda por cima parcelado em 25 vezes. Quer dizer, se ele fosse cumpliciado, pagaria R$ 90 milhões, e não reduziria de R$ 80 milhões para R$ 50 milhões. E não iria parcelar, caramba! É óbvio ululante! E tinha aquela acusação mentirosa, que não tinha prova de espécie alguma, ele fora supostamente delatado. Só que a delação foi desmentida, não tinha delação nenhuma. E mais, o Ministério Público Federal informara que não tinha corroboração, não havia confirmação de prova nenhuma contra o Rodrigo! Já havia uma análise do MPF de que não tinha prova, e essa análise foi ignorada pelo MP estadual. **Técio Lins e Silva**

O criminalista não poupa adjetivos para qualificar a prisão de Rodrigo.

Usar uma linguagem panfletária para acusar alguém é fácil, nossa língua é muito rica. Então, o relator, provavelmente de boa-fé, provavelmente acreditando na autoridade do procurador-geral da Justiça – que não era o titular daquele pedido, mas foi lá pedir pessoalmente! –, o relator tomou a decisão monocrática. Eu raras vezes vi um chefe da instituição se empenhar, raras vezes eu vi um procurador-geral ir pedir ao juiz. Sequer me lembro de algum caso. Porque o Ministério Público age institucionalmente, o MP não advoga, não corre atrás. Ele cumpre o seu papel, essa é a regra. Mas, nesse caso, o procurador-geral foi pessoalmente, embora não oficiasse o caso, embora não tenha assinado a denúncia, foi lá com a sua autoridade pedir a prisão. Não sei a razão do desembargador para atender ao pedido, é inexplicável. Porque ele não é um juiz irascível, e a causa não justificava a prisão. Além disso, o processo não era do Gussem, ele não tinha mais aquela atribuição, tanto que não foi lá sustentar no julgamento do recurso. **Técio Lins e Silva**

As circunstâncias, ressalta Técio, apontam para uma decisão atípica, fora do âmbito judicial.

Não há dúvida de que havia uma ligação política. Sei que o Eduardo Gussem era bolsonarista, ele prezava o Bolsonaro, defendia ele. Não quero dizer que ele tenha agido por conta disso, mas ele era simpático ao Bolsonaro. Por acaso, os filhos do Bolsonaro, no Ministério Público do Rio, não se deram muito mal, né? Apesar de um milhão de acusações, processos, milícia, o diabo, ficaram incólumes até agora. Não quero dizer que o fato de Gussem ser bolsonarista foi o que o motivou, jamais direi que o procurador-geral agiu com interesse bolsonarista, o que para mim seria uma coisa muito grave. Só estou dando o fato. Com certeza, teve alguma influência política dos inimigos do Rodrigo, porque ele, Rodrigo, era adversário do bolsonarismo no Rio de Janeiro, com capacidade política de se eleger governador. Todos sabiam disso e sabem até hoje. **Técio Lins e Silva**

Inconformado com a informação de que Gussem teria ido procurar o desembargador Noronha alguns dias antes de o magistrado ordenar a prisão preventiva de Rodrigo, Técio marcou audiência com o chefe do MP estadual.

Eu fui lá porque eu o conheço e tenho alguma intimidade com ele. Como se diz no Sul, nós nos "tuteamos"'. Eu o chamo de você, ele era chefe de gabinete do Marfan Martins Vieira, meu velho e queridíssimo amigo, que foi o antecessor do Gussem na Procuradoria-Geral de Justiça e é um homem de muito prestígio no Ministério Público. Minha opinião é de que o Gussem ficou muito mal nessa história. Para o meu conceito profissional, essa ida dele ao desembargador para pedir a prisão do Rodrigo, sem atribuição, não soa bem. Eu não acolho, no meu coração, na minha sensibilidade, esse gesto como um gesto correto. Acho que é um gesto censurável. Tanto que, pelo fato de eu ser um advogado antigo, militante e conhecer o ex-procurador-geral, fui à Procuradoria para interpelá-lo. Eu disse: "Não é possível sua interferência, procurador-geral, ir lá pedir a prisão, isso é um absurdo." Ele me recebeu, tem testemunha disso, eu cobrei esse absurdo e ele não disse nada. Ficou naquele "Não... Olha... Então...". **Técio Lins e Silva**

Eduardo Gussem, em janeiro de 2021, terminou seu segundo mandato como procurador-geral da Justiça do Rio de Janeiro, transmitiu o cargo e no dia seguinte deu entrada em sua aposentadoria; tinha 56 anos causando surpresa no Judiciário porque, desde 2015, juízes e procuradores podem exercer a função até os 75 anos, graças à chamada "PEC da Bengala" – lei que o governo e o Congresso tentam mudar e reduzir para 70 anos, de forma a permitir que membros do Supremo Tribunal Federal se aposentem mais cedo, abrindo vagas a novos membros.

Enquanto Técio se movimentava para tirar Rodrigo da cadeia no primeiro julgamento possível, Fernanda e o grupo de aliados e amigos continuaram na sua campanha de conscientização da sociedade e mobilização de niteroienses influentes.

No fim de janeiro, a gente lançou um movimento: "Rodrigo Neves preso por quê?". Juntamos dinheiro pra fazer uns panfletinhos, que minha mãe distribuía nas reuniões. O folheto tinha explicações básicas sobre o caso: qual era a acusação, por que que não cabia aquela denúncia, o que ele tinha feito com as empresas de ônibus etc. Em 10 de fevereiro se completaram dois meses que meu pai estava preso. **Mayara Sixel Neves**

Mas, com dois meses sem Rodrigo Neves, o cenário político de Niterói apresentava alguma tensão política – fomentada na Câmara, obviamente, pela direita.

Começou a haver certa preocupação, uma reação de segmentos até do nosso campo político mesmo. Algumas pessoas já estavam promovendo reuniões e começaram a falar: "Olha, sejamos realistas, o Rodrigo não vai sair tão cedo". Quando me diziam isso, eu sempre rebatia: "Ele vai sair. Assim que acabar o recesso, tenho certeza que ele sai e vai voltar para a prefeitura". Também diziam: "Na melhor das hipóteses, Rodrigo vai sair e responder em liberdade, mas sem ser reconduzido ao cargo de prefeito". E eu insistia: "Ele será reconduzido, porque não há elementos na denúncia". Eu confiava na Justiça. Sei lá qual foi a motivação que aquele desembargador teve para decidir a prisão dele. Imaginava que ele poderia ter, enfim, se enganado com as informações e interpretações recebidas na hora de tomar a decisão. E não acreditava que uma reunião colegiada, com desembargadores experientes, deixaria de reconduzir Rodrigo. Eu tinha certeza de que ele voltaria. Mas alguns já davam como fato consumado que não voltaria. **Axel Grael**

Rodrigo já estava preso há dois meses e lembro de uma conversa que um político aliado teve comigo: "Fernanda, você vai precisar ter muito sangue frio, porque você vai ter que receber Rodrigo e fazê-lo compreender que o governo agora é outro, que ele não pode se envolver, até mesmo para se proteger". Tinha muito essa fala: "Rodrigo vai sair, mas não volta para a prefeitura, é uma nova realidade". E isso começou a ganhar corpo. Inclusive, tinha gente falando em nova eleição para prefeito. Naquele contexto, o Rodrigo foi muito assertivo, me disse que era hora de termos uma demonstração de força: "Fernanda, vamos fazer agora um grande encontro!".
Fernanda Sixel Neves

Padre João Cláudio sentiu essa tensão política em sua missa mensal para São Miguel.

A missa de São Miguel aglutinava os contraditórios da cidade, incluindo o grupo ligado a essa linha mais conservadora. Mas eu percebi que esse grupo tradicionalista, de direita, que havia se infiltrado em determinados segmentos da religiosidade da cidade, não só católica, começou, primeiro, a se afastar daqui. Muita gente que vinha à missa por motivos religiosos, passou a não comparecer por razões políticas. Então, sofri com insinuações em redes sociais. Houve uma instrumentalização contra mim em grupos de WhatsApp, desses mesmos setores de direita. Me chamaram de "padre de mentira", disseram que eu era comprometido com o Foro de São Paulo[25], que fazia apologia ao demônio, criticavam porque eu tinha barba, usava boina e fumava charuto. Fiquei indignado com as críticas, liguei para o cardeal, Dom Orani Tempesta, e contei a ele, que me respondeu: "Pode deixar, isso é a patrulha ideológica".
Padre João Claudio

Naquele início de fevereiro tenso, Fernanda começou a pensar em alguma coisa que marcasse a data de 10 de fevereiro, quando se completariam dois meses da prisão de Rodrigo. Como era um domingo, a data para se fazer algo seria a segunda-feira dia 11. Nisso, surgiu uma iniciativa que

[25] O Foro de São Paulo é uma organização que reúne partidos políticos e organizações de esquerda de vários países. Criado em 1990, a partir de um seminário internacional promovido pelo Partido dos Trabalhadores (PT), no Brasil, reuniu outros partidos e organizações da América Latina e do Caribe para discutir alternativas às políticas neoliberais dominantes na região durante os anos 80 e promover a integração latino-americana no âmbito econômico, político e cultural.

acabou tendo grande importância naqueles tempos tumultuados em torno de uma possível volta, ou não, de Rodrigo à prefeitura.

A professora Ismênia da UFF[26] *veio aqui em casa e me mostrou um manifesto que ela mesma havia escrito. Ela chorava, enquanto me falava: "Fernanda, isso é um absurdo, eu estou me lembrando da época da ditadura. Olha, o texto está aqui, eu sou a primeira a assinar".* **Fernanda Sixel Neves**

Com o manifesto da Ismênia e a ideia de Rodrigo de dar uma demonstração de força, promovendo um ato público bem maior do que as reuniões que vinham acontecendo, Fernanda passou à ação. Primeiro, levou a proposta a um grupo mais próximo, composto por alguns secretários de Rodrigo na prefeitura, e depois ao grupo político mais ampliado que apoiava Rodrigo. Mas a reação foi reticente: todos achavam que não era uma boa ideia sair das reuniões privadas, com públicos segmentados menores, e partir para a rua num ato político mais amplo. A segunda reunião, com o grupo maior, foi talvez a mais tensa que Fernanda teve desde a prisão de Rodrigo.

A maioria foi contra. Me diziam: "Pode ser que as pessoas não apareçam, que o tiro saia pela culatra". Falei do manifesto da Ismênia, e também ficaram receosos: "Pode ser que não queiram assinar, porque as pessoas estão com muito medo". Teve uma fala na reunião mais ou menos assim: "A gente tem que ter muita calma, porque é compreensível que a família esteja emocionalmente abalada, mas nós, os políticos, precisamos ter tranquilidade nas decisões". Ah... quando ouvi isso, meu sangue subiu! Eu bati na mesa e falei: "Bom, já que eu sou a maluca, eu tô fora de mim, vamos fazer o seguinte! Vai botar o manifesto pra rodar ou não vai? Se não vai, não tem problema, a maluca aqui pega e vamos rodar, eu vou sozinha". Assustados, os apoiadores políticos me falaram: "Não, Fernanda, calma...". Eu respondi: "Olha só, quem amanhã vai visitar o Rodrigo, que

[26] Ismênia de Lima Martins é professora emérita da Universidade Federal Fluminense (UFF), na qual formou-se em História em 1967 e em seguida ingressou no corpo docente do mesmo curso. Doutora em História Social e especialista em História do Brasil, trabalhou com temas relacionados à História fluminense, à imigração e ao gênero. Docente do curso de pós-graduação de História da UFF, ajudou a fundar a Associação de Docentes da Universidade e foi presidente da Associação Nacional de Professores de História. Pesquisadora e escritora de livros de História, a acadêmica é uma personalidade em Niterói, sendo popularmente conhecida como a "Ismênia da UFF".

está preso, sou eu! Sou eu que vou ter que olhar para a cara dele e dizer que ninguém quer segurar e fazer o ato, porque as pessoas estão com medo. E eu não vou falar isso pro Rodrigo. Eu vou amanhã falar para ele que tem um manifesto, que tem um ato para acontecer, porque é isso que dá força para ele lá dentro. Não querem fazer? Esquece, porque eu vou fazer, nem que seja sozinha". **Fernanda Sixel Neves**

Os políticos ficaram espantados com a reação firme de Fernanda. Ela saiu do encontro decidida a realizar o ato e seguir adiante com o manifesto escrito pela professora Ismênia.

Eu virei para o Pipico (Anderson Pipico, secretário municipal de Participação Social e ex-presidente da Federação das Associações de Moradores do Rio de Janeiro, Famerj) e falei: "O movimento comunitário está comigo?". Ele respondeu que sim. "Então ótimo. Não preciso dos políticos. Vamos com o movimento comunitário. Vamos chamar o povo pela internet, nós vamos fazer esse ato". E assim foi. Disseram que eu tinha surtado. Fiquei com essa imagem ruim, mas fizemos o ato. **Fernanda Sixel Neves**

A atitude firme de Fernanda foi impactante. Nos dias seguintes, políticos, aliados e amigos compareceram para ajudá-la.

Fizemos uma reunião para organizar o evento com as principais lideranças comunitárias. A Verônica, vereadora, que, em princípio, era contra o ato, foi e falou: "Fernanda, tô dentro!". Eu queria um ato com um novo formato: "Nenhum político vai falar! Não vai ter fala de deputado, de vereador. Vai ser um ato diferente". E fizemos exatamente assim. Falou um padre, uma freira, um evangélico, uma mãe de santo, teve uma representante dos professores, teve fala dos artistas e empresários da cidade... Foi um ato muito bacana, lotou o Clube Gragoatá. Tinha mais de mil pessoas. Teve apresentação do Silvério Pontes (trompetista), depois uma leitura de poesia-protesto e falas dos movimentos sociais. No final, eu li uma carta do Rodrigo, escrita especialmente para o evento. Foi um ato importantíssimo, teve uma repercussão muito boa na cidade. **Fernanda Sixel Neves**

O ato aconteceu em 11 de fevereiro, segunda-feira, no início da noite no Clube Gragoatá. No dia seguinte, jornais da cidade noticiaram. "Ato em defesa de Rodrigo", estampou "O Fluminense". "Ato em defesa de Rodrigo reúne sociedade em clube do Gragoatá", escreveu "A Tribuna", que em seu site destacou a leitura da carta de Rodrigo pela Fernanda, com o título: "Ato em defesa de Rodrigo: 'sensação térmica é de 50º C na prisão', diz prefeito".

O manifesto escrito pela professora Ismênia foi lançado no ato. Ficou disponível na internet para quem quisesse assinar e, em poucos dias, já somava mais de mil assinaturas de intelectuais e formadores de opinião, sobretudo da UFF. Seu conteúdo era esse:

> ***NITERÓI PEDE JUSTIÇA PARA O PREFEITO RODRIGO NEVES***
> *Rodrigo Neves, prefeito eleito em 2012 e reeleito em 2016 pelos niteroienses, foi preso há 60 dias de forma inesperada em pleno período natalino, na presença da sua família. Nada que o incriminasse foi encontrado nas buscas em seu apartamento no bairro de Santa Rosa.*
> *O impacto das primeiras notícias diluiu-se no vazio que seguiu no noticiário, agravado pela usual desmobilização no período das festividades e férias escolares.*
> *Rodrigo permanece preso, já há cerca de 60 dias, sem sequer ter sido chamado para depor perante as autoridades policiais e judiciárias, nem antes, nem durante, nem depois da sua prisão.*
> *No momento em que a população de Niterói retoma sua rotina, explicita-se um clamor por justiça. Afinal, nem mesmo o curso de possíveis investigações justifica manter Rodrigo na prisão, de maneira desnecessária e flagrantemente arbitrária.*
> *Mais que defender o prefeito, defendemos o caráter universal da justiça.*
> *Até quando Niterói será desrespeitada tendo seu prefeito encarcerado sem saber o porquê?*

A carta enviada por Rodrigo representou o auge do evento. Foi lida por uma Fernanda emocionada. Na plateia, muita gente também chorou. Eis o texto:

> *Amigos e amigas,*
> *Em primeiro lugar, agradeço profundamente as milhares de mensagens de apoio, solidariedade e especialmente as orações dos cidadãos e famílias durante todas essas semanas! Desde que fui vítima de uma*

violência inesperada, ao ser arrancado do meu lar e do convívio de minha esposa e filhos, sem NUNCA ter sido convidado para prestar qualquer esclarecimento sobre qualquer assunto, eu tenho recebido uma extraordinária e positiva energia espiritual que chega incessantemente em meu coração, todos os dias, nesses dois meses!

Podem ter certeza de que o apoio, as energias positivas e as orações têm subido as muralhas cercadas de arame farpado, com guardas 24 horas por dia, e chegado até mim e me mantido sereno, firme, forte e saudável, apesar das condições adversas impostas pelo isolamento e o cárcere.

O que aconteceu comigo em dezembro, às vésperas do recesso do Judiciário, é inimaginável e inaceitável em um regime democrático! Fui afastado do mandato democrático conferido por milhares de niteroienses e preso sem julgamento nem quaisquer provas ou sequer indícios de algum crime que estava sendo praticado ou foi praticado por mim! E isso sem NUNCA ter sido convidado para prestar esclarecimentos sobre o caso, uma violência inominável, ainda mais quando realizamos uma gestão reconhecida por várias instituições independentes. Sempre tive, com minha família, uma vida simples e sem luxos, NUNCA tendo respondido a um único inquérito criminal!

A denúncia infundada, com base em uma mentira de um criminoso confesso, com o qual nunca tive qualquer relação pessoal e intimidade, é mais absurda ainda quando se vê a quebra de todos os meus sigilos e nada é encontrado, quando o tão recentemente falado Coaf ressalta que não tive, em todos esses anos, movimentações financeiras suspeitas e quando se observa que as ações que adotamos nesses anos no setor de transportes públicos municipais foram sempre austeras e rigorosas.

A licitação e o contrato com os consórcios de transportes foram feitos em administração anterior e, contrariando alguns aspectos desse contrato, determinamos a unificação das tarifas pela mais baixa, a obrigatoriedade de percentual de climatização, a redução da vida útil dos ônibus de dez para seis anos, o reajuste tarifário em apenas três vezes (e não oito vezes, previstos no contrato) e a redução, através da coordenação de técnicos da prefeitura, da dívida de gratuidade de

R$ 80 milhões para R$ 50 milhões. Apesar dos problemas que ainda persistem e dos desafios a serem superados, Niterói hoje tem a menor tarifa de transporte público da região metropolitana e a frota com mais ônibus com ar-condicionado dentre todas as cidades do estado do Rio. Basta compararmos com a gravíssima situação do Rio e de São Gonçalo. Reduzimos as margens de lucro das concessionárias de transporte municipal, obrigamos mais investimentos na modernização e melhoria dos ônibus e congelamos tarifas.

Vivo uma vida simples e sem luxo. Onde estão os R$ 10 milhões que, levianamente e mentirosamente, a denúncia infundada afirma que recebi de vantagem indevida, se meus sigilos quebrados e o próprio Coaf demonstram que nunca tive qualquer movimentação financeira atípica, suspeita ou irregular?

Amigos e amigas, fui o único prefeito reeleito na Região Metropolitana do Rio. Atravessamos a grave crise do estado e do país com projetos em várias áreas e políticas públicas nos anos recentes. Com uma administração participativa, moderna, uma equipe dedicada e séria, e a participação de todos os segmentos da sociedade niteroiense, viabilizamos um novo rumo progressista, democrático, inteligente e inclusivo, que é motivo de orgulho para Niterói.

Sei que interesses poderosos estão por detrás dessa maquinação mentirosa, para induzir o juízo ao erro. Tenho apenas 42 anos e lidero uma ampla coalizão de forças políticas, sociais e cidadãs, que deram a Niterói estabilidade institucional, política, fiscal e social no meio do caos das cidades e do próprio estado do Rio. RESERVAMOS mais de R$ 1 bilhão nas contas da prefeitura para importantes investimentos em 2019 e 2020.

Construímos um número recorde de creches e escolas para nossas crianças e adolescentes, investimos pesadamente na cultura e na segurança pública, reabrimos e construímos emergências e urgências, como o Getulinho e o Mário Monteiro, expandimos o Médico de Família, recuperamos e criamos novos parques públicos, tiramos do papel projetos esperados há décadas, como o Túnel Charitas-Cafubá e o programa de infraestrutura da Região Oceânica, investimos no meio ambiente e conquistamos prêmios pela melhoria e transparência na gestão municipal. Juntos, todos nós reconstruímos a autoestima de Niterói, que hoje é novamente a melhor referência do estado do Rio de Janeiro.

A minha injusta prisão sem julgamento, sem provas, sem sequer indícios e o afastamento da prefeitura desestabilizam a única cidade que está progredindo no contexto atual de retrocessos dos municípios e da Região Metropolitana. O meu afastamento no meio de um mandato conferido pela soberania popular e a manutenção de minha prisão sem julgamento, sem provas, sem indícios, sem NUNCA, até hoje, ter sido convidado a depor é uma gravíssima violação do Estado Democrático de Direito, das garantias individuais de todos os cidadãos previstas em nossa Constituição, e somente aconteceu em regimes de exceção!

Anseio com esperança que, com a retomada dos colegiados do Poder Judiciário neste mês e uma análise mais detida do caso, que a JUSTIÇA seja feita, concedam a liberdade e devolvam o mandato conferido pelo povo de Niterói! Um dos maiores orgulhos que tenho é ter tido um bisavô, Antonino Neves, que foi um justo juiz em Campos e veio para Niterói no início do século passado como desembargador e presidente do Tribunal de Justiça, na antiga capital da Província Fluminense. O poder judiciário é fundamental para a democracia e as garantias individuais. Os magistrados são indispensáveis para a sociedade verdadeiramente democrática.

Convido a todos os democratas – inclusive os que não gostam ou não aprovam aspectos da nossa administração – às melhores energias nesse momento, pois não se trata apenas de minha pessoa física, mas de defesa do correto e democrático funcionamento das instituições.

Renovo o pedido de orações a todos e todas, de todas as religiões.

Como recomenda o apóstolo Paulo, em Romanos 12, estou aqui alegre na esperança, paciente na tribulação e perseverante na oração!

VIVA NITERÓI! VIVA A JUSTIÇA! VIVA A DEMOCRACIA!

Rodrigo Neves, prefeito de Niterói

O evento reanimou a campanha em defesa de Rodrigo. Na página do Facebook "Tô com Rodrigo!", um post celebrou o ato.

Niterói em defesa de justiça para Rodrigo Neves!
O Clube Gragoatá reuniu cerca de mil pessoas, no começo da noite de hoje, no ato em defesa do nosso prefeito. Representantes de todos os credos, ideologias, segmentos e cantos da cidade cantaram e se emocionaram com as apresentações musicais e a nova carta de Rodrigo (que em breve estará disponível aqui na página). A noite também foi marcada pelo lançamento do Manifesto em Defesa de Justiça por Rodrigo Neves, que já foi assinado por centenas de personalidades de Niterói.
Para assinar o manifesto, basta clicar no link abaixo. É muito importante compartilhar com seus amigos e familiares! Vamos, juntos, mostrar nossa indignação com essa prisão arbitrária e injusta, que mantém nosso prefeito encarcerado há 60 dias, sem nem ao menos ter prestado depoimento!

O diretor da Faculdade de Direito da UFF, Wilson Madeira, se manifestou num post:

Ele está preso e sem explicação para a população. É claro que todo cidadão quer a averiguação de tudo que há de ilícito. Houve uma acusação de corrupção e essa acusação deve ter seguimento, mas na medida em que se passam 60 dias e não há absolutamente nenhuma indicação que essas acusações são verídicas, com a notícia do descaso do poder público, então a população tem que vir às ruas e cobrar explicações.

A colunista Hildegard Angel publicou várias notas em sua coluna sobre Rodrigo. Numa delas, falou do manifesto da professora Ismênia.

Ganha peso o manifesto público pedindo justiça para Rodrigo Neves, com mais de mil assinaturas, dentre outras, do atual reitor da UFF, Antonio Claudio Lucas da Nóbrega, e dos ex-reitores Roberto Salles, Pedro Antunes, e José Raymundo Romeo. Da UFF, vem ainda o apoio de intelectuais, como a professora Ismênia Martins e o diretor da Faculdade de Direto, Wilson Madeira. Também assina-

ram os músicos Bia Bedran e Silvério Pontes, o medalhista olímpico Torben Grael, o economista Mauro Osório, o fotógrafo Renato Moreth e o diretor-executivo do Fundo Monetário Internacional (FMI), Otaviano Canuto.

Na prática, o ato do Gragoatá expandiu exponencialmente as reuniões que Fernanda vinha fazendo, atingindo quem não participava dos encontros segmentados.

Algumas pessoas que eu não conhecia foram ao ato e falaram comigo: "Vi sua chamada na rede social". Teve essa coisa de a população ir que eu fiquei muito impressionada. Foi um ato que lavou a alma mesmo. **Fernanda Sixel Neves**

O protagonismo de Fernanda naqueles dois meses intensos impressionou todos que a conheciam e a acompanhavam. Ela cresceu como pessoa, como esposa e como liderança política. Não de um partido, mas da causa pela justiça para seu marido e pela democracia. E foi sendo, cada vez mais, respeitada por todos.

Eu brincava com ela, falava que deveria ser política. A gente via aquela Fernanda aguerrida e incansável lutando pela libertação do marido, e percebia que ela tinha um protagonismo político importante ali. Representou uma liderança que eu nunca havia visto antes em nenhuma primeira-dama de Niterói. Lutou contra tudo e contra todos pela libertação do marido. **Padre João Cláudio**

CAPÍTULO 11

VITÓRIA COM GOSTINHO DE GOLEADA: 6 A 1

Passou janeiro, não conseguimos. Veio fevereiro, não conseguimos. Aí, o Técio me avisou: "Será dia 12 de março, já está marcado!". Era uma terça-feira. **Mayara Sixel Neves**

Naquele verão tórrido de 2019, o carnaval aconteceu em março, entre os dias 2 (sábado) e 6 (Quarta-feira de Cinzas). Em Niterói, a escola de samba que é a cara da cidade é a Unidos do Viradouro, criada em 1946 numa extensão do bairro de Santa Rosa, no trecho conhecido como Garganta, entre o Morro do Africano e o Morro da União. A região tornou-se conhecida como Viradouro porque era o local onde os bondes faziam o retorno. Só em 1986 é que a prefeitura niteroiense transformou o Viradouro em bairro. Hoje, porém, a sede do Grêmio Recreativo Escola de Samba Unidos do Viradouro já está em outro local, no Barreto, na Avenida do Contorno.

A Viradouro foi criada por iniciativa de Nelson Jangada, que promovia rodas de samba e batucada no quintal de sua casa, na Rua Capitão Roseira, no Largo da Batalha. Ele se desentendeu com os dirigentes do bloco União do Viradouro e criou uma agremiação a seu feitio, juntando amigos e foliões da região, além de jogadores e torcedores de um time de futebol local.

A nova escola começou a disputar os desfiles do carnaval de Niterói em 1947. Dois anos depois, conquistou seu primeiro campeonato do Grupo Especial, com o enredo "Arariboia". Em 1986, após somar 18 títulos de campeã em Niterói, foi tentar o carnaval do outro lado da Baía de Guanabara. Rapidamente subiu para a elite das escolas cariocas: foi campeã do Grupo 2 em 1989, com o enredo "Mercadores e mascates", e do Grupo 1 no ano seguinte, com "Só vale o escrito". Em 1991, estreou no Grupo Especial e surpreendeu: ficou em sétimo lugar, à frente de tradicionais escolas, como Mangueira e Vila Isabel. Seu enredo era uma homenagem à atriz Dercy Gonçalves.

A Viradouro foi campeã do Carnaval do Rio pela primeira vez em 1997, com o enredo "Trevas! Luz! A explosão do universo", do consagrado Joãosinho Trinta. Nos cinco anos seguintes, ficou sempre entre as cinco primeiras. Já no século 21, caiu duas vezes para o Grupo de Acesso – a primeira delas em 2010. Quatro anos depois, foi campeã e em 2015 voltou a desfilar no Grupo Especial. Porém, teve péssimo desempenho, ficou em último lugar e caiu novamente. Em 2018, foi campeã do Grupo de Acesso e retornou ao desfile principal das escolas de samba do Rio.

Na volta em 2019, veio com tudo para tentar mais um campeonato no Grupo Especial, com o enredo "Viraviradouro", de outro prestigiado carnavalesco, Paulo Barros. Mas esbarrou no sucesso inesperado – e merecido – do samba-enredo "História pra ninar gente grande", da Mangueira, homenageando Marielle Franco e contando uma outra História do Brasil a partir de nossos heróis negros. Há muitos anos não se via um samba-enredo cair tão fortemente no gosto popular. A Viradouro terminou vice-campeã, perdendo nos detalhes: teve 269,7 pontos, contra 270,0 da Mangueira – uma diferença de 0,3 décimos.

O samba-enredo daquele ano foi composto alguns meses antes da prisão de Rodrigo. Por uma coincidência impressionante, a letra caiu como uma luva para representar o espírito dos parentes, amigos e aliados que torciam pelo prefeito e faziam tudo para que ele voltasse à sua família e à prefeitura.

Trechos da letra pareciam falar justamente da situação – e da expectativa – de Rodrigo:

Quem me viu chorar
Vai me ver sorrir
Pode acreditar, o amor está aqui
Viraviradouro iluminou

O brilho no olhar voltou
(...)
E quem ousou desafiar a ira divina
Vagou no mar
Cego pela sede da ambição
Carregando a sina dessa maldição
Seres da sombria madrugada
O medo caminhou na escuridão
Mas a coragem que me faz lutar
É a esperança, razão de sonhar
Imaginar e renascer
No Sol de cada amanhecer
Das cinzas voltar
Nas cinzas vencer

Padre João Cláudio, além de líder católico, é um apaixonado pelo carnaval. Em 2014, ele foi convidado por uma frequentadora da Missa de São Miguel para dar a benção à escola. Acabou se encantando e nunca mais abandonou a Viradouro, na qual ocupa o curioso cargo de diretor religioso.

No período pré-carnavalesco de 2019, João Cláudio deu uma entrevista ao UOL que lhe custou alguma chateação, com ataques nas redes sociais. Na reportagem, ele dizia:

> *Se a gente olhar o evangelho, Jesus acolhia, não condenava ninguém. Jesus não fazia comentários idiotas, não censurava ninguém. Tem que tirar essa visão preconceituosa e racista sobre o samba.* (...) *Tem que parar de achar que samba é coisa do capeta.*

Outro trecho:

> *Teve um ano que uma escola apresentou um enredo sobre 'A divina comédia', de Dante Alighieri.* (...) *Mas muita gente achou que essa escola estava fazendo apologia ao demônio, porque a primeira ala representava o Inferno. Quem achou isso é idiota ou burro e claramente não leu Dante Alighieri, pois não notou que a escola estruturou*

as alas de acordo com a narrativa de 'A divina comédia', que começa no Inferno e termina no Paraíso. Se continuarmos com essa visão de que tudo é do mal, daqui a pouco não poderemos encenar a Paixão de Cristo, porque ali tem a figura do demônio.

Aquela entrevista foi a deixa para que o pároco virasse alvo nos grupos de WhatsApp da extrema-direita bolsonarista.

Eu estava de férias, minhas férias são sempre em janeiro, e eu ia a todos os ensaios da escola. Usava uma camiseta da Viradouro que tinha escrito: "Aqui tem uma escola de verdade". Saiu foto minha com essa camisa na entrevista. Aí, pegaram esse mote e botaram nas redes sociais: "A escola pode ser de verdade, mas o padre é de mentira". Ficaram com ódio de mim por causa da entrevista ao UOL, disseram que eu chamava os grupos da direita de "idiotas". **Padre João Cláudio**

Naquele verão, João Cláudio ficou emocionado quando percebeu a força da letra do samba-enredo da Viradouro, no mesmo momento em que se rezava e se agia em vários lugares da cidade para que Rodrigo voltasse.

Aquela história de "Quem te viu chorar"... Lá na Viradouro mesmo eu falei: "Isso aí é o hino do Rodrigo! Essa música tem que ser o hino do Rodrigo!". Mas claro que eu não tive nada a ver com o fato de a música ter sido cantada para Rodrigo, foi o pessoal mesmo que começou a cantar. **Padre João Cláudio**

Embalado pelo refrão da Viradouro – escola de coração de Rodrigo e sua família –, o mês de março começou sob forte expectativa para Fernanda, Mayara, Cadu, Marina, os pais de Rodrigo, a legião de amigos, aliados políticos e a população niteroiense. O carnaval da família Neves desta vez foi de visitas em Bangu 8.

No último fim de semana antes de meu pai sair, eu viajei. A gente foi na visita do sábado de carnaval e na Quarta-feira de Cinzas, e em seguida eu fui para Angra dos Reis, na casa de um casal de amigos da minha ex-namorada. Estava a família deles lá e ninguém me conhecia direito. Mas teve uma hora que a mãe do meu amigo, muito evangélica, começou a conversar na mesa de jantar. De repente, no meio de todo mundo, eu comecei a chorar. Então ela fez uma oração e falou pra mim: "Vai dar certo o julgamento". Também me senti mal lá porque minha mãe fez a visita no sábado, com minhas irmãs, e eu não fui, estava em Angra. Na quarta, meu pai havia me incentivado a viajar: "Pode ir, Cadu, você já veio hoje, volte só semana que vem, vai lá curtir um pouco, vai aproveitar, rapaz, passeia". Eu fui, mas fiquei com a cabeça lá em Bangu 8, não consegui me desprender daquilo. No sábado liguei para saber como havia sido a visita, como é que ele estava. Durante esses três meses de prisão, eu não consegui curtir quase nada, porque tudo me fazia lembrar o meu pai. **Cadu Sixel Neves**

Aqueles primeiros 11 dias de março foram de muita expectativa sobre o resultado do julgamento. A maioria acreditava que Rodrigo tinha boas chances de sair, mas havia dúvidas se os desembargadores decidiriam por sua recondução ao cargo de prefeito.

O Técio tinha muita esperança de que o Rodrigo saísse e também reassumisse a prefeitura, mas isso não era uma crença de todo mundo em Niterói. Poxa, três meses e nada havia sido encontrado contra ele, todas as pessoas do Direito com quem eu conversava diziam: "Não há por que mantê-lo preso, não tem justificativa". Então, que ele sairia, já era meio que uma fala corrente, já havia essa certeza. Mas, sobre a volta dele para a prefeitura, só quem falava com firmeza era o Técio: "Olha, tem chance de ele voltar para a prefeitura". Eu repetia isso para as pessoas. Teve um domingo que as crianças insistiram para irmos ao cinema, para dar uma volta – pois eu quase não saía. Mayara já estava no fim da gravidez. Acabei concordando, e fomos no cinema do Reserva. Na saída, encontramos um pessoal da política e um deles me disse: "Ah, Fernanda, tá acabando, né? O Rodrigo vai sair, vai vir para casa". Eu respondi na hora: "Pra casa não, Rodrigo vai voltar para a prefeitura!". Eles levaram um susto: "Mas você acha isso mesmo?". Eu disse: "Acho não, tenho certeza!". Mas não tinha certeza nenhuma, imagina... O que eu tinha era uma forte esperança de que isso acontecesse. **Fernanda Sixel Neves**

Na semana anterior ao julgamento, soube que houve uma reunião com uma determinada liderança política – que não era da Câmara de Vereadores, mas tinha certa influência – para ensaiar um loteamento do governo, já contando que Rodrigo não voltaria mais à prefeitura. Só que um dos presentes chamou a atenção de todos: "Gente, vocês estão colocando a carroça antes do boi, não? O julgamento está marcado para o dia 12, é semana que vem. Não é melhor esperar até lá?". Eu sou muito grato à fala desse presente, que sujeito sensato. O negócio morreu por ali naquela reunião e na semana seguinte deu tudo certo, Rodrigo voltou para o lugar de onde nunca deveria ter saído e elegeu o sucessor com mais de 60% dos votos. Se a pessoa acreditava mesmo naquilo, mordeu a língua, porque Rodrigo não só voltou, como voltou mais forte. **Luciano Alvarenga**

Após três meses tão difíceis, em que se manteve o tempo todo com uma firmeza impressionante, Fernanda começou, é natural, a dar sinais de cansaço físico e emocional. A conta do desgaste começava a chegar.

A gente, da família, queria acima de tudo tirar Rodrigo daquela situação. Eu queria demais que ele voltasse para a prefeitura, mas confesso que o que eu queria mesmo era que voltasse para casa. Mas o Técio foi firme: "Fernanda, eu vou pedir liberdade e recondução para o mandato". **Fernanda Sixel Neves**

Enfim chegou o grande dia, 12 de março. A família foi em peso ao tribunal do outro lado da Baía de Guanabara. O julgamento do pedido de habeas corpus para Rodrigo Neves e de sua recondução à prefeitura teve casa cheia no plenário do 3º Grupo de Câmaras Criminais do Tribunal de Justiça do Rio de Janeiro. O corpo julgador era formado por sete desembargadores: Cairo Ítalo França David, Fernando Antonio de Almeida, José Muiños Piñero Filho, Luciano Barreto, Luiz Noronha Dantas, Marcelo Castro Anátocles da Silva Ferreira e Paulo Baldez.

Família, amigos e aliados tiveram que acompanhar antes outros julgamentos; o processo de Rodrigo ficou para o fim.

Tinha muita, muita gente mesmo. Foram três advogados falando, porque eram três pessoas, além do Rodrigo. Então, finalmente veio o Técio, que fez uma defesa e uma explicação muito boas da situação toda. Depois dele, foi a fala do subprocurador, Ricardo Martins. Eu estava muito nervosa, todos nós estávamos tensos. Na fala, ele o tempo todo montava um discurso de farsa sobre o que tinha acontecido. A gente, que é de Niterói, via que aquilo não tinha a menor conexão com a realidade de nossa cidade. "Porque os ônibus estão caindo aos pedaços". Eu pensava: "Gente, os ônibus em Niterói são a melhor frota urbana do estado, que ônibus está caindo aos pedaços?". Eu ficava no gestual sobre o que ele falava, como que dizendo "Não, não, não...", até que fui chamada a atenção, o presidente pediu que a gente respeitasse a fala. O problema é que o subprocurador não tratava do tema de Rodrigo, ele ficava falando da Lava Jato, do Lula, do PT, e, principalmente, do Sérgio Cabral. Mas não era o Cabral que estava sendo julgado ali. Ele tentava criar uma narrativa de corrupção, jogando o Rodrigo no meio. Eu chorei muito com aquela fala, outras pessoas também choraram, porque era muito ruim e pesada. Quando passou para a fala dos magistrados, o desembargador José Muiños Piñeiro Filho ficou marcado para mim, porque ele começou a questionar o subprocurador: "Isso está frágil, vocês vão ter que montar um processo mais robusto, porque o que vocês trouxeram é muito pouco para manter uma pessoa presa". Ele também disse mais ou menos o seguinte: "A visão que eu tenho do Rodrigo é a de um político republicano, as notícias que chegam de Niterói são de um governo progressista e ético". E teve outro desembargador (Marcelo Castro Anátocles da Silva Ferreira), que inclusive morava em Niterói, que comentou como a cidade estava sentindo a falta de seu prefeito. Também um deles disse que nas trocas de mensagens apresentadas pela acusação não havia nada que denotasse crime ou conotação criminosa. Aquilo foi nos enchendo de esperança, porque as falas dos próprios desembargadores estavam sendo muito boas. **Fernanda Sixel Neves**

O subprocurador Ricardo Martins foi extremamente agressivo. Por isso, quando minha mãe ficou mexendo a cabeça em desaprovação, um dos desembargadores falou que, se a plateia continuasse se manifestando, ele teria que pedir para esvaziar a sessão. Mas não foi só minha mãe, várias pessoas ficavam manifestando desaprovação, porque aquele cenário descrito pelo subprocurador não existia. As pessoas diziam "não" com a cabeça e com o rosto. Um dos desembargadores, quando deu o voto, falou que era um desrespeito com a democracia e com o povo de Niterói o afastamento do cargo de um prefeito que havia sido reeleito democraticamente, pois isso prejudicava a cidade. **Mayara Sixel Neves**

Para a jovem Marina, de apenas 14 anos, aquele julgamento foi uma experiência estranha.

Eu cheguei lá e não tinha noção nenhuma de como era, de como me comportar, porque só tinha visto julgamento em filmes e, obviamente, eu não entendia vários termos. Era um monte de homem de terno e eu pensando: "Caraca, a vida do meu pai está literalmente nas mãos desses caras...". **Marina Sixel Neves**

A grande preocupação de todos era a libertação imediata de Rodrigo Neves, para acabar com o sofrimento de três meses de prisão. Mas tinham outras questões importantes. Além do retorno ao cargo de prefeito, houve consenso para rejeitar a acusação de organização criminosa, sem sequer abrir processo, outra vitória importante naquele dia. Foi por conta dessa acusação que o procurador-geral Eduardo Gussem pediu a prisão preventiva de Rodrigo – ou seja, não havia motivos para a prisão ter sido ordenada. Entretanto, a denúncia de corrupção continuou ativa porque um dos desembargadores pediu vistas ao processo, jogando qualquer decisão a respeito para um futuro indefinido.

O momento mais tenso do julgamento foi quando o desembargador José Muiños questionou a acusação sobre a relação societária de Fernanda com a empresa Toesa, profundamente envolvida com a Lava Jato. Nas entrevistas dadas à imprensa por membros do Ministério Público, no dia da prisão, esse foi um dos pontos destacados.

O Muiños perguntou sobre mim para o subprocurador Ricardo Martins: "Inclusive, vocês acusam a primeira-dama de ser a pessoa que faz essa transação de dinheiro, mas a defesa nega contundentemente". O subprocurador respondeu: "É, isso foi um equívoco". O Técio quase perdeu a cabeça: "Ah, foi um equívoco?". Eu fiquei desesperada, porque o Técio subiu num parapeito de madeira com o dedo em riste, gritando: "Isso não é equívoco, isso é desonestidade! Vocês sabiam que ela não era sócia (da Toesa)*!". O Técio gritava, o subprocurador gritava, era todo mundo gritando. Eu olhava para Letícia Lins e Silva: "O que está acontecendo?". Esse subprocurador virou para o Técio e falou: "Você não é Deus, você é um Lins e Silva, mas você não é Deus!". O Técio retornou e disse: "Eu sou advogado, como você também é advogado, então você se comporte como advogado! Cumpra a lei! Defenda a lei! Faça corretamente o seu papel!".* **Fernanda Sixel Neves**

O subprocurador falou meio baixo para o desembargador, aí o Técio pediu a palavra e disse que ele tinha que pedir desculpa publicamente, nos autos do processo. Teve um bate-boca enorme. Seguranças vieram para pegar o Técio. **Letícia Lins e Silva**

Técio se lembra bem daquele episódio, que até hoje o enche de revolta.

Não é que não era verdade. A acusação de que Fernanda tinha alguma relação societária com a Toesa era uma invenção, absolutamente fictícia! Na tribuna, eu sustentei oralmente e denunciei aquele absurdo. Disse que era uma calúnia, imputação falsa de um crime a uma pessoa inocente. No curso da discussão, um desembargador questionou o subprocurador: "Esse negócio aí da mulher do acusado, o advogado disse que é mentira". A sala era pequena e ouvi o subprocurador responder: "Realmente, desembargador, foi um equívoco". Quando ouvi aquilo, interpelei imediatamente: "Acusa em público e pede desculpa no particular, falando baixinho, cochichando com o desembargador?". Aí fechou o tempo, foi uma confusão danada. Aquela relação com a Toesa foi uma grande irresponsabilidade da acusação. **Técio Lins e Silva**

A legislação que proíbe o recebimento da denúncia com base exclusivamente em delação premiada só saiu depois.

A legislação de hoje, a chamada Lei Anticrime, diz que a delação não vale para o recebimento de denúncia se não for confirmada, se não houver corroboração. É preciso haver provas que confirmem a delação. Parece óbvio, mas só agora está na lei. As delações usadas na acusação contra Rodrigo não têm corroboração! Ficou uma delação solta, que depois foi desmentida e, portanto, não pode servir de base para oferecimento e recebimento de uma denúncia. Ela teria que ser rejeitada. Mas, na época do julgamento, não havia essa lei. **Técio Lins e Silva**

O único desembargador que defendeu a manutenção da prisão preventiva foi Luiz Noronha Dantas, o mesmo que, monocraticamente, ordenara a prisão de Rodrigo a poucos dias do recesso do Judiciário, em dezembro de 2018. Todos os demais votaram a favor da libertação de Rodrigo, uma vitória acachapante: 6 votos a 1.

Apesar do placar, até hoje o processo criminal sobre corrupção passiva ainda não foi julgado em seu mérito.

Quanto à admissibilidade da acusação, o desembargador Luciano Barreto votou por afastar a imputação do crime de organização criminosa. Ele considerou que, se a denúncia fosse verdadeira, Rodrigo e Domício não estariam em conluio com os empresários, estariam extorquindo eles. Por isso, não se podia dizer que havia uma unidade de desígnios – os desígnios eram diferentes. Esse desembargador deu um voto muito bom. Disse ainda que a delação não podia ser uma denúncia e que não se pode basear apenas numa delação. Ao final, quase todos os desembargadores afastaram a imputação de organização criminosa – a decisão foi por 5 a 2. Porém, foi aceita a denúncia de corrupção. Só que isso foi em 2019, e desde então não aconteceu mais nada. Porque teve a demora na publicação de acórdãos, de mais de um ano, outro réu apresentou embargo de declaração e tem um pedido do Ministério Público para que seja declarada a incompetência do 3º Grupo de Câmaras como órgão julgador, já que Rodrigo deixou de ser prefeito e perdeu a prerrogativa de foro. Assim, o processo dele irá baixar em uma vara criminal de Niterói, uma vara comum. **Letícia Lins e Silva**

No julgamento dos embargos de declaração apresentados pelo empresário João Carlos Félix Teixeira (o que só aconteceu em setembro de 2021), dois desembargadores, Luciano Barreto e Fernando Antonio Almeida, votaram a favor do encerramento do processo como um todo, mas foram votos vencidos.

Em sua declaração de voto, o desembargador Luciano Barreto reconheceu a validade da argumentação dos advogados do empresário João Carlos, que tomou como base a Lei Anticrime (Lei nº 13.964, de 24 de dezembro de 2019, também chamada de Pacote Anticrime). Essa lei impede que delações premiadas, sem corroboração através de outros elementos de prova, sejam usadas para fundamentar medidas cautelares (como uma prisão preventiva) ou para justificar a instauração de uma ação penal.

Em seu artigo 4º, parágrafo 16, a Lei Anticrime diz claramente:

> *§ 16. Nenhuma das seguintes medidas será decretada ou proferida com fundamento apenas nas declarações do colaborador:*
> *I – medidas cautelares reais ou pessoais;*
> *II – recebimento de denúncia ou queixa-crime;*
> *III – sentença condenatória.*

Na sua argumentação, os embargos de declaração informam que a nova legislação, ao entrar em vigor no fim de 2019, passa a ter força de lei sobre o processo de Rodrigo e dos outros três acusados:

> *Entre a conclusão do julgamento do recebimento da denúncia (...) no dia 14 de maio de 2019, e a lavratura do acórdão embargado, no dia 20 de fevereiro de 2020, entrou em vigor a Lei 13.964/2019.*

Os embargos de declaração enfatizam:

> (...) *a nova redação desse dispositivo (a Lei 13.964/2019), que exprime o direito fundamental à presunção de inocência (...) deve retroagir ao julgamento de recebimento da denúncia (...) por ser mais benéfica ao Embargante em relação à redação original, e recomenda, no caso concreto, o trancamento da ação penal em face do Embargante pelo crime de corrupção ativa.*

Com base na Lei Anticrime, as delações de Marcelo Traça e Renato Pereira, sem qualquer corroboração, não poderiam justificar nem a prisão preventiva, nem a instauração do processo criminal contra Rodrigo e os demais acusados.

Em seu voto, o desembargador Luciano Barreto citou vários argumentos dos embargos de declaração, deixando clara sua concordância com eles, e finaliza dizendo:

> *DIVERGI da douta maioria, e VOTEI pelo PROVIMENTO DO RECURSO, ATRIBUINDO-LHE EFEITOS MODIFICATIVOS, para REJEITAR A DENÚNCIA, NA SUA INTEGRALIDADE, em relação ao embargante JOÃO CARLOS FÉLIX TEIXEIRA, ESTENDENDO OS EFEITOS DESTA DECISÃO aos codenunciados JOÃO DOS ANJOS SILVA SOARES, MARCELO TRAÇA GONÇALVES, RODRIGO NEVES BARRETO e DOMÍCIO MASCARENHAS DE ANDRADE, com esteio nos artigos 395, inciso III, do Código de Processo Penal, c/c 4º, § 16, inciso II, da Lei nº 12.850/2.013, com a decorrente extinção do processo sem a resolução do mérito da pretensão punitiva.*

Desta forma, apesar de a acusação de organização criminosa ter sido rejeitada pelos desembargadores, o julgamento por crime de corrupção contra Rodrigo, Domício Mascarenhas e os empresários João Carlos Félix e João dos Anjos ainda não aconteceu. No dia 10 de dezembro de 2021, enquanto finalizávamos este livro, completaram-se três anos da prisão de Rodrigo e o julgamento final ainda não tinha perspectiva de ser realizado – talvez em 2023, ou até mesmo em 2024, difícil de se prever. Em 2022, será encaminhado a um juiz criminal de primeira instância de Niterói, que deverá dar continuidade ao processo.

À parte todos esses trâmites legais, repletos de detalhes processuais complexos, naquela tarde-noite de 12 de março Rodrigo Neves teve finalmente uma grande vitória contra a injustiça. No dia seguinte, ele poderia ser finalmente colocado em liberdade. E mais do que isso, reassumir o posto de prefeito de Niterói.

> *A alegria foi geral, as pessoas estavam em festa. Assim, fomos dormir numa alegria monstruosa. O Técio foi brilhante, ele trabalhou o tempo todo para que Rodrigo voltasse à prefeitura. Pelo respeito à legalidade e ao voto popular. Foi muito bonita a defesa dele.* **Fernanda Sixel Neves**

> *Nossa, o Técio foi excepcional! Eu fiquei quase pulando ali na torcida. Quando a gente teve a vitória, foi muito abraço e choro, mas outro tipo de choro, outro tipo de lágrima. Foi muita felicidade.* **Marina Sixel Neves**

> *No fórum, a gente ficou naquela: "Será que ele ainda sai hoje??" Os advogados falaram que não, porque a decisão saiu tarde, a sessão só terminou depois das 19h.* **Mayara Sixel Neves**

Bem longe dali, a sogra de Rodrigo, Vera Sixel, munida de sua carteira “ da OAB, estava com ele em Bangu, mas acompanhando atentamente o resultado do julgamento para informá-lo do resultado.

> *Ela saía do complexo ou ia em algum lugar que tinha sinal de celular e mandava mensagem: "Como está aí?". A gente respondia: "Até agora os votos estão sendo favoráveis". Ela voltava lá dentro e contava para o meu pai. Mas, como a decisão dos desembargadores só saiu depois do horário de visita, ela não pôde contar para ele. "Vó, pelos votos, por tudo que está acontecendo aqui, a liberdade vai ser dada. Fala pro meu pai para ele ficar tranquilo porque vai sair a liberdade". Mas a gente não sabia se ele iria voltar também para a prefeitura. Quando saiu a decisão, minha avó até tentou voltar lá e contar para ele, mas não conseguiu.* **Mayara Sixel Neves**

Rodrigo acabou sabendo do resultado final pelo rádio.

> *Às 18h era o momento da oração do Angelus, que ouvíamos pelo rádio. Durante a oração, quando fechei os olhos, tive uma imagem da Fernanda sorrindo, com um sorriso bonito, e me falando: "Vencemos, a justiça venceu! Você volta para casa e retorna à prefeitura!". Essa imagem ficou muito forte para mim. Era como se a Fernanda estivesse transmitindo para*

mim a informação. Aí, quando terminou o Angelus, veio o encontro com o grupo evangélico, às 19h. Começamos a reflexão e, no meio da oração, alguém ouve no rádio uma notícia dizendo que havia acabado de terminar o julgamento e me fora concedida a liberdade e o retorno à prefeitura. Foi um momento forte de agradecimento em oração. Pedi para eles cantarem um hino tradicional: "Segura na mão de Deus e vai / Se as tristezas desta vida quiserem te sufocar / Segura na mão de Deus e vai". E as pessoas cantaram, foi muito emocionante, todos se abraçando. Eu falava "Justiça! Justiça!". Depois, fiquei buscando a notícia em outras estações de rádio. Foi uma noite em que eu dormi o sono dos justos, com o sentimento de que a justiça estava começando a ser feita. Um misto de leveza e ansiedade em abraçar meus filhos e Fernanda. **Rodrigo Neves**

Ainda no fórum, com Mayara, Cadu e Marina a seu lado, Fernanda, tentado segurar o emocionado choro de alegria, deu um depoimento para a imprensa presente:

> *A gente está muito feliz com o resultado de hoje, a justiça foi feita, Rodrigo vai voltar para o trabalho dele, para a cidade que ele tanto ama e se dedica, e vai voltar principalmente para o nascimento da Manuela, que já está breve. A árvore de Natal está esperando ele para a gente cear.*

A euforia para a chegada do dia seguinte era grande. O movimento comunitário preparou rapidamente uma grande festa para receber Rodrigo na porta de seu prédio, com carro de som tocando o samba da Viradouro. Era quarta-feira, dia de visita. A expectativa da família era chegar logo em Bangu 8 para sair de lá abraçada com Rodrigo pela porta da frente.

A gente foi muito cedo. Todo mundo em festa, muita gente foi de carro até Bangu. Durante todo o período da prisão, a solidariedade das pessoas – de levar livro, escrever carta, fazer bolo etc. – foi muito bacana. Eu falava para Rodrigo: "Você não está sozinho, tem uma legião de pessoas te querendo bem!". Naquela quarta-feira, nós fomos com o coração. Levamos comida para almoçarmos, mas tínhamos muito a expectativa de que ele saísse antes do almoço. Os advogados foram também, Letícia foi cedo. **Fernanda Sixel Neves**

E eu estava muito feliz! Eu fico péssima quando acordo cedo, mas naquele dia acordei feliz de estar indo buscar meu pai. A gente tinha que andar não sei quantos quilômetros para chegar no pavilhão dele, sempre num sol absurdo, mas a gente ia com a maior felicidade. Podia cansar, ficar com dor, revezando quem carregava a bolsa, a gente não estava nem ligando. "Calor é psicológico, vambora!". Acho que nunca foi tão rápido para chegar lá. **Marina Sixel Neves**

Porém, muitas emoções ainda aguardavam a família Neves naquela quarta-feira. Até o fim, tirar Rodrigo da cadeia não foi fácil.

Ficamos naquela angústia: "Ele vai sair daqui a pouco? Ele vai sair... Não, não vai sair...". A gente entrou já quase na hora do almoço, com aquilo em mente: "Cadê o papel da soltura?". Foi passando o tempo, foi dando a hora e nada daquela soltura chegar. Começamos a ficar ansiosos. Já tinha gente indo embora e eu ficava o tempo todo de olho na porta. Aí entra uma pessoa e vai primeiro na mesa do seu João, o seu João velhinho. Ele estava com o filho e o motorista, que trabalha com ele a vida inteira, um senhorzinho também, era uma graça. E eu olhando. Seu João fez aquele movimento de "Estamos livres!". A gente levantou, gritou, começou a chorar. **Fernanda Sixel Neves**

Mas nada de chegar o alvará de soltura de Rodrigo. E o tempo da visita se aproximava do fim.

Quando, graças a Deus, chegou a informação de que ele iria sair, eram quase 16h. Já tínhamos distribuído tudo o que Rodrigo tinha na prisão, ele estava só com a roupa do corpo. E nada de Rodrigo sair. Até as 17h, a gente tinha que estar fora do presídio. Saíamos às 16h para poder chegar lá fora até as 17h. Fomos caminhando aqueles três quilômetros muito devagar, olhando para trás toda hora para ver se dava tempo de ele sair e nos alcançar. Chegamos no portão e ficamos lá, ainda do lado de dentro. Até minha mãe fez questão de ir. Aí, passou um agente e falou: "Olha, vocês não podem ficar esperando aqui dentro". Tudo que eu queria era ir andando com Rodrigo, caminhar junto para a liberdade. Era um ato simbólico, atravessar o portão de saída com ele. Mas não deixaram. **Fernanda Sixel Neves**

Se não fosse pelos advogados, Rodrigo não sairia naquele dia. A burocracia do fórum estava dificultando as coisas.

Até a hora do almoço, o Fórum de Bangu não tinha dado a libertação e o oficial de Justiça disse que não iria mais lá, porque já eram 14h. Falou que só levaria o documento no dia seguinte. Aí, Letícia e as advogadas do escritório correram ao fórum e compraram uma briga danada: "Você vai hoje! Meu cliente está lá esperando!". Graças a elas, o oficial de Justiça foi e Rodrigo conseguiu sair naquele dia. **Fernanda Sixel Neves**

Mayara acompanhou tudo de perto e relata as complicações de última hora que atrasaram a libertação.

Eu expliquei a meu pai como estava a situação: "Vai sair hoje, mas a gente não sabe o horário". O oficial de Justiça chegou umas 16h e pouco, teria que chegar até no máximo 17h para meu pai poder sair no mesmo dia. Ele ainda teve que passar por algum exame físico e havia os trâmites da liberação. Então o oficial de Justiça passou pela gente e disse que já havia entregado o documento. Ele depois entrou novamente, parece que havia outra ordem de soltura com algum dado errado e por isso estava atrasando tudo. Finalmente saímos com meu pai e fomos andando para o portão. Tinha muito repórter lá. No caminho, meu pai foi conversando com a Letícia sobre o que achava que ele podia falar ou não falar para a imprensa. Ali, na porta, já deu a primeira entrevista. **Mayara Sixel Neves**

Letícia conta outros detalhes da saída:

Lá dentro são oito unidades. Você entra por um grande portão e vai indo naquele terreno imenso, passando por todas as demais unidades, porque a que Rodrigo estava era uma das últimas, lá na ponta, bem longe. A gente, como advogado, podia entrar de carro, mas o preso não podia sair de carro com o advogado. A família também não podia entrar de carro. O detento libertado tem que sair a pé, tem que andar até aquele portão de entrada. E aí tinha o calor e a distância, além da questão da imprensa, que o aguardava no portão. Tinha muita imprensa. Mas aí decidimos que o Rodrigo, com aquela força dele, iria falar com os jornalistas, não tinha jeito. A Mayara, com seu barrigão, resolveu andar também e alguém levou o meu carro. Então, fomos eu, a Mayara e o Luciano Alvarenga andando com o Rodrigo, parecia uma procissão. Estávamos numa alegria impressionante naquele calor... Só de lembrar me dá vontade de chorar, porque foi muito emocionante. Afinal, chegamos no portão e tinha uma infinidade de gente esperando. Rodrigo falou com a imprensa e fez um discurso lindo. Sem raiva, sem ódio. Uma coisa que eu não tenho, que é fé em Deus, ele tem de sobra, e eu acho que isso ajudava. Ele fez um discurso de agradecimento, de reconhecimento. Falou da Marielle Franco, porque tinha acontecido a prisão dos assassinos dela na véspera, e ele elogiou o Ministério Público por essa ação. Ele foi muito grande. Foi emocionante, inesquecível! **Letícia Lins e Silva**

Para Fernanda, Cadu, Mayara e as demais pessoas que aguardavam do lado de fora, aqueles minutos pareceram uma eternidade.

Ficamos todos abraçados. Até que ele veio andando, Mayara linda com aquele barrigão. Era aniversário da Letícia Lins e Silva e ela falava: "Fernanda, meu presente de aniversário é a libertação do Rodrigo! Tô levando meu presente!". Ele conversou com a imprensa, falou da importância da democracia e de Marielle Franco e elogiou o pessoal da Seap, disse que havia sido bem tratado pelos agentes penitenciários. Aí entrou no carro conosco e foi uma choradeira só. Ele disse: "É muito surreal ver a rua, o movimento dos carros passando...". **Fernanda Sixel Neves**

No meio do trajeto, Rodrigo estava visivelmente atordoado com seus primeiros momentos fora da cadeia. Sem contar que pegou engarrafamento, porque era hora do rush, com muitos carros indo em direção a Niterói. Mesmo assim, já na Ponte Rio-Niterói, acabou dando uma entrevista exclusiva, por telefone, para o colunista Bernardo Mello Franco, do jornal "O Globo".

Três meses confinado, com pouca luz na cela, imagina o que é pegar a Avenida Brasil com engarrafamento etc. Ele estava aturdido. Quando o Bernardo ligou, passei o telefone para o Rodrigo. Ele foi conversando no celular, do final da Ponte até em casa. Até que entramos na nossa rua e já ouvimos as pessoas gritando. Tinha carro de som e tocava o samba da Viradouro. "Rodrigo, desliga o telefone, desliga o telefone". Só que ele estava ainda falando com o Bernardo. Eu disse: "Amor, desliga o telefone, você não está entendendo, não vai dar para você continuar falando...". Ele virou e respondeu: "Para um pouquinho antes". Como se as pessoas não fossem notar que era Rodrigo que estava no carro... Rsrs... O pessoal desceu correndo até a gente, eles abriram a porta do carro e começaram a puxá-lo pelo braço. Ele mal teve tempo de dizer ao Bernardo: "Tenho que desligar." Saiu do carro carregado pelas pessoas, até o carro de som, e eu atrás chorando muito. Ele precisava daquela re-

cepção, de todo mundo levantando ele, abraçando e cantando. **Fernanda Sixel Neves**

Eu chorava, chorava e cantava a música da Viradouro. Meu pai ficou desnorteado! Nós viemos o tempo todo de mãos dadas no carro, ele não desgrudava a mão de mim e da minha mãe. Pensei: "Caraca, agora eu posso te segurar por mais tempo do que o horário da visita!" **Marina Sixel Neves**

A chegada no prédio da Rua Vereador Duque Estrada, em Santa Rosa, foi realmente apoteótica. Na página "Tô com Rodrigo", no Facebook, há vídeos que mostram um pouco da festa. Ele foi carregado nos ombros pelos apoiadores como se fosse um jogador que acabara de ganhar um campeonato. No meio do caminho, viu Paulo Bagueira, ainda prefeito interino, e o puxou pelo braço. Levaram ambos a um local mais alto, onde Rodrigo discursou por 15 minutos, interrompido várias vezes aos gritos de "O prefeito voltou!" e "Rodrigo! Rodrigo!". Ele ficou atordoado diante da multidão, mas lúcido o suficiente para fazer um discurso concatenado.

Eis alguns trechos de sua fala improvisada no carro de som:

- *Nesses 93 dias, eu li mais de 40 livros. Sociologia, antropologia, ciência política, romance... Mas uma coisa que me ajudou muito foi ler a história de Mandela, que é um exemplo de resiliência e reconciliação.*

- *Por mais irônico que seja, na prisão você tem tempo para pensar, para refletir, para estudar, e é muito importante que você tenha sua mente em Deus.*

- *Quero agradecer às milhares de pessoas anônimas que oraram, às cartas que recebi. Quero agradecer a todos os niteroienses que, mesmo neste ambiente pantanoso da política, confiaram na nossa inocência.*

- *Para você prender uma pessoa e também retirar o mandato de um prefeito, as provas têm que ser muito contundentes. Mas até hoje não há provas!*

- *Enquanto outras cidades estão de cabeça para baixo, Niterói continua de cabeça para cima, graças, sobretudo, à população de Niterói, que é esclarecida e consciente e que sabia que o que estava acontecendo deveria ter uma explicação minimamente razoável e coerente.*

- *A gente, por mais correto e simples que seja, sempre pode ser mais e melhor enquanto seres humanos. E eu tenho certeza de que eu saio deste momento difícil e dramático da minha vida pessoal e familiar muito melhor como esposo, como pai e como companheiro de vocês.*

- *Quando temos convicções firmes, idealismo e espiritualidade, por maior que seja a privação que nosso corpo esteja sofrendo, a gente atravessa essas adversidades sofrendo, mas com a serenidade dos justos.*

- *Eu me dediquei muito, 13, 14 horas por dia, trabalhando seriamente e vivendo de maneira simples. As pessoas me conhecem, meus vizinhos sabem, apesar de os mal-intencionados muitas vezes espalharem notícias na internet dizendo que eu não morava aqui, aqueles que fazem ginástica comigo na esteira sabem, os que andam comigo no elevador sabem, a gente vive e sempre viveu com simplicidade.*

- *É um novo começo na vida. Essa experiência dolorosa evidentemente transforma a gente, mas eu quero dizer para vocês que estou transformado para melhor. E vocês podem ter certeza de que nós vamos nos dedicar ainda mais para que esse mandato seja concluído e que, em 2020, Niterói seja o melhor lugar para se viver e ser feliz no Brasil. Viva a democracia! Viva Niterói! Viva o povo de Niterói!*

Em sua coluna, publicada no dia seguinte no jornal "O Globo", Bernardo Mello Franco capturou muito bem aquele momento catártico que Rodrigo passou entre a saída de Bangu e a chegada, afinal, a sua casa.

> ***Prefeito de Niterói é solto e contesta acusações: "Coisa de maluco"***
> *O prefeito de Niterói, Rodrigo Neves, comemorou o Natal em março. Sua família manteve a árvore montada e adiou a ceia para esperá-lo. Ele voltou para casa ontem à noite, depois de três meses na cadeia.*

O pedetista foi preso em dezembro, acusado de chefiar um esquema de corrupção ligado a empresas de ônibus. Como o vice havia renunciado, a cidade ficou nas mãos do presidente da Câmara de Vereadores.

O Ministério Público sustenta que o grupo de Neves desviou R$ 10,9 milhões. Ele diz que é inocente e não teve chance de se defender. "Fui preso sem nunca ter sido ouvido. Sou investigado há 11 meses e não acharam nenhuma prova. É uma coisa de maluco", afirma.

A promotoria acusa o prefeito de cobrar 20% de pedágio sobre o reembolso de gratuidades previstas em lei. Ele diz que nunca pediu propina e que impôs exigências que contrariaram os empresários. "Quando assumi, Niterói tinha três tarifas diferentes. Unifiquei pela menor, e hoje a cidade tem a passagem mais barata do estado. Também exigi que 90% da frota tivesse ar-condicionado. Essas medidas reduziram o lucro das empresas", defende-se.

Na terça-feira, o Tribunal de Justiça revogou a prisão preventiva por seis votos a um. Neves foi afastado e preso antes de virar réu. A denúncia só deve ser examinada em abril, ressalta o advogado Técio Lins e Silva.

Sociólogo, o prefeito diz ter lido 40 livros para passar o tempo no cárcere. A lista incluiu a releitura de clássicos, como "Casa-grande & senzala" e "Raízes do Brasil", e quatro títulos de Nelson Mandela. Preso numa cela com outros 42 detentos, o pedetista conta que sofreu com o verão de Bangu. À noite, pendurava uma toalha molhada sobre a cama para aliviar o calor e conseguir pegar no sono. "Saí convencido de que o encarceramento não recupera ninguém", afirma.

Após a ovação à frente de seu prédio, Rodrigo, emocionalmente exausto, ainda demorou algum tempo para conseguir efetivamente entrar em casa. Pela primeira vez desde dezembro de 2018, pôde finalmente estar com o pai, o professor Edison, bastante enfraquecido com todo o processo e que não conseguiu ir a Bangu.

Meu sogro sofreu muito. Durante um tempo, a gente ainda o poupou, não contamos que o Rodrigo tinha sido preso, falávamos apenas que havia sido levado para averiguação. Mas aí, passou uma semana e ele não saiu, passaram 15 dias… A gente teve que contar. Meu sogro era muito caladão, sofreu muito e emagreceu demais. Ele e minha sogra esperaram Rodrigo no térreo, dentro do prédio. Se abraçaram muito. Em cima, no apartamento, estava a família. Tinha tios dele, meu irmão, meus pais, minha irmã, a irmã dele, vários primos… Quando ele afinal chegou, fizemos uma oração coletiva. Foi muita emoção, Rodrigo estava muito emocionado. **Fernanda Sixel Neves**

Nos dias seguintes, mais emoções fortes esperavam Rodrigo.

A Manuela nasceu no dia 8 de abril, menos de um mês depois de meu pai sair da prisão. Eu já havia marcado ultrassonografia no dia 15 de março, para ele poder ir, e o chá de bebê para o dia 17. Virou um chá de bebê quase de comemoração da volta dele. Foram umas 200 pessoas! Recebi fralda que eu uso até hoje! **Mayara Sixel Neves**

Na sexta-feira, Rodrigo fez algo importante pra ele: um mergulho no mar na praia, acompanhado de Cadu e Marina. Ele tem uma ligação forte com o mar e, naquele verão inteiro, ficou impedido de chegar perto d'água.

Fomos à Praia de Piratininga, à noite. Nossa, a água estava geladíssima! Mas foi uma delícia, renovador! Eu não conseguia deixar de olhar para o meu pai, não sei explicar o olhar que eu dava para ele, e que ele dava pra mim, o sorriso que a gente trocava… Foi a primeira foto que tirei em que realmente eu apareço sorrindo, de boca aberta, por causa do negócio do aparelho nos dentes, que eu tinha vergonha. Na praia, meu pai sempre fica olhando a lua, as estrelas, o mar... Ele é todo sensível com essas coisas, igual a mim. Aquele mergulho foi uma reconexão com tudo. Parecia que estava tudo de novo em harmonia, foi bom demais… **Marina Sixel Neves**

CAPÍTULO 12

EPÍLOGO... MAS NÃO O FINAL

No dia seguinte a sua libertação – 14 de março, data de um ano do assassinato da vereadora Marielle Franco – Rodrigo chegou cedo à prefeitura e lá foi recebido efusivamente na entrada do prédio por secretários e funcionários. Bagueira, Axel e vários outros colaboradores fizeram uma corrente de mãos dadas e oraram. Em seguida, Rodrigo passou o restante do dia em reuniões com secretários e assessores para tomar pé da situação de Niterói.

As marcas dos 93 dias em Bangu 8 – acrescidos de mais um dia detido já em sua própria casa, seguido de umas 15 horas entre a Cidade da Polícia e a carceragem de Benfica – ainda eram muito fortes.

Pouco antes de libertado, Rodrigo acumulou horas e horas de ansiedade e expectativa. Antes de sair, distribuiu entre os demais presos todos os seus apetrechos (ventilador, camisas, chinelos etc.) acumulados ao longo de três meses para minimizar o desconforto na cela.

Ao cruzar o portão de saída do Complexo de Gericinó, a cabeça de Rodrigo foi a mil, tentando racionalizar o que dizer, como agir e o que pensar a partir dali. Ato contínuo, sentiu o ar fresco entrando pelo vidro do carro, misturado com a experiência sensorial de rever a luz do sol por todos os lados e o cenário urbano da vida livre, com todas as suas imagens, sons e cheiros.

"Aturdido", "atordoado" e "zonzo" foram adjetivos utilizados por aqueles que acompanharam sua saída e o retorno a Niterói, para descrever seu estado físico e emocional no trajeto da liberdade, de Bangu até o seu lar, no seio de sua família.

A prisão moldou um novo Rodrigo. Como político e prefeito, manteve seu jeito trabalhador, idealista, obstinado e com muita vontade de realizar e fazer o que desse para melhorar Niterói, o Rio de Janeiro, o Brasil e a vida das pessoas a seu redor. As mais de 40 obras lidas na cadeia, de Norberto Bobbio ao Livro de Jó, foram um estímulo intelectual para uma cabeça acostumada a viver em ritmo acelerado.

Rodrigo voltou à rotina da prefeitura para retomar o que fazia. Mas com uma nova experiência de vida e sofrimento que, se não chegou a mudar quem era, deu-lhe uma qualidade diferente ao que fazia e ao seu jeito de pensar.

O Rodrigo voltou com um calor danado, com muita vontade de trabalhar. Após seu retorno à prefeitura, Niterói alavancou. Um ano depois, Rodrigo teve o reconhecimento da cidade: deixou a prefeitura com uma aprovação de seu governo acima dos 80%. Além disso, nos ajudou a ganhar a eleição para prefeito em 2020 no primeiro turno, com mais de 62% dos votos válidos, e com o segundo colocado abaixo dos 10%. **Paulo Bagueira**

Quem primeiro sentiu a nova feição do Rodrigo pós-prisão foi sua família.

Ele voltou totalmente diferente, dizendo "vou ficar mais com minha família" e "desculpa por ser ausente". Acho que ele sentia muito isso por causa da política, porque às vezes o trabalho não o deixava ficar conosco. A gente falava: "Pai, está tudo bem, a gente sabe". Ele passou a querer ficar muito com a gente, ir nas festas de família que ele nunca ia, queria reencontrar os primos. Queria tentar nos recompensar, não só pelos três meses preso, mas por antes, quando não conseguia ficar conosco por causa do trabalho. **Marina Sixel Neves**

Rodrigo voltou muito reflexivo. Acho que ele estava com uma ferida na alma. E sobre aquela história de "dar mais tempo para curtir mais a família", acho que foi ao contrário, ele trabalhou ainda mais para poder recuperar o tempo perdido. **Fernanda Sixel Neves**

Uma das mudanças nos primeiros meses – sentida na família e também no ambiente de trabalho – foi a religiosidade de Rodrigo, católico desde a juventude.

Ele saiu da prisão muito mais apegado às suas convicções religiosas. Falava sempre em Deus, o tempo todo se apegava à história de Jó. Voltou num clima muito forte de emoção associada à religiosidade. **Axel Grael**

A fé cristã de Rodrigo foi um dos pilares de sua sobrevivência e de sua sanidade mental na cadeia. Na família, de Fernanda a Marina, cada um, a seu jeito, cultiva a religiosidade católica.

Nos dias seguintes após sua libertação, a família Neves combinou mais um ato religioso, ao mesmo tempo simbólico e de agradecimento: ir à missa no Recreio dos Bandeirantes, a mesma que Rodrigo via pela TV em Bangu todo domingo de manhã.

No segundo fim de semana, a gente foi com a família toda. Tem uma foto disso, acho que tinha mais de 50 pessoas naquele dia, foi muita gente! E foi bem diferente da época da prisão, porque a gente chegou lá com uma cara de alegria muito grande, o pessoal da igreja até falou: "A cara de vocês mostra a felicidade!". **Cadu Sixel Neves**

Na prefeitura, rapidamente o estilo Rodrigo Neves de governar voltou a vigorar. No dia 22 de março, apenas oito dias após ser libertado, já realizava um Encontro de Gestores, reunindo todos os secretários e presidentes de fundações municipais em um hotel na Zona Sul da cidade para fazer um balanço das metas de 2018 e traçar objetivos para 2019. Cada secretário apresentou o status de sua área. Segundo notícia do jornal "O São Gonçalo", o encontro definiu que, entre as metas para 2019, estavam a ampliação da cobertura do Programa Médico de Família para 90% do território, a realização de chamamento público para a implantação do Museu do Cinema, a criação de uma nova unidade de conservação ambiental no município, a expansão dos núcleos de Defesa Civil e a capacitação de servidores.

Em termos pessoais, o retorno de Rodrigo à rotina de prefeito esteve longe de ser tranquilo. Ele não quis descansar e voltou decidido a retomar seu projeto político o mais rapidamente possível.

No dia em que saí, muitas pessoas me recomendaram ficar algumas semanas descansando e até mesmo fazer algum tratamento psicológico para me recuperar de Bangu. Mas, no dia seguinte, eu já estava na prefeitura e uma semana depois coordenei o Encontro de Gestores, uma reunião de mais de dez horas, que começou às 9h e foi até depois das 19h. Eu voltei com convicção e determinação de fazer ainda mais e melhor a gestão de

Niterói. Queria muito agradecer a confiança que os niteroienses depositaram em mim com mais trabalho, dedicação e amor. A população de Niterói teve muita serenidade para enfrentar aquele momento. **Rodrigo Neves**

Não foi fácil mudar a chave, de Bangu 8 para a Prefeitura de Niterói, em apenas 24 horas.

Hoje vejo que foi um esforço psicológico, físico e mental sobre-humano, porque eu tinha que me apropriar de maneira quase que imediata de todas as informações da administração. Estava há três meses sem saber sobre a receita da cidade, o desenvolvimento de projetos, a execução do orçamento. A própria abertura de orçamento, que é preciso ser feita a cada ano fiscal, ainda não havia sido implementada em março de 2019. Obter todas as informações no curto prazo e retomar o planejamento das ações das diversas áreas foi um esforço imenso. Outra coisa fundamental era retomar o contato com a população. Eu fui para as ruas e isso me deu uma força muito grande, pois em nenhum momento do meu retorno tive qualquer tipo de questionamento ou constrangimento com a população. Ao contrário, nas ruas e bairros, fui acolhido com confiança e entusiasmo. **Rodrigo Neves**

O impacto intenso dos três meses sobre sua família não acabara após a libertação.

Uma coisa profundamente difícil foi a retomada da vida pessoal. Fernanda passou por um processo de trauma muito forte. Por várias vezes, ela acordava assustada à noite, achando que estavam me sequestrando ou me levando. Marina ficou vários meses vindo dormir em nossa cama. Ela sofreu um trauma emocional e começou a receber apoio psicológico. Meu pai nunca mais se recuperou... Foi muito difícil aquela retomada. **Rodrigo Neves**

Por outro lado, o nascimento da filha de Mayara representou uma revigorada para toda a família.

Menos de um mês depois que eu saí, a Manuela nasceu. Isso foi extraordinário! A chegada de uma vida nova representou um momento de união e alegria na família. Foi muito importante na minha recuperação, e foi uma bênção de Deus para nossa família. Eu tinha muita preocupação, muita mesmo, de que a Manuela nascesse com algum problema de saúde, em função daqueles meses de sofrimento que Mayara passou indo todos os dias ao presídio com ela na barriga. Eu vivi essa angústia antes do nasci-

mento. Mas a Manuela é uma criança supersagaz e saudável. Foi um novo começo na vida da gente! **Rodrigo Neves**.

Em agosto, houve outro momento familiar importante: a festa dos 15 anos de Marina.

Enquanto eu estava preso, ela ficou numa angústia danada com medo de eu não poder dançar a valsa dos 15 anos com ela. Mas essa festa eu não perdi! **Rodrigo Neves**

Na prefeitura, Rodrigo logo teve que se dedicar a reestruturar a equipe. Durante sua prisão, dois membros do secretariado saíram: Bira Marques, secretário de Governo, que foi trabalhar na Secretaria-Geral do Partido Socialista Brasileiro no Rio; e Pablo Villarim, secretário de Fazenda, que aceitou um convite para ser subsecretário do Governo do estado do Paraná.

Bira já vinha sendo substituído pelo ex-deputado estadual Comte Bittencourt (Cidadania), convocado por Bagueira. Só para lembrar, Comte fora o vice-prefeito de Rodrigo na chapa eleita em 2016, mas logo renunciou para ficar apenas como deputado estadual. Em 2018, ele concorreu ao governo do estado como vice na chapa de Eduardo Paes, então no DEM, mas perdeu a eleição no segundo turno.

Rodrigo aproveitou essas saídas e fez uma reestruturação. Giovanna Victer foi transferida do Planejamento para substituir Villarim na Fazenda. Axel Grael deixou a Secretaria-Executiva e foi para o Planejamento, no lugar de Giovanna. E, para substituir Axel, Rodrigo incorporou ao governo o até então prefeito interino Paulo Bagueira, que assumia assim seu primeiro posto no Executivo.

Meu objetivo era garantir ainda mais unidade e agilidade na implementação das ações e consolidar a concertação política que conseguimos reunir, que ia da esquerda à centro-esquerda e à centro-direita. O Comte Bittencourt, um político experiente e qualificado, ficou coordenando todas as áreas de conservação da cidade. O Bagueira, que havia sido extremamente leal, eu passei a olhar como um potencial sucessor, por conta de seu comportamento exemplar na crise. Por isso, o trouxe para ficar ao meu lado. O Axel, desloquei para o Planejamento, para coordenar as metas de governo. E a Giovanna foi para a Fazenda, pois precisávamos manter a gestão fiscal rigorosa com controle do gasto público, paralelamente à performance de melhoria da arrecadação. **Rodrigo Neves**

O ano de 2019 terminou com mais dois títulos louváveis para a gestão de Rodrigo Neves. Niterói foi o melhor município do estado do Rio no ranking anual de saneamento do Instituto Trata Brasil, ocupando a 10ª posição em nível nacional. Naquele ano, a rede de coleta de esgoto já cobria 94% da cidade. E o Índice Firjan de Gestão Fiscal (IFGF) – calculado pela Federação das Indústrias do Estado do Rio (Firjan), com base em dados do Tesouro Nacional – registrou:

> *Niterói se destaca como o único município no estado que apresentou uma gestão fiscal excelente.* (...) *Essa prefeitura também é um bom exemplo de autonomia financeira. Apesar da alta arrecadação de royalties, a cidade consegue arcar com suas despesas administrativas sem depender dessa compensação financeira, o que torna o equilíbrio das contas públicas menos vulnerável.*

Paralelamente, a gestão de Rodrigo recebeu um elogio rasgado na área cultural, através de depoimento do veterano cineasta Cacá Diegues, publicado em artigo nos jornais "O Globo" e "O Estado de S. Paulo", intitulado "Do outro lado da baía":

> (...) *Quando a cultura se torna um alvo preferencial a ser abatido, com a eliminação de incentivos federais e a tentativa disfarçada de reinstaurar a censura, a Prefeitura de Niterói abre os braços generosos para ela. Proporcionalmente a seu orçamento, Niterói já é a nona cidade do país que mais investe em cultura. E a primeira do estado. A atual prefeitura criou incentivos para que empresas locais possam abater do IPTU e do ISS aquilo que investirem na cultura. E qualquer produção brasileira de audiovisual pode também se servir do fomento, quando utilizar a cidade como cenário.*
> *A Prefeitura de Niterói também cuida da preparação de profissionais da área, numa cooperação frutuosa com a Faculdade de Cinema da Universidade Federal Fluminense (UFF), uma das primeiras escolas de cinema do Brasil, fundada pelo mesmo Nelson Pereira dos Santos. Alguns desses profissionais participaram, com louvor, da equipe do filme "Aumenta que é rock'n'roll".*

Segundo o prefeito Rodrigo Neves, a Secretaria de Cultura do município toca um Museu de Arte Popular; o Teatro Municipal, criado por João Caetano no século XIX; uma companhia de balé, como a do Municipal do Rio; o Arte na Rua, um apoio a artistas de rua; o Teatro Oscar Niemeyer; e o Aprendiz, programa de iniciação musical em escolas públicas. "Investimos no Aprendiz", diz o prefeito, "porque, como sociólogo e amante da cultura, tenho a convicção de que a criança e o adolescente que têm contato com a arte dificilmente vão, um dia, empunhar uma arma. A cultura é fundamental para a autoestima de Niterói, mas também para a redução das desigualdades e a prevenção à violência".

Além de suas funções de gestão na prefeitura, em 2019 Rodrigo se dedicou também a uma tarefa política que considerava da maior importância: sua sucessão. E resolveu inovar nesse processo, criando um jeito próprio e inédito de fundamentar a escolha do candidato que iria apoiar na eleição do ano seguinte.

Um primeiro nome que surgiu naturalmente, inclusive na imprensa, foi o de Fernanda. Porém, por princípio, Rodrigo descartou a hipótese.

Fernanda teve uma exposição e um papel decisivo na minha defesa, e também na defesa da democracia e do próprio projeto político que estávamos construindo em Niterói. Por isso, no início o nome dela era muito colocado para a sucessão. Só que eu não tenho vocação para caudilho. Não acho correto o lançamento de um parente na sucessão, por mais que a Fernanda tivesse cumprido um papel decisivo. **Rodrigo Neves**

Ele começou a desenhar sua sucessão com uma seleção de seis potenciais candidatos.

Ainda no primeiro semestre de 2019, tornei público que me concentraria em seis nomes como possíveis sucessores: Paulo Bagueira; Axel, que foi meu braço direito em todos os oito anos de governo; Giovanna Victer; Waldeck Carneiro, que já havia sido meu secretário de Educação; Chico D'Angelo, deputado federal e que fora meu secretário de Saúde; e Comte Bittencourt, um político experimentado. Eram seis pessoas que eu confiava na idoneidade, na lealdade e no compromisso comigo e com nosso processo político. **Rodrigo Neves**

No segundo semestre, Rodrigo começou a incrementar a seleção, de maneira informal.

Eu entrava no elevador e perguntava ao ascensorista: "Qual dos seis você acha melhor?". Ia numa reunião comunitária ou com empresários, e fazia o mesmo questionamento. Fui fazendo essa escuta e sentindo a temperatura em relação a cada nome. **Rodrigo Neves**

Além dessa enquete popular informal, Rodrigo recebeu pesquisas de opinião pública, que acabaram tendo peso em sua decisão final.

As pesquisas clarearam que o perfil mais desejado pela população era o de um gestor. E eu tinha dois dos candidatos com esse perfil: Axel Grael e Giovanna Victer. Ao mesmo tempo, as pesquisas diziam que, com o grau de aprovação que eu tinha naquele momento, qualquer um que eu indicasse muito provavelmente seria eleito. Paralelamente, comecei a conversar com os seis, individualmente, e perguntei a cada um: "Se você não for o indicado, quem você acha que seria o melhor?". No primeiro momento, ninguém queria falar – "Eu nem admito a hipótese de não ser eu...". Eu insisti, e depois de uma taça de vinho, um copo de uísque ou uma cerveja, conseguia a resposta. E o fato é que o segundo nome de todos foi o Axel. **Rodrigo Neves**

Rodrigo entrou em 2020 com sua lista inicial de seis nomes reduzida a Axel e Giovanna, ambos com excelentes qualidades de gestores, capacitados para ser o próximo prefeito de Niterói.

Cheguei a janeiro em dúvida. Axel e Giovanna tinham competência e legitimidade, mas o Axel tinha um ponto a mais por causa de seu vínculo histórico forte com a cidade, através da família Grael, enquanto a Giovanna era de Brasília, apesar de o marido ser de Niterói. Comecei a achar que, além do compromisso político, a escolha do Axel seria a opção do meu amor por Niterói. Seria um presente para a cidade. Ele é um bom gestor, conhece a cidade e tem um profundo amor por ela, além de ser uma pessoa íntegra e honesta. **Rodrigo Neves**

Axel foi o escolhido, após nove meses daquele processo de seleção de candidatos.

O tiro dos conspiradores que provocaram minha prisão acabou saindo pela culatra. Porque os três meses de convivência de Axel e Bagueira acabaram criando uma relação de muita proximidade pessoal. E eu imaginava ter um prefeito com perfil mais de gestor e um vice mais político. Os dois aceitaram muito bem essa composição. No fim de janeiro, eu anunciei a chapa que iria apoiar no restaurante do Seu Antônio, no Cafubá. Na primeira pesquisa que fizemos em fevereiro, Axel tinha apenas 5% das intenções de voto – na mesma faixa dos demais candidatos, estavam todos entre 5% e 6%. Mas aí fomos construindo a unidade e, alguns meses depois, ele já aparecia com 35%. Ganhou com mais de 62%. **Rodrigo Neves**

O ano de 2019 traz a Rodrigo outra lembrança profundamente sensível no âmbito pessoal.

Eu retomei o prazer de mergulhar no mar, andar de bicicleta e ver as paisagens de Niterói. Tinha um desejo incessante de contemplar as enseadas de Niterói, com seus pássaros e suas ondas. Redescobri o prazer de sentir o gosto da comida, o cheiro de uma flor ou de uma fruta. Antes da prisão, eu trabalhava de segunda a domingo. Depois, passou a ser de segunda a sábado, e tirei o domingo para curtir essas coisas, que são muito importantes para mim. Para compensar, passei a trabalhar ainda mais de segunda a sábado. Havia dito a minha família que iria me dedicar mais a eles, e eu me cobrava isso. Aquela experiência me fez perceber a importância da liberdade e da democracia na vida de um homem. A restrição da liberdade é um ato extremo. Depois da vida, a liberdade é a coisa mais importante para o ser humano. **Rodrigo Neves**

O ano de 2020 trouxe outro enorme desafio para Rodrigo: a pandemia do coronavírus. Em Niterói, a equipe de Saúde e a prefeitura conseguiram minimizar os impactos agindo rapidamente e de forma estudada e planejada, amparadas por um Comitê Científico Consultivo formado por especialistas da UFF, da UFRJ, da Uerj e da Fiocruz. Niterói foi a primeira prefeitura do estado a implantar um gabinete de crise e um comitê científico para enfrentar o problema.

Pouco antes de a pandemia ganhar a prioridade absoluta em escala mundial, Rodrigo ainda conseguiu retomar um prazer que, em 2019, a prisão lhe impediu: desfilar e ser campeão de 2020 pela Viradouro, ao lado de Fernanda, de Marina e do namorado da filha. Naquele ano, a escola apresentou o enredo "Viradouro de alma lavada", falando do grupo das Ganhadeiras de Itapuã, quinta geração de mulheres que lavavam roupa na Lagoa do Abaeté e faziam outros serviços em Salvador para poder comprar sua alforria. Na letra do samba, por coincidência, duas estrofes se encaixavam naquele momento de Rodrigo:

> *(...)*
> *Levanta, preta, que o sol tá na janela*
> *Leva a gamela pro xaréu do pescador*
> *A alforria se conquista com o ganho*
> *E o balaio é do tamanho do suor do seu amor*
> *(...)*
> *Camará ganhou a cidade*
> *O erê herdou liberdade*
> *Canto das Marias, baixa do dendê*
> *Chama a freguesia pro batuquejê*

Duas semanas depois da folia campeã, a pandemia mudou tudo. Nos meses seguintes, Rodrigo Neves e metade de seus secretários pegaram Covid-19. Todos superaram a doença. O secretário de Saúde, Rodrigo Oliveira, chegou a ser internado. Rodrigo teve sintomas, sentiu-se mal e ficou acamado alguns dias.

Muitas mortes foram evitadas, graças à ação rápida da Secretaria Municipal de Saúde, sob o comando firme do prefeito. Rodrigo, entretanto, perdeu alguns bons amigos, entre eles o recém-eleito vereador Carlos Boechat (irmão do jornalista Ricardo Boechat), que se contagiou durante a campanha eleitoral de 2020 e morreu antes de tomar posse.

Já no dia 14 de março, um sábado, Rodrigo criou seu gabinete de crise, que passou a se reunir diariamente, e adotou várias medidas emergenciais. Uma das principais foi montar um hospital para atender apenas aos pacientes de Covid-19.

Rapidamente, profissionais da Saúde municipal fizeram uma conta essencial para o planejamento. Com base nas informações que chegavam do caos no norte da Itália e do que ocorrera em janeiro e fevereiro na China, estimaram o número de óbitos e internações que poderiam assolar Niterói em poucas semanas. As previsões apontavam que, até julho de 2020, Niterói poderia ter de 200 a 400 mortos e cerca de 1.250 internações por Covid. E concluíram que a rede pública não tinha leitos nem profissionais e recursos (equipamentos, material médico etc.), para dar conta da demanda. Era preciso criar pelo menos 120 novos leitos de CTI (Centro de Terapia Intensiva) na rede municipal, de forma imediata.

A solução foi requisitar um prédio vazio na Região Oceânica da cidade. O imóvel havia sido erguido há poucos anos, previsto originalmente para ser um hospital particular, e estava em ótimo estado, embora sua construção não tivesse sido finalizada. Ele reunia as condições mínimas para ser reformado e adaptado para abrigar um hospital que fornecesse os leitos de CTI necessários.

Nascia assim, em pouco menos de um mês, o Hospital Municipal Oceânico de Niterói, com 140 leitos de CTI e gerenciado desde o início pela organização social Viva Rio. A nova unidade hospitalar cumpriu funções importantes, tornando-se referência no tratamento da Covid em Niterói. Na prática, isso significava que todos os pacientes graves recebidos pela rede pública da cidade eram imediatamente transferidos para o Oceânico, onde recebiam tratamento adequado para evitar o agravamento da doença.

O Oceânico cumpriu funções vitais na pandemia. Em primeiro lugar, atendeu a uma meta estabelecida por Rodrigo para sua equipe: nenhum niteroiense iria morrer por falta de leito; a tragédia italiana não poderia se repetir em Niterói. Além disso, o hospital foi um centro de descobertas sobre a doença e as melhores práticas para cuidar dos pacientes e não deixá-los morrer. Em poucos meses, o Oceânico tinha uma média de óbitos muito abaixo da grande maioria das demais unidades hospitalares do estado do Rio – desde sua inauguração, mais de três mil pacientes receberam alta.

Hoje, profissionais do Hospital Oceânico ajudam pacientes com sequelas – as vítimas da chamada síndrome de Covid Longa ou Pós-Covid – graças a um centro pioneiro voltado para a reabilitação física e psicológica.

Mas a atuação da Prefeitura de Niterói durante a pandemia não se limitou à área de saúde. Programas socioeconômicos foram rapidamente implementados para evitar o caos na vida econômica da cidade. Mais de 3.500 pequenos negócios, que representavam 90% da rede comercial de Niterói, receberam um programa emergencial de ajuda financeira (Programa Empresa Cidadã), em troca da manutenção do emprego de seus funcionários na pandemia. Além disso, 26 mil cestas básicas foram distribuídas a famílias dos alunos da rede pública e um auxílio mensal de R$ 500 foi dado a trabalhadores de bancas de jornais e quiosques, vendedores ambulantes, artesãos com atividades específicas em feiras, produtores agroecológicos urbanos e pescadores artesanais. E o mesmo auxílio de R$ 500 foi pago, até dezembro de 2021, a mais de 50 mil famílias de renda mais baixa.

Aqui, vale uma comparação. Enquanto em outras cidades as pessoas tinham que se aglomerar em filas nas agências da Caixa Econômica Federal para receber o auxílio emergencial do governo Bolsonaro – contrariando as regras essenciais de distanciamento social e isolamento na pandemia –, a Prefeitura de Niterói desenvolveu seu próprio auxílio emergencial, rapidamente entregue a milhares de famílias em locais públicos, com hora marcada e sem aglomeração. No balanço final de 2020, a prefeitura constatou que 40% da população da cidade receberam auxílio de alguma das ações de proteção social.

A equipe de Rodrigo teve um importante reconhecimento internacional. A cidade foi uma das quatro únicas metrópoles latino-americanas a receber uma menção honrosa pelo trabalho no combate à Covid-19, dado pelo Júri de Honra do congresso Smart City Expo Latam. Patrocinado pela Organização das Nações Unidas (ONU), o Smart City foi um evento de urbanismo, realizado de 13 a 15 de outubro em Barcelona, na Espanha. As outras cidades reconhecidas pelo Júri de Honra foram Bogotá (Colômbia), Cuenca (Equador) e Montevidéu (Uruguai). A carta oficial da organização do evento – assinada, entre outros, por Elkin Velásquez, diretor regional da América Latina e Caribe da ONU-Habitat – destacava:

> *O Júri de Honra decidiu conceder um reconhecimento à cidade de Niterói pela sua resposta à complexa situação derivada da Covid-19, por representar um exemplo de ação responsável, precoce, comprometida e inspiradora. Com este reconhecimento, queremos dar relevância à ação institucional acumulada nestes meses de crise, expressando-a a partir de casos concretos como o seu, pois acreditamos que podem servir de ilustração da capacidade que tantas autoridades se utilizaram para dar uma resposta neste período.*

Além dos reconhecimentos formais, o desempenho de Niterói no combate à Covid-19 pode ser visto nos números. Um bom indicador é a taxa de letalidade, que representa o total de óbitos em relação ao número de casos. Em outras palavras, a cada cem infectados, quantos vêm a falecer. No início de dezembro de 2021[27], a letalidade em Niterói ao longo da pandemia estava em 4,4%, quase metade dos 7% do município do Rio de Janeiro e abaixo dos 5,1% do estado do Rio. E é preciso levar em conta que Niterói é a cidade com a maior proporção de idosos do estado.

O 2020 pandêmico foi um ano em que Rodrigo e sua equipe – especialmente a Secretaria de Saúde – trabalharam de forma extrema. Em depoimento para o livro "Hospital Oceânico – Uma trincheira contra a Covid-19", publicado em março de 2021 pelo Viva Rio e pela Eduff Institucional, Rodrigo e seu secretário municipal de Saúde, Rodrigo Oliveira, falaram daqueles primeiros dias da pandemia.

> *Rodrigo Neves: "Todos os dias, entre meia-noite e 1h da madrugada, eu ligava para todos os diretores de hospitais, públicos e privados, para saber como estava a situação. (...) Nos primeiros dois a três meses da epidemia, eu só consegui dormir umas três horas e meia por noite."*
> *Rodrigo Oliveira: "Diariamente, por volta de 4h50, 5h da manhã, aparecia uma mensagem de WhatsApp no meu celular. Era o prefeito Rodrigo Neves perguntando alguma coisa, mandando algum artigo científico ou matéria de jornal para eu ler e dar minha opinião. Eu já acordava na pressão... Rsrs".*

Naquela situação dramática de emergência sanitária, bolsonaristas enxergaram uma oportunidade para continuar a tentar destruir Rodrigo Neves. Capitaneada pelo deputado federal Carlos Jordy (PSL) e de olho no resultado da eleição municipal de 2020 – na qual o bolsonarismo tinha um candidato a prefeito e outros disputando uma das 21 cadeiras de vereador –, a extrema-direita abriu duas frentes de denúncias no melhor estilo dos seguidores do presidente da República: com muito alarde e oportunismo e baseadas em fake news.

---

[27] Segundo dados compilados pelo site MonitoraCovid-19, da Fiocruz.

A primeira foi contra o Hospital Oceânico. Assim que os valores relativos ao empreendimento foram publicados, Jordy e seus seguidores confundiram os números (por incompetência ou intencionalmente) e saíram alardeando que o aluguel do prédio do Oceânico havia custado R$ 54 milhões. Na verdade, o valor total pago de aluguel fora de apenas R$ 1,71 milhão em 12 meses (em parcelas mensais de R$ 142,5 mil). Os R$ 54 milhões se referiam a todos os gastos de gestão do hospital por seis meses – que incluíam salários de médicos, enfermeiros e demais trabalhadores, compras de equipamentos, medicamentos e insumos, gastos com obras de manutenção e despesas regulares com serviços (água, luz, internet etc.).

A Comunicação Social da prefeitura não teve dificuldade para rebater e esclarecer tudo nas mídias sociais e a denúncia não prosperou.

Naquele início de 2020, uma das narrativas do bolsonarismo foi a de que a pandemia não era tão importante assim e que os prefeitos que diziam o contrário o faziam para desviar recursos e criar esquemas de corrupção. **Rodrigo Oliveira**

O segundo ataque foi contra a compra de ventiladores pulmonares (popularmente chamados de respiradores) do modelo Shangri-la 510S, fabricado na China pela Beijing Aeonmed e vendido pela empresa China Meheco. Naquele início de pandemia, respiradores junto aos leitos de CTI ou mesmo em enfermarias eram essenciais para evitar a morte de pacientes de Covid-19. O que aconteceu foi que quase todos os países do mundo correram para se abastecer de respiradores e logo o aparelho se tornou um produto difícil de ser comprado, levando seu preço a disparar.

O grande problema foi que o governo federal não fez o que tinha que ter feito. O Ministério da Saúde deveria garantir os insumos e equipamentos estratégicos para enfrentar a pandemia e, dentro desse contexto, estavam os respiradores. Muitos países fizeram o dever de casa e mobilizaram suas indústrias para garantir oferta para eles próprios. No Brasil, como o Ministério da Saúde não agia, houve uma corrida por equipamento médico hospitalar tanto nos setores públicos quanto na rede privada. Em Niterói, tínhamos urgência desse equipamento na montagem do Oceânico e, por isso, fizemos um processo de compra internacional para adquirir o modelo Shangri-la 510S diretamente na China. Quando souberam, os bolsonaristas ligados ao Jordy fizeram uma denúncia-crime, na forma de uma ação popular. **Rodrigo Oliveira**

O papel timbrado da Ação Popular trazia uma marca já citada anteriormente: a do escritório de advocacia Decnop Advogado, cujo sócio, Guilherme Decnop, trabalhava em 2020 como assessor no gabinete do deputado federal Carlos Jordy, em Brasília. Foi desse mesmo escritório que havia saído, em tempo recorde, o pedido de impeachment no dia da prisão de Rodrigo Neves. Na época, Guilherme era assessor de Jordy na Câmara de Vereadores. A ação pública pedia, entre outras coisas, o cancelamento da compra dos respiradores chineses e que Rodrigo Neves e Rodrigo Oliveira pagassem R$ 10,626 milhões para ressarcir o erário por um suposto "sobrepreço" na compra dos aparelhos.

Além de Guilherme, assinaram a petição o próprio Carlos Jordy, Bruno Guimarães (candidato a vereador pelo PTC) e Antonio Carlos Rayol, que Jordy queria ter emplacado como candidato a prefeito pelo PSL, mas não conseguiu porque o partido já estava rompido com Bolsonaro.

> *Chegaram a dizer que eu era membro do Partido Comunista Chinês, em conspiração para desviar recursos de Niterói. Eles apresentaram duas acusações. Uma era de sobrepreço na compra, que seria fruto de corrupção. Ora, num cenário de aquecimento do mercado, com uma oferta muito baixa e uma demanda muito alta, obviamente o preço subiu muito – não era sobrepreço, era preço de mercado. Mesmo assim, nós conseguimos um preço até menor do que foi pago por Holanda, Estados Unidos e outros países. A outra acusação era de que o Shangri-la não era um modelo adequado. Isso era um absurdo, que ignorava que estávamos numa emergência sanitária mundial. Em tempos normais, é óbvio que não compraríamos o Shangri-la, há aparelhos mais adequados para uso em hospital (o Shangri-la foi feito para apoiar pacientes durante transporte em ambulâncias). Mas, naquele cenário de emergência, correndo contra o tempo, ele era o único disponível em quantidade e era absolutamente adequado. Na verdade, o Shangri-la salvou muitas vidas.*
> **Rodrigo Oliveira**

A aquisição foi cercada dos cuidados para que os leitos de CTI do Hospital Oceânico não ficassem sem respiradores. Por um lado, havia a urgência urgentíssima – porque, sem respiradores, pacientes iriam morrer. Por outro, temia-se que o governo federal, incitado por bolsonaristas, criasse dificuldade para impedir a aquisição.

Foi uma operação de guerra, precisávamos importar e havia o temor de que algum bolsonarista tentasse impedir. Foi preciso inclusive uma ação política, para liberar na Anvisa. Dentro da prefeitura, apenas cinco pessoas sabiam o dia exato que os respiradores chegariam. E só anunciamos ao público quando eles já estavam efetivamente dentro do Oceânico. O pagamento foi antecipado, porque, se não pagasse antes, você nem conversava com o vendedor, eles estavam com a faca e o queijo na mão, o mundo inteiro querendo comprar, e havia poucos produtos disponíveis. Compramos direto do fornecedor oficial do fabricante. O estado do Rio só foi receber respiradores do Ministério da Saúde uns quatro ou cinco meses depois que fizemos aquela compra. **Rodrigo Oliveira**

Um dado curioso preenche uma parte considerável da argumentação utilizada por bolsonaristas na ação popular para convencer a Justiça de que Rodrigo Neves, Rodrigo Oliveira, o PDT e até mesmo Ciro Gomes seriam, na verdade, agentes do Partido Comunista Chinês interessados em favorecer ilegalmente a China. Alguns trechos da ação:

> (...) *importa que o prefeito de Niterói, Sr. Rodrigo Neves Barreto, é filiado ao Partido 'Democrático' Trabalhista (PDT-RJ). O PDT, por sua vez, foi ILEGALMENTE apoiado pelo Partido Comunista Chinês – PCCh na campanha presidencial de 2018 do então candidato Ciro Gomes, que recentemente deu entrevista para rádio da China. Sabe-se que o PDT é subordinado à organização estrangeira denominada Foro de São Paulo e, ao que parece, ao PCCh (isto é, governo chinês).*
>
> (...) *Os atos recentes do prefeito Rodrigo Neves ratificam o enlace com os chineses. Em 16/06/2020, participou de evento que contou com o embaixador da República Popular da China no Brasil, Yang Wanming, do cônsul-geral da República Popular da China no Rio de Janeiro, Ly Yang, e que foi mediado por Anselmo Leal, representante da State Grid Brazil Holding S/A.*
>
> (...) *Ademais, é importante ressaltar que todo partido, por lei, tem uma fundação. A do PDT é a Fundação Leonel Brizola. Também por meio da Fundação, se revela a estreita relação entre o PCCh e o PDT.*

Em 2010, há uma década, o PDT firmou convênio com o Partido Comunista da China, o que demonstra os laços negociais entre as duas organizações. Todo esse alinhamento tem natureza ideológica, que fica evidente no teor do Estatuto da Fundação Leonel Brizola.

(...) o PCCh tem por desígnio o domínio mundial e, para tal, a destruição dos EUA, em que uma das estratégias militares de domínio é de "ganhar território" por meio de investimentos e controle de setores estratégicos (como energia), endividamento de países, amarras financeiras e contratuais a qual denominam de Um Cinturão Uma Rota ou Cinturão e Rota (One Belt One Road or Belt and Road) ou, ainda, Nova Rota da Seda, que, obviamente, não é abordado desta forma. No Livro Vermelho, de Mao Dzedong, sobretudo nos capítulos XVIII, XXII e XXX, nota-se como as coisas se encaixam bem.

(...) E, geopoliticamente, o domínio sobre o Brasil e a América Latina é importante e vem ocorrendo há alguns anos, sobretudo por meio de partidos (e) políticos, com pujança maior com o governo de São Paulo. Nessa toada, a Embaixada da China, em 30 de outubro de 2017, por meio do embaixador do Partido Comunista Li Jinzhang, manifestou publicamente suas intenções de faz (sic) *grandes "investimentos" no Brasil.*

(...) De sorte que não somente esta tática é utilizada pelo PCCh, também a de formar jovens alinhados à cultura chinesa para criar lideranças políticas locais, por meio do Instituto Confúcio, que já ocorre na PUC-RIO, por exemplo, bem como cooptar lideranças políticas atuais está no espectro de atuação para domínio. É o que se vê claramente com os últimos governadores de São Paulo, especialmente João Doria. Registre-se que há inúmeros Institutos Confúcio espalhados pelo mundo.

(...) Ocorre que o prefeito Rodrigo Neves, em razão da ideologia e do estreitamento entre o PDT e o PCCh, tem criado um forte e perigoso

laço entre a cidade de Niterói e a China, favorecendo empresas vinculadas ao PCCh e, consequentemente, à China.

As afirmações e argumentações da ação pública beiram o delírio.

Niterói foi o único município que fez cooperação com o Butantã para realizar testes da fase 3 da vacina Coronavac, no início do segundo semestre. Em reação, os bolsonaristas tentaram um movimento "contra a vachina". Convocaram manifestação no meio do ano, mas só compareceram eles mesmos, uma dúzia de pessoas, foi um fiasco. Nós os derrotamos fragorosamente naqueles ataques para tentar desqualificar a gestão da pandemia em Niterói. O resultado veio nas urnas: eles conseguiram eleger apenas um vereador (Douglas Gomes, do PTC). Nem o irmão do Jordy, Renan Leal (Podemos), conseguiu se eleger. E o candidato que apoiaram para prefeito, Allan Lyra, do PTC, teve apenas 9,4% dos votos. **Rodrigo Oliveira**

Mais ou menos em junho, fizemos a parceria Butantã-Prefeitura-Fiocruz e começamos a recrutar de 800 a 900 profissionais de saúde para serem voluntários nos testes da fase 3 da Coronavac. Eles começaram a me atacar, Eduardo Bolsonaro, Carlos Bolsonaro, Jordy... Foram seis meses de pancada. Era "vacina da China", "PDT filial do Partido Comunista Chinês em Niterói", diziam que os profissionais de saúde "não eram ratos de laboratório" e outras idiotices. Perturbaram, mas depois perderam feio na eleição. **Rodrigo Neves**

No fim de 2020, quando Rodrigo se preparava para passar a prefeitura a seu sucessor eleito, foi surpreendido por um novo ataque de *lawfare*, desta vez de um procurador do Ministério Público Federal (MPF), que resultou numa repetição de 2018: Polícia Federal na porta de casa às 6h da manhã. Nada, porém, foi apreendido, apenas o celular.

A ação, acionada pelo próprio Ministério Público Federal, foi amplamente noticiada na imprensa. Na manhã de 16 de dezembro (seis dias depois de completados dois anos da prisão de Rodrigo), policiais federais e procuradores foram à sua casa, à prefeitura e a outros lugares com mandados de busca e apreensão. O motivo: uma suspeita levantada pelo Tribunal de Contas da União (TCU) em 2017, que já havia sido repassada para o Tribunal de Contas do Estado (TCE), de irregularidades nos custos da construção da TransOceânica. Detalhe: todos os oito anos de governo de Rodrigo Neves na

Prefeitura de Niterói tiveram suas contas aprovadas pelo TCE. A ação tinha ainda uma denúncia de irregularidade de um contrato da agência Prole com a Prefeitura de Niterói, sem relação com a obra da TransOceânica, que sequer configurava-se como crime federal, e era baseada em uma delação de Renato Pereira, desmentida pelo depoimento de dois sócios dele na Prole.

Antes disso, ainda em 2019, apesar da derrota acachapante em plenário por 6 votos a 1 – quando desembargadores criticaram a falta de provas na prisão de Rodrigo Neves –, o MP estadual tentou mais uma ação.

> *Teve uma coisa impressionante nesse processo, ainda sob a gestão do Gussem. Depois de terem apresentado uma denúncia vazia, eles pegaram um pedaço daquele processo e instauraram uma investigação interna dentro do próprio Ministério Público, pelos mesmos fatos. E começaram a ouvir, de novo, todas as pessoas, inclusive o publicitário Renato Pereira, fora do processo instituído contra Rodrigo. Isso foi um abuso tremendo! A gente fez uma petição denunciando isso, mas ela ainda não foi decidida pelo grupo de desembargadores. Pedimos a suspensão daquela investigação, porque, em vez de investigar dentro dos autos da ação penal, sob o controle do contraditório, dos advogados e dos juízes, eles instauraram uma investigação interna e começaram a ouvir, a portas fechadas, todas aquelas pessoas arroladas como testemunhas na ação penal.* **Letícia Lins e Silva**

A nova ação contra Rodrigo Neves partiu do procurador federal Carlos Alberto Gomes de Aguiar, que havia sido coordenador da Operação Lava Jato no Rio. O desembargador federal Marcello Ferreira de Souza Granado concedeu as medidas cautelares por ele solicitadas, ordenando nova leva de buscas e apreensões contra Rodrigo. Aguiar solicitou três medidas cautelares: busca e apreensão, quebra de sigilo financeiro e quebra de sigilo telefônico e telemático. Autorizadas pelo desembargador Marcello Granado, foram levadas a cabo três dias antes do início do recesso judiciário daquele ano, em 19 de dezembro. Nada foi encontrado. Aliados políticos de Rodrigo acreditam que a ideia original era realizar nova ação de *lawfare* na véspera da eleição do segundo turno, mas a vitória da chapa Axel-Bagueira no primeiro turno teria frustrado o plano. Em janeiro, Rodrigo deixaria de ser prefeito e perderia o foro privilegiado, saindo da esfera federal.

Um resumo, em tópicos, para facilitar o entendimento do que ocorreu naquele episódio:

- *Em 2017, o Tribunal de Contas da União (TCU), provocado pela oposição de extrema-direita na Câmara, abriu procedimento para analisar a execução da obra de construção da via expressa TransOceânica.*

- *Logo depois, o TCU concluiu que o processo era de competência do Tribunal de Contas do Estado, e não da área federal, e o encaminhou para o TCE. Em outras palavras, deixava de ser uma questão da Justiça Federal, passando para a esfera estadual. Após esclarecimentos dos técnicos da prefeitura, a área técnica do TCE acolheu a maior parte da argumentação do município.*

- *Em 19 de dezembro de 2020, começava o recesso do Judiciário.*

- *Em 31 de dezembro, Rodrigo Neves terminaria o seu mandato. Ou seja, a partir de 1º de janeiro, ele perderia o foro privilegiado. O que significa dizer que qualquer denúncia contra ele teria que ser avaliada em primeira instância, e não mais no nível do procurador Carlos Aguiar.*

- *Desde 2017, o procurador estava com as informações sobre o caso, fez averiguações, mas não deu andamento ao processo.*

- *Durante três anos, os empresários que estavam executando a TransOceânica – e que eram delatores em outros casos que nada tinham a ver com Niterói – foram chamados seguidamente pela Polícia Federal e pelo MPF para falar sobre a obra. E em todos os depoimentos eles enfatizaram que não havia negociação ilícita com a prefeitura.*

- *Três dias antes do recesso, em 16 de dezembro, com base na ordem assinada pelo desembargador Marcello Granado, a Polícia Federal realizou buscas e apreensões e a quebra de sigilos financeiro, telefônico e telemático de Rodrigo.*

- *No dia 17, um dia após a busca e apreensão, Carlos Aguiar apresentou a denúncia contra Rodrigo Neves, sem o resultado das medidas cautelares da véspera e exigindo a inelegibilidade do prefeito. A análise e as conclusões do material apreendido e dos dados provenientes da quebra do sigilo telefônico e telemático normalmente demoram vários dias para serem concluídas. Elas deveriam subsidiar a denúncia, que ficou vazia, mas propiciaram uma ação midiática contrária à imagem do prefeito de Niterói. Além disso, no fim da denúncia, o procurador Aguiar informou ao desembargador que, em janeiro de 2021, Rodrigo perderia o foro privilegiado e que o processo deveria ser remetido a um juiz criminal federal de primeira instância.*

- *O desembargador Marcello Granado recebeu e encaminhou a denúncia para a Justiça Federal do Rio, que por sua vez a reencaminhou para a 2ª Vara de Justiça Federal em Niterói.*

Técio e Letícia Lins e Silva relataram o caso com visível irritação:
O procurador Carlos Aguiar, que consta ter uma atuação bolsonarista, pediu um monte de providências sensacionalistas na forma de medidas cautelares, para instruir e buscar provas para denunciar. Só que fez isso na antevéspera de o tribunal entrar em recesso. E que só iria reabrir em janeiro, quando Rodrigo já não seria mais prefeito e quando ele, procurador Carlos Aguiar, não poderia mais atuar no caso, porque perdia a prerrogativa do foro. Foi nesse contexto que Aguiar fez aquela ação escandalosa de busca e apreensão, com noticiário amplo da imprensa. Pois bem, no dia seguinte, sem ter o material recorrente das medidas cautelares solicitadas – apreensão de telefones, computadores, Coaf, quebra de sigilo telemático e telefônico –, ele, na véspera de perder a atribuição de agir contra Rodrigo, ofereceu uma denúncia sem o resultado das medidas cautelares. Uma denúncia escandalosa, mentirosa! Tratou-se, visivelmente, de um abuso de poder, um gesto passível não só de censura, mas de exame do CNMP (Conselho Nacional do Ministério Público). Em janeiro, esse processo baixou para a 2ª Vara Federal em Niterói. E o juiz se deparou com uma denúncia oferecida por quem perderia a atribuição de denunciar. E que também requereu um monte de medidas cautelares que não tiveram tempo hábil de serem inseridas na denúncia. Esse juiz da 2ª Vara de Niterói, mui serenamente, começou a pedir do MPF e dos órgãos envolvidos o resultado

da busca e apreensão. Que, eminentemente, não tem resultado nenhum. **Técio Lins e Silva**

Dito e feito: acabou o recesso, Marcello Granado declinou da competência e o processo foi distribuído para o juiz federal Fabrício Antônio Soares, da 2ª Vara Federal de Niterói, com quem está até hoje. Ele começou então a cobrar do MP o recebimento das informações bancárias, telefônicas e telemáticas e a análise do material apreendido, para poder decidir sobre o recebimento da denúncia. Mas, até hoje, depois de vários pedidos de prorrogação de prazos, o MP não apresentou nenhuma prova. **Letícia Lins e Silva**

Após um ano da denúncia, o MPF não apenas não entregou o resultado das medidas cautelares como, para surpresa do juiz Fabrício Antônio Soares, manifestou-se pela remessa dos autos para a Justiça estadual.

O juiz Fabrício continuou cobrando, até que o MPF disse que, após analisar melhor os autos, verificou que a competência não seria federal, mas sim estadual, em razão de um repasse de dinheiro da Caixa Econômica Federal para o município, cuja competência de fiscalização seria do TCE, e não do TCU. O TCU já havia declarado isso há alguns anos e o MPF deveria saber disso. Não havia nenhum fato novo. **Letícia Lins e Silva**

Um procurador sem atribuição oferece a denúncia a um tribunal sem competência para julgá-la, para que esse tribunal sem competência decline para um juiz de primeira instância, que também não tem competência, e pede então que seja remetido à Justiça estadual. Isso é uma brincadeira! Não tem prova, não tem nada, é um absurdo! **Técio Lins e Silva**

No dia da ação do MPF e da PF, Rodrigo divulgou uma nota à imprensa se defendendo e denunciando a continuidade do *lawfare* contra ele:

> *Em relação à absurda ação de busca e apreensão realizada nesta manhã (16.12), o prefeito Rodrigo Neves esclarece que nunca foi ouvido ou convidado a prestar qualquer esclarecimento sobre quaisquer assuntos. Nenhum objeto de valor foi apreendido, apenas o seu celular pessoal. O prefeito não possui automóvel ou objeto de valor. Apesar de não ter informações sobre do que se trata a ação, o prefeito esclarece que a TransOceânica e o Túnel Charitas-Cafubá foram concluídos há tempos, cumprindo o planejamento da obra e melhorando muito a qualidade de vida dos niteroienses. A prestação de contas*

detalhada foi concluída e aprovada por órgãos de acompanhamento e financiamento, como a Caixa Econômica Federal.

O objetivo da ação sobre fatos ocorridos há muitos anos, sem que o prefeito jamais tenha sido ouvido, tem o claro objetivo de desgastar a administração e o prefeito, que tem aprovação de mais de 85% da população e cujo sucessor obteve vitória retumbante no primeiro turno, com 62% a 9%.

O prefeito repudia a utilização de aparato do Estado, como a polícia, para ações de perseguição política.

A administração de Rodrigo Neves assumiu em 2013 com dívidas superiores a R$ 400 milhões e vai entregar nos próximos dias a prefeitura com mais de R$ 700 milhões em conta disponíveis. Quando assumiu, o Fundo Municipal de Previdência tinha 12 milhões de reais e, hoje, tem mais de R$ 740 milhões. Como todos os processos da Prefeitura de Niterói, todas as informações sobre a obra estão disponíveis no Portal de Transparência. O planejamento e a execução da obra foram feitos com custo menor do que todos os projetos similares no Brasil e na América do Sul.

Trata-se de uma ação abusiva, típica de regimes autoritários, cujo objetivo político, a poucos dias do encerramento do seu mandato, tem o evidente interesse de desgastar a imagem de uma administração e um prefeito amplamente aprovados pela população de Niterói e reconhecidos pela qualidade e transparência da gestão no estado do Rio de Janeiro e no Brasil. O prefeito vem sofrendo ataques e perseguições, sobretudo a partir do ano de 2018, mas nada foi encontrado contra ele.

O prefeito e sua defesa tomarão todas as medidas para identificar a origem desta perseguição política e responsabilizar os seus autores.

Técio Lins e Silva é taxativo:

O procurador atuou com plena consciência de que estava apenas buscando criar dificuldades para Rodrigo, que em 2022 seria um potencial candidato a governador do estado. Essa ação de 2020 não tem nada a ver com a prisão original de Rodrigo. E só pode ser interpretada como uma continuidade de perseguição política. É lawfare *mesmo!* **Técio Lins e Silva**

A nova investida ocorreu no apagar das luzes de um ano ao mesmo tempo traumático e exitoso para Rodrigo. A pandemia foi seu maior desafio na gestão da cidade, numa corrida incansável contra o tempo e contra inúmeras dificuldades para evitar mortes e sofrimento em larga escala. E, mesmo evitando aglomerações, ele conseguiu eleger a chapa Axel Grael e Paulo Bagueira em primeiro turno, com 151.846 votos - 62,6% do total.

O segundo colocado na eleição, Flávio Serafini, do Psol, teve um resultado muito ruim. Na eleição anterior, em 2016, obtivera 47 mil votos (20,6%), dividindo o eleitorado mais à esquerda e obrigando Rodrigo a enfrentar um segundo turno. Em 2020, entretanto, alcançou apenas metade da votação anterior, 23,8 mil votos (9,8%). Allan Lyra, do PTC, apoiado por Carlos Jordy, ficou em terceiro, com 9,4% dos votos. Foi seguido por Felipe Peixoto (PSD), que tinha como vice Bruno Lessa (o vereador que apresentou o pedido de impeachment do MBL), com 7,2%. Os três, somados, conseguiram pouco mais de 40% dos votos obtidos por Axel e Bagueira.

Eu não parei: saí da prisão, veio 2019 com aqueles desafios todos da retomada na prefeitura e na minha vida familiar, e veio 2020 com a pandemia. A maldade da ação do procurador de dezembro de 2020, que era mais uma arbitrariedade, me deixou indignado. Após oito anos exaustivos, sem descansar desde que deixei Bangu, eu cheguei a 2021 exaurido. **Rodrigo Neves**

A passagem de 2020 para 2021, rumo a uma nova vida sem cargo eletivo, representou uma guinada para Rodrigo. Ele foi estudar em Portugal, de janeiro a dezembro de 2021, como pesquisador convidado do Centro de Estudos Sociais da Universidade de Coimbra, coordenado pelo sociólogo Boaventura de Sousa Santos - um dos principais pensadores portugueses nas Ciências Sociais, com dezenas de trabalhos publicados em diversas línguas sobre temas como globalização, sociologia do Direito, epistemologia, democracia e direitos humanos. Uma das pessoas que recomendou a Rodrigo essa atividade em Coimbra foi o ex-ministro Tarso Genro.

> *Na minha qualidade de presidente do Conselho Científico do Centro de Estudos Sociais da Universidade de Coimbra (CES), tenho o gosto de convidar o Dr. Rodrigo Neves Barreto para realizar um estágio de investigação no Centro de Estudos Sociais, sob a orientação do professor Boaventura de Sousa Santos.*

Durante esse período, o Dr. Rodrigo Neves Barreto poderá dispor das instalações e dos recursos do CES na medida da sua disponibilidade para poder realizar as suas pesquisas.

Temos conhecimento do reconhecimento internacional que recebeu pelo modo exemplar como protegeu a vida de seus munícipes durante a recente crise pandêmica e temos a grande expectativa que a sua riquíssima experiência como autarca de Niterói, Brasil, possa ser discutida com os nossos estudantes e investigadores em várias atividades, nomeadamente nas da área temática ALICE – Epistemiologias do Sul e no programa de doutoramento Democracia no Século XXI.

Coimbra, 9 de dezembro de 2020

Prof. Doutora Adriana Bebiano

A ideia de tirar um ano sabático logo após sair da prefeitura veio de Ciro Gomes.

Numa conversa, Ciro me aconselhou: "Nas duas vezes que elegi meu sucessor, como prefeito e governador, dias depois de transmitir o cargo eu fui me dedicar à vida acadêmica, em Harvard. E isso foi importante para que meu sucessor pudesse assumir e a cidade e o estado virassem a chave". Eu também precisava virar a chave. Algumas pessoas achavam que eu seria uma eminência parda do Axel na prefeitura, mas eu queria que não restasse nenhuma dúvida: o prefeito agora era ele. **Rodrigo Neves**

A decisão de sair de cena por um tempo também foi motivada por uma questão de segurança pessoal.

O Gabinete de Segurança Integrada (GSI) da prefeitura – que eu criei para integrar os órgãos de segurança pública, a guarda municipal e o Centro Integrado de Segurança Pública (Cisp), e que coordenava todo o planejamento das ações de segurança pública de Niterói – havia sido informado de ameaças recebidas pelo Disque Denúncia. Numa delas, teria havido uma reunião de ex-policiais que discutiram uma lista de alvos de atentados e meu nome estaria nessa lista. Por isso, o GSI já havia recomendado algumas medidas de segurança. **Rodrigo Neves**

Sem a visibilidade do cargo de prefeito, Rodrigo ficaria mais vulnerável a possíveis ações violentas, como aconteceu com a vereadora Marielle Franco, em 2018. Assim, a oportunidade de estudar sob a orientação de

Boaventura em Coimbra, associada à necessidade de se preservar fisicamente, levou-o a decidir passar um ano dedicado ao estudo acadêmico fora do país.

Em Coimbra, participei de mais de 50 seminários internacionais sobre a pandemia, e também devo ter feito umas 40 reuniões e seminários sobre a crise do Rio. Além de estudar a resposta das cidades à pandemia, em diferentes lugares do mundo, foi um momento de imersão e amplo estudo sobre o Rio, em conversas com economistas, educadores, profissionais de saúde, técnicos e gestores. **Rodrigo Neves**

Como resultado, Rodrigo já tem em mente ideias centrais para trabalhar em sua campanha ao governo do Rio pelo PDT, dando início a um vigoroso processo de recuperação econômica e social do estado.

A seguir, algumas ideias que ele vem desenvolvendo a partir de Coimbra:

- *O que a gente tem percebido, do ponto de vista da crise do Rio, é a Síndrome de Capitalidade. A cidade do Rio foi capital do Brasil por mais de 200 anos e até hoje não se recuperou da perda dessa condição. Além da cidade, o estado sofreu um esvaziamento econômico: o Rio perdeu 35% de presença no PIB brasileiro e mais de 700 mil empregos nos últimos cinco anos. Juntamente com a desorganização urbana, a violência e o crime organizado, temos uma ausência completa de um projeto de educação das nossas crianças e da juventude. Aqui, vale lembrar Darcy Ribeiro: "A crise na educação do Brasil não é uma crise, é um projeto".*

- *É preciso oferecer a educação em tempo integral. Temos que transformar a causa da educação numa obsessão de todos, governantes e sociedade. Depois da pandemia, quando o Brasil teve uma das piores performances também no desempenho escolar, porque foi o país onde crianças e adolescentes ficaram mais tempo fora da escola, a educação integral se tornou inadiável.*

- *Uma coisa que vou defender na campanha eleitoral é que o Rio ainda é a referência internacional do Brasil e tem uma centralidade que não pode ser negada pelo governo federal. Quando se fala em fazer Jogos Olímpicos, se faz no Rio. Encontro da Jornada Mundial da Juventude, final da Copa do Mundo, Jogos Pan-Americanos, tudo é no Rio. A cidade tem mais servidores públicos federais do que Brasília. Essa é uma questão central das reformas institucionais que precisam ser promovidas para reconstruir o Rio. O governo federal precisa dar novamente um status federal à cidade do Rio de Janeiro. Vários países têm duas, até três capitais: Alemanha, Chile, África do Sul... Essa é uma questão fundamental do ponto de vista da autoestima carioca e da reconstrução da confiança do Rio. Desde 1960 até hoje, a União paga todas as despesas do Poder Judiciário e do sistema de segurança pública de Brasília. Dar o status federal ao Rio seria reivindicar ao Brasil que o governo federal garanta recursos à nossa segurança pública, além da presença, no estado, dos órgãos federais relacionados ao entretenimento, à cultura e ao turismo. Porque se São Paulo tem a principal base industrial e Brasília é a capital administrativa, o Rio é a referência cultural, do turismo e do entretenimento. Que é a vocação do Rio para o mundo. O mundo reconhece o Brasil a partir do Rio.*

• *Por outro lado, o Rio precisa fazer a sua parte. Quero promover uma profunda mudança do paradigma da governança e da institucionalidade. A relação do Executivo com a Assembleia Legislativa tem que ser baseada em um programa de trabalho, e não no loteamento dos órgãos centrais do Estado. Quero escolher os melhores quadros para governar e estruturar uma gestão para resultados, que tenha um amplo plano de integridade de governança, com um Portal de Transparência que permita o acesso do cidadão a todas as contas públicas. Também vamos propor uma legislação que exija a abertura do sigilo fiscal, como condição, para qualquer um que venha a assumir cargos no primeiro e no segundo escalões do governo estadual. E o acompanhamento anual pela Controladoria da evolução patrimonial dos ocupantes desses cargos, para verificar se é compatível com sua renda. Quero criar um Conselho de Estado com personalidades ilibadas que aconselhem e acompanhem o programa de compliance e integridade do estado.*

• *Para o enfrentamento dos problemas, vou propor a estruturação de um plano estratégico de 20 anos, com ações de curto, médio e longo prazos, para a retomada do desenvolvimento econômico estadual. A segurança pública tem que trabalhar com base em técnica e inteligência policial, juntamente com a polícia de proximidade, integrada a uma agenda de prevenção. Não haverá a retomada dos territórios do tráfico e das milícias apenas com ações de segurança pública. É preciso reverter o esvaziamento econômico. O grau de informalidade, pobreza e desemprego nas comunidades pobres e favelas do Rio é muito mais grave do que a média do Sudeste.*

• *Fora de ilhas do contexto metropolitano, como Niterói, Zona Sul e Barra da Tijuca, nas regiões onde vive a maior parte das pessoas, a vida está ainda mais degradada, com maior letalidade da pandemia, domínio de bairros inteiros pela milícia e pelo tráfico e aumento da fome e do desemprego. O aumento do preço do barril de petróleo dá um alívio financeiro momentâneo ao estado, juntamente com a entrada dos recursos da venda da Cedae, que precisam ser investidos em programas estruturais e emergenciais de superação da pobreza, concomitantemente a um plano estratégico de 20 anos de reconstrução do Rio.*

• *Acredito que é possível fazer um pacto pela reconstrução do Rio com base nesses temas que mencionei. Com a experiência da boa gestão e a força do povo e da sociedade civil, o Rio pode reconstruir a perspectiva de ser um bom lugar para se trabalhar, viver e ser feliz. Tal como fizemos em Niterói.*

Nas poucas semanas em que esteve no Brasil em 2021, Rodrigo realizou vários encontros e visitas no estado do Rio. Por conta das ameaças recebidas, passou a contar com medidas de segurança oferecidas pelo PDT. Mas isso não o impediu de ir de trem até a Baixada Fluminense, de conversar com reitores de universidades públicas, de participar de eventos locais do PDT em diferentes cidades e de se reunir com diversos setores da sociedade. Tudo para ouvir e conversar sobre o que o estado precisa para se reerguer de sua pior crise econômica e social.

Rodrigo Neves é – e sempre foi – ficha limpa. Teve as contas dos oito anos de sua administração em Niterói aprovadas pelo TCE e pela Câmara de Vereadores. Não é réu em nenhuma ação de improbidade administrativa – coisa rara para quem já tem 20 anos de vida pública. E não tem condenação criminal em qualquer instância. Nos últimos anos em que foi vítima de *lawfare*, sequer foi convocado a prestar esclarecimentos.

Não desejo ao maior adversário político sofrer a ação arbitrária e ilegal que sofri. Sem nunca ter sido ouvido, sem quaisquer indícios ou provas, com a omissão de dados oficiais que corroboravam minha seriedade e com uma mentira sobre minha esposa, impuseram um imenso sofrimento à minha família, violentaram a soberania popular, e tentaram arrasar minha imagem, minha honra e minha reputação. Não guardo rancor ou raiva. Diante do passivo histórico de impunidade do país, sigo confiando e acreditando que instituições de controle externo e fiscalização – como os Ministérios Públicos e os Tribunais de Contas – são fundamentais para melhorar o Brasil. Destaco uma frase de Nietzsche, que li em um livro na prisão, "Fascismo – Um alerta", escrito pela ex-secretária de Estado dos EUA, Madeleine Albright: "Aquele que luta contra monstros deve certificar-se sempre se não está se tornando um monstro". É fundamental, para evitar arbitrariedades, injustiças e manipulação política na luta contra o monstro da corrupção – e contra o monstro ainda maior das desigualdades no Brasil – que sejam respeitados o Estado Democrático de Direito, a Constituição, o direito ao contraditório e o devido processo legal. **Rodrigo Neves**

A ameaça do *lawfare*, que tornou-se um recurso contumaz da extrema-direita, continua. E não apenas em Niterói. Quando terminávamos este livro, reapareceu em uma ação midiática da Polícia Federal do Ceará contra o pré-candidato à presidência pelo PDT, Ciro Gomes. Em sua resposta, reproduzida pela imprensa, Ciro denunciou a ação como perseguição política:

> *Até esta manhã eu imaginava que vivíamos, mesmo com todas as imperfeições, em um país democrático. Mas depois de a Polícia Federal subordinada a Bolsonaro, com ordem judicial abusiva de busca e apreensão, ter vindo à minha casa, não tenho mais dúvida de que Bolsonaro transformou o Brasil num Estado Policial que se oculta sob*

> *a falsa capa de legalidade. (...) Não tenho nenhuma ligação com os supostos fatos apurados. Não exerci nenhum cargo público relacionado com eles. Nunca mantive qualquer tipo de contato com os delatores. O que, aliás, o próprio delator reconhece quando diz que nunca me encontrou. (...) Não tenho dúvida de que esta ação tão tardia e despropositada tem o objetivo claro de tentar criar danos à minha pré-candidatura à Presidência da República.*

A advogada Carol Proner destaca que o *lawfare* vem sendo utilizado em outros países na América Latina e o alvo é quase sempre algum político do campo progressista.

> *No Chile temos um caso parecido, do Marco Enríquez-Ominami, um político que disputou as eleições à Presidência da República por três vezes, e em 2021 concorreu pela quarta vez. Ele começou a ser denunciado por processos em 2016. Foram 16 processos, de um dia para o outro, não apenas contra ele, mas também contra a filha e a mulher, que é apresentadora de televisão. O* lawfare *acabou com a vida de Marco, um jovem progressista em ascensão. Ele teve a força que o Rodrigo teve, com cabeça erguida, pois não devia nada. Os processos desapareceram, todos caíram. Em 2021, ele voltou a disputar a eleição com seus direitos políticos restituídos, porque nada foi provado. Mas, muito de repente, a vida dele virou um inferno. No Equador, há vários exemplos. O que mais se aproxima do caso de Rodrigo é o da Paola Pabón, prefeita da Província de Pichincha. Se você escrever "Paola Pabón Pichincha detenida" na busca do YouTube, verá o momento da prisão dela, dentro de casa com a filha, durante o mandato. Só que, no caso dela, foi ainda pior do que o de Rodrigo, porque não foi uma acusação de corrupção na prefeitura. Ela foi presa por ter postado um tuíte sobre a força da luta indígena quando os indígenas estavam nas ruas em 2019. Ela foi condenada, mas voltou para o mandato porque a mobilização popular foi muito grande. Mesmo assim, teve que continuar usando tornozeleira eletrônica. Imagine, a titular de uma das maiores prefeituras do país (no Equador, as prefeituras equivalem ao governo estadual no Brasil), trabalhando de tornozeleira. É um caso de intimidação, de abuso do sistema de Justiça, de prisão midiática espetaculosa, com violação de todos os princípios da presunção de inocência.* **Carol Proner**

O lawfare *ainda está por aí. É claro que a intensidade diminuiu, o descrédito que algumas dessas operações passaram a ter aos olhos da opinião pública fez com que a vaidade, ou os projetos políticos que as alimentavam, efetivamente perdesse espaço. Agora, não se pode dizer que nós tenhamos deixado isso para trás. Esse risco ainda existe, está presente e a sociedade brasileira precisa ficar alerta.* **José Eduardo Cardozo**

Mais de três anos depois de sua prisão, as cicatrizes ainda estão vivas em Rodrigo Neves. Nesse tempo, viu seu pai definhar física e emocionalmente – o professor Edison nunca se recuperou do drama do filho e morreu no início de 2021.

Ao mesmo tempo, Rodrigo ansiava pela publicação deste livro, porque aqui está, finalmente, a oportunidade de contar, na íntegra e com riqueza de detalhes, o que de fato aconteceu. Oportunidade que lhe foi negada em todos esses anos.

Cumpre a contação de histórias como esta. Esses casos só são conhecidos quando narrados e contados no detalhe. Eles têm uma aparência de legalidade e só através da denúncia pública é possível sabermos que houve ilegalidade nas prisões preventivas, nas delações premiadas e na forma da pressão, além da tortura psicológica de pessoas que são presas e levadas a delações. O lawfare *é uma perfídia jurídica e é preciso denunciá-lo mais e mais.* **Carol Proner**

ANEXO

A DEFESA DE TÉCIO LINS E SILVA

A defesa apresentada por Técio Lins e Silva no pedido de habeas corpus de Rodrigo Neves é uma peça de literatura jurídica excepcional e que, diferentemente de tantos documentos dos tribunais, consegue ser clara e didática, mesmo para quem não está acostumado a esse tipo de texto.

Achamos importante reproduzi-la aqui, pois raramente o grande público – com exceção de advogados e estudantes de Direito – tem acesso a um texto desse calibre.

Técio Lins e Silva
Ilídio Moura
Letícia Jost Lins e Silva
Darcy de Freitas
Adriano Prata Pimenta
ADVOGADOS

EXCELENTÍSSIMO SENHOR DESEMBARGADOR RELATOR
DOUTOR LUIZ NORONHA DANTAS
TERCEIRO GRUPO DE CÂMARAS CRIMINAIS
TRIBUNAL DE JUSTIÇA DO ESTADO DO RIO DE JANEIRO

Ref.: Ação Penal Originária 0068811-80.2018.8.19.0000

RODRIGO NEVES BARRETO, já qualificado nos autos em epígrafe, vem, por seus Advogados, na conformidade do artigo 4º da Lei 8.038/90 e do artigo 167 do Regimento Interno deste Tribunal, apresentar **RESPOSTA** à denúncia oferecida pelo Ministério Público, nos termos a seguir expostos.

P. juntada.

Rio de Janeiro, 21 de janeiro de 2019.

TÉCIO LINS E SILVA
Advogado – OAB/RJ nº 16.165

ILÍDIO MOURA
Advogado – OAB/RJ nº 20.408

LETÍCIA LINS E SILVA
Advogada – OAB/RJ nº 75.217

RONNY NUNES
Advogado – OAB/RJ nº 201.576

EM DEFESA DE

RODRIGO NEVES BARRETO

I. A VIOLÊNCIA DE UMA ACUSAÇÃO QUE BEIRA A MÁ-FÉ

I.1 A falta de lastro probatório da inicial: uma delação sem quaisquer elementos de corroboração e que foi posteriormente desmentida

No dia 10 de dezembro de 2018 – há 42 dias! – o DEFENDENTE, no curso de seu segundo mandato como Prefeito de um dos municípios mais importantes do Rio de Janeiro, Niterói, **reeleito com 60 % dos votos válidos daquele município**, foi objeto de medida de busca e apreensão em sua casa e local de trabalho e, o que é mais grave, foi levado preso, estado em que se encontra – repita-se – até o dia de hoje, **há 42 dias!**

Certamente, esta defesa estará sendo lida por Vossa Excelência mais de 42 dias após a prisão do DEFENDENTE. E o DEFENDENTE ainda estará preso!

2

As medidas, de tão gravosas e excepcionais, sugerem a existência de provas robustas e elementos contundentes que as justificassem.

MAS NÃO É ISSO O QUE SE VÊ NESTA DENÚNCIA.

Ao contrário, o procedimento investigatório que deveria instruí-la não possui absolutamente nenhum elemento que corrobore a delação que o motivou e que, posteriormente, foi desmentida pelo próprio delator, **fato conveniente e gravemente omitido pelo autor da ação.** Tal PIC (Procedimento de Investigação Criminal) serviu apenas para a falácia e ilações tão vazias quanto desarrazoadas.

E com palavras vazias de testemunha/delator/concorrente que o Ministério Público Estadual, sem respaldo (o que é inaceitável!), pratica gravíssima violência contra o DEFENDENTE e contra a Democracia, eis que logrou afastar do poder, **SEM MÍNIMA JUSTA CAUSA**, um representante reeleito pelo povo de Niterói, com base, TÃO SOMENTE – repita-se – em uma delação vaga, inteiramente desacompanhada de quaisquer provas de corroboração, **posteriormente retratada, mas maldosa e irresponsavelmente inflada para induzir em erro o Judiciário.**

E que se diga logo: a ausência de elementos de corroboração da parte do acordo de colaboração da qual o MP Estadual se utilizou para instaurar o seu próprio Procedimento de Investigação Criminal e para denunciar o DEFENDENTE foi ressaltada, nada mais nada menos, do que pelo próprio **Ministério Público Federal**, parte naquele acordo!

3

Explica-se: ao compartilhar com o MP Estadual a delação motivadora do PIC que resultou neste processo criminal contra RODRIGO NEVES BARRETO – **preso há quase DOIS MESES**! – o MPF fez a seguinte ressalva:

> **"*não foram apresentados elementos de corroboração* *em relação aos anexos 3, 10, 12 e 15, também remetidos por esta Procuradoria*".**

O referido **ANEXO 12** é, justamente, aquele em que o delator MARCELO TRAÇA GONÇALVES, empresário do setor de transportes e ex-presidente do Sindicato das Empresas de Transporte do Rio de Janeiro – SETRERJ, faz referência ao DEFENDENTE, insinuando (mas jamais provando **e, depois, desmentindo!**) que o mesmo estaria envolvido em um "*esquema de corrupção envolvendo Prefeitos do Estado do Rio de Janeiro relacionado ao setor de transporte público municipal*".

A ressalva é clara e está à **fl. 414 do anexo**, em ofício de **26 de junho de 2018**, assinado pelo Procurador Regional da República, Dr. CARLOS AGUIAR, dirigido ao Subprocurador-Geral de Justiça, cujo assunto era: "***Provas de corroboração de anexos encaminhados***".

Entretanto, mesmo sem elementos de corroboração, o PIC, instaurado em **24 DE MAIO DE 2018**, seguiu seu desenfreado curso.

FORAM MAIS DE SEIS MESES DE INVESTIGAÇÕES SIGILOSAS! "Relatórios de Inteligência", informações do COAF, planilhas e outros floreios foram acrescidos aos autos, mas o Prefeito e cidadão RODRIGO

4

NEVES BARRETO **jamais** foi convidado ou instado de qualquer forma a responder aquelas vazias acusações, lançadas contra ele, seu ex-Secretário de Obras e Infraestrutura e dois empresários do setor de transportes do município de Niterói, NOTÓRIOS CONCORRENTES DO DELATOR!

O Poder Judiciário não pode deixar de cumprir a sua nobre função de garantidor de direitos e garantias fundamentais.

Assim é que, em **05 de dezembro de 2018**, o GAOCRIM do MPRJ denunciou o DEFENDENTE, seu ex-Secretário de Obras e Infraestrutura DOMÍCIO MASCARENHAS, os administradores dos consórcios de ônibus TRANSOCEÂNICO e TRANSNIT, respectivamente, JOÃO CARLOS FELIX e JOÃO DOS ANJOS, além do empresário delator, MARCELO TRAÇA GONÇALVES. Requereu, ainda, a prisão dos mesmos (com exceção do delator), buscas e apreensões, quebra de sigilo de dados e, quanto ao DEFENDENTE e seu ex-Secretário, a suspensão de suas funções públicas. Esta última cautelar, na verdade, só atinge o ora DEFENDENTE, já que seu ex-Secretário não mais exerce qualquer função pública.

PARA TANTO, O MP TINHA QUE SE DESCOMEDIR.

Não à toa, repete incansavelmente que são "*robustas as provas*"; que a delação teria sido confirmada "por elementos autônomos de prova" (fl. 34 da inicial) e "diversas *provas de corroboração*" (fl. 56 da inicial). Mas não aponta sequer um elemento que pudesse corroborar as temerárias afirmações do delator MARCELO TRAÇA GONÇALVES **e, muito menos, justificar as gravíssimas medidas de prisão e afastamento do cargo de um Prefeito em pleno exercício do mandato**.

Técio Lins e Silva
Ilídio Moura
Letícia Jost Lins e Silva
Darcy de Freitas
Adriano Prata Pimenta
ADVOGADOS

TAIS REPETIÇÕES TÊM DUPLA FUNÇÃO: PREENCHER O VAZIO MATERIAL E INDUZIR O JUÍZO EM ERRO.

Repita-se: foram mais de SEIS meses de investigações. E **o vazio desde o início ressalvado pelo Ministério Público Federal** SÓ AUMENTOU!

EXPLICA-SE: ao prestar o seu segundo depoimento ao MP estadual, **em 10 de agosto de 2018 (fls. 420/425 do Anexo)**, o delator MARCELO TRAÇA GONÇALVES, contrariando seus depoimentos anteriores, inclusive aquele prestado perante o próprio MP estadual **em 24 de maio de 2018 (fls. 32/36 do Anexo)**, mudou a sua versão, passando a afirmar que costumava jantar com o DEFENDENTE "***uma vez por ano***" e que, "*normalmente tais jantares tinham por objetivo realizar a cobrança de pagamentos em atraso das gratuidades*". E ACRESCENTA:

> "*que nestes jantares RODRIGO NEVES reafirmava o credenciamento de DOMÍCIO **para solucionar os entraves relacionados aos pagamentos de gratuidades**, **que RODRIGO NEVES nunca falou abertamente sobre o recebimento de propina**, mas sempre fazia questão de reafirmar a autoridade de DOMÍCIO **para tratar 'qualquer assunto' relacionado aos pagamentos de gratuidades***".

6

Ressalte-se: havia um débito de gratuidade desde a gestão anterior à do DEFENDENTE e DOMÍCIO MASCARENHAS era então o Secretário de Obras e **Infraestrutura**, ou seja, a pessoa naturalmente encarregada da pasta para tratar dos referidos "assuntos", ainda que, por muitas vezes, este tema, "dívida de gratuidade", recorrente na primeira gestão de RODRIGO NEVES, também tenha sido tratado com os empresários do setor e com o SETRERJ por outras secretarias de governo, como a de urbanismo e mobilidade, por exemplo.

Ressalte-se ainda: o fato de o Prefeito de Niterói reunir-se com o Presidente do Sindicato de Empresas de Transportes do Rio de Janeiro - SETRERJ, com atuação naquele município, ainda que apenas em três ocasiões em seis anos de gestão, para tratar de assuntos relativos à *"cobrança de pagamentos em atraso das gratuidades"*, não é, de forma alguma, circunstância capaz de gerar qualquer suspeita!

Sublinhe-se, por fim, que, no ano de 2017, já na segunda gestão do DEFENDENTE, a entrada de recursos de royalties possibilitou a negociação e redução da dívida de gratuidades que, então, somava 80 milhões, para 50 milhões, em 25 parcelas! **UMA REDUÇÃO DE 30 MILHÕES!**

REPITA-SE UMA VEZ MAIS: o próprio delator, cujo depoimento serviu como único suporte à denúncia, esclareceu: ***RODRIGO NEVES nunca falou abertamente sobre o recebimento de propina***.

7

Esse depoimento se deu em **10 de agosto de 2018**, quatro meses antes da prisão do DEFENDENTE que, mesmo assim, jamais foi chamado pelo MP para esclarecer e desmistificar aqueles fatos por tudo contraditórios.

RODRIGO NEVES BARRETO, Sociólogo e Prefeito do município de Niterói, poderia explicar, por exemplo, que os consórcios que operavam o transporte urbano em Niterói já haviam sido contratados antes mesmo de ter assumido a gestão da cidade[1]; poderia informar sobre a caótica situação fiscal do município, no início de sua gestão, e como era priorizado o pagamento de salários dos servidores públicos em detrimento de dívidas de prestadores de serviços e fornecedores de variados setores, não só de transporte urbano[2]; poderia demonstrar, ainda, tudo o que foi feito em sua gestão para tornar mais transparente a complexa questão do reembolso das gratuidades e, finalmente, dizer como conseguiu transformar aquele município em um modelo a ser seguido em termos de gestão profissional, transparência e seriedade[3], o que lhe rendeu, inclusive, expressos reconhecimentos[4]!

---

[1] Os contratos dos consórcios estão às fls. 175/200 (Transoceânico) e 254/281 (Transnit) do Anexo. A data de celebração de ambos é 04/07/2012, ainda durante a gestão de Jorge Roberto Silveira, que assina ambos os contratos (fls. 200 e 281).

[2] Conforme as seguintes matérias jornalísticas:
http://www.niteroi.rj.gov.br/index.php?option=com_content&view=article&id=1425:rodrigo-neves-apresenta-relatorio-da-situacao-fiscal-do-municipio-de-niteroi;
http://www.niteroi.rj.gov.br/index.php?option=com_content&view=article&id=1494:prefeitura-de-niteroi-sai-do-serasa-da-uniao-apos-quatro-anos; e https://odia.ig.com.br/_conteudo/rio-de-janeiro/2016-11-27/vamos-apertar-os-cintos-e-fazer-um-esforco-por-6-meses-diz-rodrigo-neves.html.

[3] Conforme as seguintes matérias jornalísticas:
http://www.atribunarj.com.br/niteroi-e-a-sexta-melhor-cidade-do-pais-em-gestao-fiscal/
https://odia.ig.com.br/_conteudo/economia/2017-08-11/niteroi-e-a-melhor-gestao-do-estado-e-fica-entre-as-dez-primeiras-do-pais.html.

[4] Conforme fls. 869/880 dos autos.

8

Com maior facilidade ainda, poderia o DEFENDENTE explicar as mensagens telefônicas trocadas com o ex-presidente do SETRERJ, o delator MARCELO TRAÇA Gonçalves– **no que lhe respeita, uma única mensagem!** – os esparsos, mas obrigatórios, encontros que teve com o mesmo e, sobretudo, **a relação concorrencial pública e notória entre as empresas do delator – RIO ITA e FAGUNDES – que operavam em São Gonçalo, município contíguo a Niterói, e as empresas VIAÇÃO PENDOTIBA (de JOÃO CARLOS FÉLIX) e INGÁ e TRANSPORTES PEIXOTO, de JOÃO DOS ANJOS, correús neste processo e igualmente presos há quase dois meses**, sendo este último pessoa idosa, com quase 80 anos de idade!

Mas a chance de esclarecer os fatos não lhe foi dada e, uma vez mais, preferiu-se o escândalo ao estado de direito e à dignidade da pessoa humana.

É inacreditável e chega a parecer mentira!

Repita-se, pois:

O DEFENDENTE, cidadão prestante, Pai de Família, Chefe do Poder Executivo Municipal, pela segunda vez reeleito pelo povo, Prefeito em exercício do mandato de uma das mais importantes cidades do Estado, Capital da velha província fluminense, NUNCA FOI CHAMADO PARA DEPOR; NUNCA FOI OUVIDO PELOS ALGOZES DE SUA ACUSAÇÃO! JAMAIS!

Assim, prosseguiu o Procedimento Investigatório do MP. E, como não encontrou nada de criminalmente relevante, o órgão da acusação fabricou a sua retórica, juntando os depoimentos de dois delatores (um deles posteriormente desmentido), desprovidos de elementos de corroboração, com algumas mensagens de *whatsapp* em nada suspeitas, um despiciendo relatório de "*vínculos intersubjetivos*", e misturando-os ao contexto do esquema de corrupção comandado pelo ex-governador SERGIO CABRAL, envolvendo a FETRANSPOR, como se fosse tudo "farinha do mesmo saco", como se tais esquemas tivessem sido reproduzidos "*mutatis mutandis*", "*como uma forma de extensão daquele projeto delituoso incrustado no setor de transportes públicos para determinados governos municipais, como a Prefeitura de Niterói*".

PURA BALELA!

Para tanto, a denúncia chega a fazer menção às declarações prestadas em outro processo por JACOB BARATA FILHO, empresário do setor de transportes coletivos, com o propósito de reforçar a versão de que o delator MARCELO TRAÇA teria "*profundo conhecimento de toda cadeia ilícita no âmbito das atividades do setor de transportes coletivos no estado,* ***o que inclui o município de Niterói***". A parte final desta afirmação, como tantos outros trechos da denúncia, **decorre de pura má-fé, de pura fantasia**!

Sem nenhum compromisso com a verdade, a denúncia optou pela mentirosa **PRIMEIRA** VERSÃO do delator – **MESMO JÁ POSSUINDO A SEGUNDA QUE A DESMENTIA E QUE FOI ALI OMITIDA!** – no sentido de que o DEFENDENTE, na qualidade de prefeito de Niterói, atrasava o pagamento

10

Técio Lins e Silva
Ilídio Moura
Letícia Jost Lins e Silva
Darcy de Freitas
Adriano Prata Pimenta
ADVOGADOS

do reembolso obrigatório das verbas de gratuidade devidas às empresas de ônibus, como forma de exigir um percentual de 20%, a título de propina.

Reproduzindo a estória mentirosa do delator, diz a inicial que tais pagamentos (de **20%** das verbas devidas, a título de reembolso de gratuidades), teriam sido realizados em espécie, em encontros marcados com o corréu DOMÍCIO, através de mensagens de *whatsapp*, os quais teriam ocorrido nas seguintes datas: 25/06/2014, 26/06/2014, 30/06/2014, 23/09/2014, 27/03/2015, 05/11/2015, 25/11/2015, 30/12/2015, 19/04/2016 e 28/04/2016.

Pura ilação, sem qualquer respaldo! As datas sequer coincidiam com qualquer pagamento. Mais fantasia!

De fato, houve trocas de mensagens entre o **ex-Secretário de Obras e <u>Infraestrutura</u>**, DOMÍCIO MASCARENHAS, e o então **Presidente do SETRERJ - Sindicato das Empresas de Transporte Urbano do Estado do Rio de Janeiro, com abrangência na área de Niterói, São Gonçalo, Itaboraí, etc.**, o delator MARCELO TRAÇA GONÇALVES.

Ora, nada mais natural do que um Secretário de Obras e Infraestrutura reunir-se com o Presidente do Sindicato de Empresas de Ônibus e empresários do setor (**líderes dos consórcios que operavam no município, desde antes da gestão do DEFENDENTE!**) para tratar de assuntos relativos ao cumprimento dos contratos de concessão, dentre os quais, questões envolvendo o complexo processo de pagamento das gratuidades!

11

As ressaltadas conversas de *whatsapp* reproduzidas às **fls. 426/448** do anexo demonstram apenas que reuniões eram marcadas, mas NADA há que autorize afirmar que estes encontros tenham servido para tratar de propinas! BASTA LER A TROCA DE MENSAGENS!

O MP tinha ciência da fragilidade de tais mensagens como elemento de corroboração. Tanto assim que, para emprestar-lhes o tom suspeito que tornaria mais provável o sucesso de suas pretensões perante o Judiciário, a inicial afirma que os encontros eram marcados "*em locais inusitados, **como 'ao lado do Motel Leton**, no CIEP Caramujo, Rodovia Amaral Peixoto' ou 'no Posto Shell, localizado na descida da Ponte Rio/Niterói', como se extrai expressamente das conversas, **confirmando a natureza criminosa dos ajustes entabulados entre os denunciados***".

Pura malícia nessa afirmação que beira a leviandade!

Mais uma vez, se os subscritores da denúncia tivessem sido melhor informados por sua Coordenadoria de Inteligência, saberiam que a Prefeitura de Niterói, na gestão do DEFENDENTE, e mais especificamente no ano de 2014, criou um projeto muito democrático chamado "Prefeitura Móvel", com o objetivo de "*aproximar ainda mais a Prefeitura das pessoas*".[5]

O CIEP Antinéia Silveira Miranda, no bairro de Caramujo, mais conhecido como CIEP CARAMUJO, foi o primeiro lugar ocupado

[5] Conforme as seguintes matérias jornalísticas: https://www.google.com.br/amp/s/www.guiadeniteroi.com/caramujo-e-o-primeiro-bairro-de-niteroi-a-receber-prefeitura-movel/amp/; http://www.niteroi.rj.gov.br/index.php?option=com_content&view=article&id=2391:2014-06-30-23-06-45; e http://axelgrael.blogspot.com/2014/07/prefeitura-movel-no-caramujo.html?m=1.

12

pela Prefeitura. **Este CIEP fica, justamente, ao lado do referido Motel Leton!**

Portanto, assim como o encontro marcado no posto de gasolina na descida da Ponte (provavelmente um posto Shell que fica próximo ao SETRERJ, na Alameda), a reunião marcada naquele CIEP estava longe de ser um indicativo da fantasiada "*natureza criminosa*" dos encontros entre os denunciados, pois eram combinados onde a Prefeitura móvel estava funcionando, naquele momento.

Aliás, especificamente quanto ao DEFENDENTE, há **UMA ÚNICA** mensagem trocada com o delator MARCELO TRAÇA, no dia 24 de maio de 2017 (fl. 897), na qual combinam um encontro no CCO (Centro de Comando Operacional), em Charitas. A conversa ali registrada **NÃO TEM NADA DE SUSPEITA**! Confira-se:

> RODRIGO: "*Prezado Presidente, bom dia*"
> MARCELO TRAÇA: "*Bom dia prefeito*"
>
> RODRIGO: "*Seria possível você vir a Niterói?*"
>
> MARCELO: "*Claro. Só tenho um compromisso hj as 15 h muito chato, faleceu a esposa do Sr. Jacob barata. Eh o enterro é a tarde*".
>
> MARCELO: "*Pode ser mais tarde?*"
>
> RODRIGO: "*Minhas condolências à familia*"
>
> MARCELO: "*Transmitirei*".
>
> MARCELO: "*Posso passar mais tarde?*"

13

Técio Lins e Silva
Ilídio Moura
Letícia Jost Lins e Silva
Darcy de Freitas
Adriano Prata Pimenta
ADVOGADOS

RODRIGO: "*Vc tem como me encontrar no CCO do túnel após Charitas as 17 h?*"

MARCELO: "*Estarei lá*".

O conteúdo desta ÚNICA troca de mensagens revela uma combinação absolutamente legítima que, **EM NADA**, a não ser na visão sórdida da denúncia, permitiria concluir que tais encontros serviam à tratativa de interesses ilícitos.

Ressalte-se, Excelências, que em seu segundo depoimento – **omitido pelo MP!** – o próprio delator MARCELO TRAÇA diz que os encontros "*eram realizados após o depoente ser instado por JOÃO CARLOS FÉLIX e JOÃO DOS ANJOS, que diziam ao depoente que o pagamento das gratuidades estavam em atraso e era necessário pedir a DOMÍCIO e ao Prefeito Rodrigo Neves a realização dos repasses*". **Ora, nada mais normal que o particular procure instar, cobrar aquilo que lhe era devido e não pago!**

De fato, em toda a primeira gestão do DEFENDENTE na Prefeitura de Niterói, do ano de 2013 a 2016, houve enorme atraso e, até, não pagamento de gratuidades devidas às empresas de ônibus, as quais enviavam ofícios reclamando, pediam reuniões e clamavam por solução junto ao SETRERJ e a própria Prefeitura!

E as dívidas de gratuidade não eram as únicas existentes àquela época!

14

Como dito e de conhecimento público, a situação fiscal encontrada no município na primeira gestão do Prefeito RODRIGO NEVES era caótica, salários atrasados, hospitais fechados, obras paradas, a Prefeitura há quatro anos inadimplente, dívidas com vários fornecedores e uma grave crise administrativa. Havia até obrigação com o pagamento de parcelamento de dívida negociada – pasmem! – na gestão terminada no ano de 1982, há 37 anos passados!

Naquele contexto, era preciso eleger prioridades! Pagava-se o que era possível pagar, sendo certo, inclusive, que verbas destinadas ao pagamento de gratuidades eram utilizadas, nos limites permitidos pela lei, para outras finalidades mais emergenciais, como, por exemplo, o pagamento de salários dos servidores públicos.

Portanto, na primeira gestão do DEFENDENTE, a Prefeitura de Niterói, não obstante os esforços feitos, nunca conseguia reembolsar as empresas de ônibus de forma periódica e integral, como deveria, sendo certo, contudo, que o atraso no pagamento não servia, **como sordidamente supõe o MP**, para pressionar as empresas membros do Consórcio a pagar propina!

ISTO É PURA E INDIGNA CRIAÇÃO MENTAL!

Inclusive, fosse verdadeira esta sórdida versão da denúncia (**desmentida pelo próprio delator!**), o DEFENDENTE não transferiria parte da dotação orçamentária destinada ao pagamento de gratuidades para o pagamento de outras obrigações mais emergenciais, pois, afinal, ao fazer isso, estaria ele contrariando seus próprios (supostos)

15

interesses espúrios: quanto maior o valor pago às empresas, maior seria a sua propina, já que os alentados 20% (**jamais vistos neste País, mas dito cobrados pela Prefeitura de Niterói!**) incidiam sobre o valor reembolsado.

NÃO FAZ SENTIDO! NÃO TEM LÓGICA! É PURA FANTASIA!

E faz menos sentido ainda quando contrastadas as datas em que empenhadas e liquidadas as verbas de reembolso de gratuidades com as datas dos encontros que, segundo a denúncia (baseada na delação de MARCELO TRAÇA), serviam para pressionar a Prefeitura para liberar as verbas atrasadas:

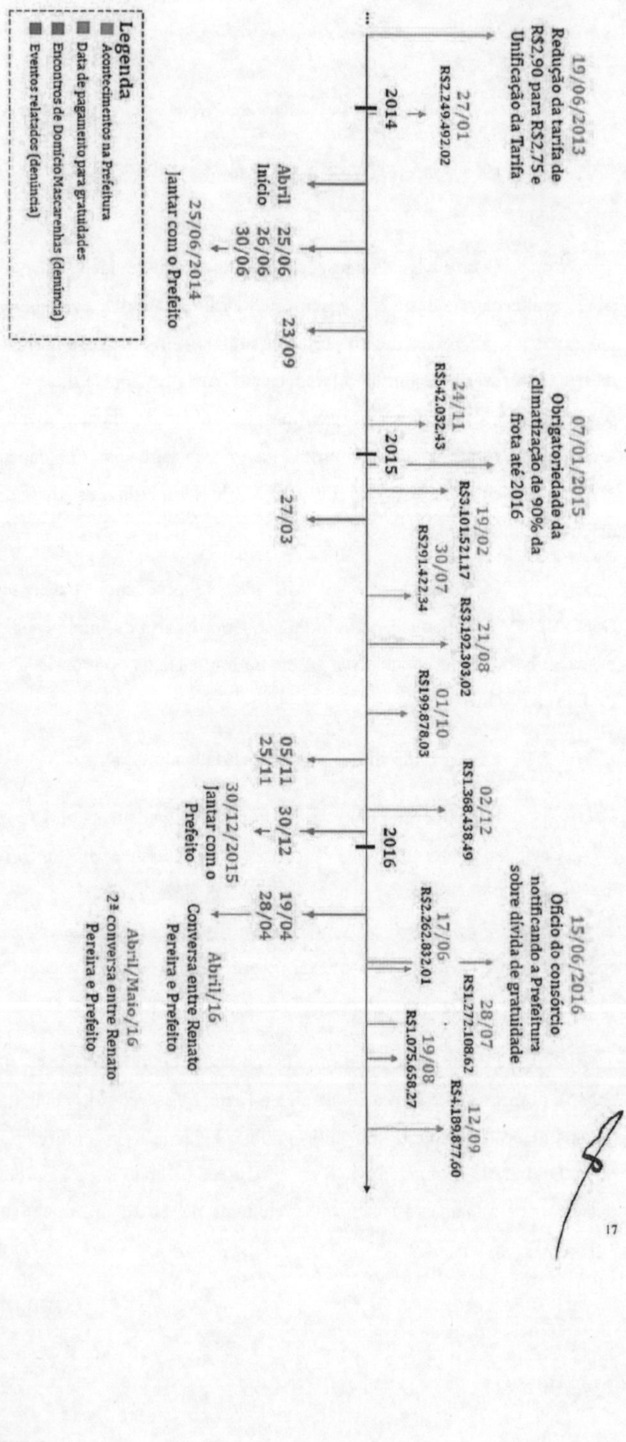

19/06/2013
Redução da tarifa de R$2,90 para R$2,75 e Unificação da Tarifa
27/01
R$2.249.492.02
2014
Abril
Início
25/06
26/06
30/06
25/06/2014
Jantar com o Prefeito
23/09
24/11
R$542.032.43
07/01/2015
Obrigatoriedade da climatização de 90% da frota até 2016
2015
19/02
R$3.101.521.17
27/03
30/07
R$291.422.34
21/08
R$3.192.303.02
01/10
R$199.878.03
05/11
25/11
02/12
R$1.368.438.49
30/12
30/12/2015
Jantar com o Prefeito
2016
15/06/2016
Ofício do consórcio notificando a Prefeitura sobre dívida de gratuidade
19/04
28/04
Abril/16
Conversa entre Renato Pereira e Prefeito
17/06
R$2.262.832.01
Abril/Maio/16
2ª conversa entre Renato Pereira e Prefeito
28/07
R$1.272.108.62
19/08
R$1.075.658.27
12/09
R$4.189.877,60
Legenda
Acontecimentos na Prefeitura
Data de pagamento para gratuidades
Encontros de Domício Mascarenhas (denúncia)
Eventos relatados (denúncia)
17

Técio Lins e Silva
Ilídio Moura
Letícia Jost Lins e Silva
Darcy de Freitas
Adriano Prata Pimenta
ADVOGADOS

O *nonsense* da acusação fica ainda mais evidente diante das ações praticadas na festejada gestão de RODRIGO NEVES, evidentemente contrárias aos interesses das empresas de ônibus – climatização obrigatória da frota, unificação de tarifas diferenciadas e mais caras pela mais baixa e congelamento de tarifas, por exemplo – ou, simplesmente, diante de providências tomadas para emprestar maior transparência à cobrança de gratuidades, como a tentativa de adoção da biometria por passageiros detentores de gratuidade.

Mas, como dito, o MP não se preocupou em ouvir o DEFENDENTE e, tampouco, solicitou a sua Coordenaria de Inteligência que buscasse informações sobre a sua gestão na Imprensa ou no próprio sítio da Prefeitura de Niterói.

E os absurdos desta denúncia não param por aí.

No afã de fabricar, **a qualquer custo**, um "*robusto probatório*" revelador do fantasiado "*projeto criminoso que envolve o órgão de cúpula do Executivo municipal de Niterói em suas relações espúrias com empresários do segmento de transporte rodoviário*", o MP convidou outro delator para prestar depoimento em seu Procedimento Investigatório: RENATO PEREIRA, sócio da agência de publicidade PROLE.

Consta de matéria jornalística anexada ao PIC (fls. 29/30 do anexo), desprovida de indicação de data e fonte, que o referido publicitário, em sua delação perante o Ministério Público Federal, teria feito referência ao DEFENDENTE, afirmando que o mesmo pretendia contratar a empresa do delator para trabalhar na campanha eleitoral de **2016**, utilizando-se de

18

recursos de "caixa 2", sugerindo que tais recursos seriam obtidos através de um "*acordo*" com empresas do setor de transportes. Diz ele que o Prefeito teria expressado dúvida sobre aceitar ou não "*a proposta que as empresas de transporte rodoviário haviam formulado*".

Ora, se havia um esquema criminoso montado com as empresas de ônibus desde 2014, "*até a presente data*", como diz a denúncia, por que o Prefeito, no ano de 2016, teria dúvida se aceitaria "*a proposta que as empresas de transporte rodoviário haviam formulado*"?! Tais afirmações são, por tudo, contraditórias!

Mas, além da evidente contradição, fato é que o depoimento extraído do delator RENATO PEREIRA, que teve o seu contrato com a Prefeitura cancelado no início do ano de 2017, por orientação da Procuradoria do Município e acolhida pelo DEFENDENTE, é mentiroso, desprovido de elementos de corroboração e nada revela sobre "esquemas de corrupção". Mesmo assim, é utilizado na denúncia como se fosse importante elemento de corroboração do que disse **(e desdisse!)** o outro delator, MARCELO TRAÇA.

Aliás, nesse ponto, em que se refere ao depoimento do delator RENATO PEREIRA, a denúncia extrapola em má-fé!

Afirma a inicial que os depoimentos de MARCELO TRAÇA (fl. 32 dos autos principais) e de RENATO PEREIRA (fl. 407 do anexo) teriam ainda maior credibilidade, pois produzidas "*em contextos e oportunidades diversas*", e sem que os delatores tivessem ciência de uma e de outra, "*detalharam, de forma idêntica o credenciamento do denunciado*

19

DOMÍCIO MASCARENHAS conferido por RODRIGO NEVES, a utilização do mesmo modus operandi em ambos os esquemas criminosos".

Ressalte-se: o depoimento do delator RENATO PEREIRA, reproduzido na denúncia, **foi prestado nos autos do PIC, no dia 31 de julho de 2018 (10 dias antes do segundo depoimento prestado por Marcelo Traça), NA SEDE DO MINISTÉRIO PÚBLICO DO ESTADO DO RIO DE JANEIRO, AOS MESMOS PROMOTORES QUE PRESENCIARAM OS DEPOIMENTOS DE MARCELO TRAÇA E QUE SUBSCREVEM A DENÚNCIA!!**

Ou seja, para preencher o vazio já apontado pelo Ministério Público Federal, o MP Estadual chama outro delator, **e ousa dizer que tais depoimentos foram prestados "*em contextos e oportunidades diversas*"!**

Ora, já que a denúncia abunda em ilações, também esta Defesa poderia supor, a partir da circunstância acima, que eventuais pontos comuns entre os depoimentos de um e de outro delator poderiam ter sido fruto de direção do próprio MP.

Afinal, RENATO PEREIRA foi chamado a depor no PIC com o único intuito de que seu depoimento fosse utilizado como prova de corroboração do anterior depoimento de MARCELO TRAÇA que, no entanto, 10 dias após o depoimento prestado por RENATO PEREIRA, **VOLTOU ATRÁS E DISSE QUE NUNCA FALOU ABERTAMENTE SOBRE PROPINA COM O DEFENDENTE!**

Afirmar que o depoimento do delator RENATO PEREIRA foi prestado em "*contexto e oportunidade diversa*" É UMA FALÁCIA!

20

Repita-se, o depoimento foi prestado no mesmo contexto. Era preciso, a todo custo, criar provas que sustentassem o insustentável.

Ao contrário do que prega a maledicente denúncia, o depoimento de RENATO PEREIRA não empresta credibilidade alguma ao depoimento (utilizado na denúncia) prestado por MARCELO TRAÇA, notório concorrente comercial dos empresários corréus neste processo e, portanto, com total "*interesse em incriminar o Prefeito de Niterói*" e atingir seus concorrentes.

Por fim, ainda quanto aos fatos, há mais dois pontos da denúncia que só reforçam a má-fé da pretensão ali contida.

O primeiro diz respeito ao trecho da denúncia que trata das relações entre o DEFENDENTE e seu ex-secretário DOMÍCIO MASCARENHAS. Diz-se ali, à fl. 17, que "*pela análise do* ***quadro de vínculos intersubjetivos*** *elaborado pela Coordenadoria de Segurança e Inteligência do MPRJ a partir da pesquisa de participação em empresas*" teria restado demonstrada "***a complexa teia de ligações entre ambos, a esposa do atual Prefeito, Fernanda Sixel Barreto e diversos outros personagens****, decorrentes da integração nos quadros societários de empresas dos mais diversos setores – dentre elas a Toesa, o que, inclusive, aponta possível prática de lavagem de dinheiro, fatos a serem apurados em investigação própria*".

Tirando o seu *design* – especialidade do MP – e o seu pomposo título – "*quadro de vínculos intersubjetivos*" –, o quadro elaborado pela Inteligência do MP Estadual (fl. 544 do anexo) seria risível, não fosse trágico.

Técio Lins e Silva
Ilidio Moura
Letícia Jost Lins e Silva
Darcy de Freitas
Adriano Prata Pimenta
ADVOGADOS

O nome do irmão de FERNANDA SIXEL BARRETO (esposa do DEFENDENTE há 24 anos e Mãe de seus três filhos) MARCOS FARIAS SIXEL, está na base do quadro, indicado como sócio administrador da empresa DUNAMIS TRADING TECHNOLOGY LTDA. A Defesa não atingiu a relevância da menção ao nome do irmão de FERNANDA em tal documento, mas fato é que MARCOS FARIAS SIXEL entrou na ali referida empresa – que nada tem a ver com os demais personagens deste processo – em janeiro de 2018 e de lá saiu em abril do mesmo ano, **três meses depois!**

MARCOS FARIAS SIXEL nada tem a ver com as demais pessoas físicas ou jurídicas mencionadas no tal quadro, nenhum "*vínculo intersubjetivo*", a não ser o fato de ser irmão de FERNANDA!

Portanto, o que se vê neste quadro – e, pior, na menção que ali é feita ao irmão de FERNANDA, e reproduzida na denúncia! – só reforça o propósito do órgão da acusação de fabricar (inexistentes) elementos capazes de corroborar a sua absurda acusação, que não se sustenta e que afronta o bom senso.

O segundo ponto revela outra grave omissão: há nos autos do PIC um documento intitulado "*Intercâmbio de Informação junto ao COAF*" (fl. 1281 do anexo), no qual está registrado, ao lado do nome do DEFENDENTE: ***"Nada Consta".***

Ou seja, NÃO foram constatadas operações financeiras suspeitas relacionadas ao Prefeito RODRIGO NEVES.

22

Técio Lins e Silva
Ilídio Moura
Letícia Jost Lins e Silva
Darcy de Freitas
Adriano Prata Pimenta
ADVOGADOS

Tal omissão poderia, até, não ser levada em consideração, não estivéssemos tratando de uma acusação gravíssima de um suposto poderoso esquema de corrupção, envolvendo a "*alta cúpula do município de Niterói*", "*numa cadeia de comportamentos delituosos, ao misturar interesses de enriquecimento ilícito com projetos de perpetuação no poder, por meio de corrupção e desvios de recursos*" (fl. 60 dos autos principais).

Mas o DEFENDENTE está sendo acusado de ter praticado crimes de corrupção e participação em organização criminosa, e de enriquecimento ilícito! Portanto, a informação do COAF, requerida pelo próprio MP, não poderia jamais ter sido omitida na denúncia, só o sendo para não fragilizar ainda mais a criativa versão de um "*poderoso esquema de corrupção*".

Além do atestado do COAF de ausência de operações financeiras suspeitas, a Declaração de Imposto de Renda do DEFENDENTE (que também deve ser conhecida do poderoso MP) é absolutamente compatível com um cidadão de classe média (DOC. 01) que, inclusive, teve seu nome inserido no Serviço de Proteção ao Crédito – SPC, onde ainda se encontra, por não ter conseguido pagar uma fatura de cartão de crédito! (DOC. 02).

Estes fatos, é claro, não devem ter sido relatados ao MP por sua diligente Coordenadoria de Segurança e Inteligência.

Inteligência?!

23

Técio Lins e Silva
Ilídio Moura
Letícia Jost Lins e Silva
Darcy de Freitas
Adriano Prata Pimenta
ADVOGADOS

ESTA DENÚNCIA É UMA VIOLÊNCIA RARAS VEZES VISTA. O próprio anexo composto pelo PIC do Ministério Público evidencia isso.

E não é só!

Há, ainda, circunstâncias relativas à gestão do DEFENDENTE na Prefeitura de Niterói – da qual ele está absurdamente afastado – diretamente relacionadas ao tema da denúncia, que também escancaram o seu disparate.

I.2 Quanto à gestão do DEFENDENTE à frente da Prefeitura de Niterói: eficiência e transparência. O enfrentamento dos interesses dos empresários de ônibus.

O momento atual da política brasileira é, sem dúvidas, marcado por um fenômeno de renovação dos quadros tradicionais da representação popular.

Essa tendência se confirmou nas eleições de 2018, tanto na esfera federal como na estadual, com a ascensão de diversos partidos considerados "nanicos" e a queda de muitos representantes considerados "caciques" da política brasileira, vinculados a partidos de massa, como o Movimento Democrático Brasileiro (MDB), o Partido dos Trabalhadores (PT), o Partido da Social Democracia Brasileira (PSDB), entre outros.

24

Observe-se que essa mudança não resultou de um movimento iniciado em 2018. Ao contrário, as eleições municipais de 2016 já sinalizavam fortemente neste sentido: mais de 80% dos prefeitos do Estado do Rio de Janeiro não foram reeleitos.

No entanto, **contrariando esta tendência de ruptura**, RODRIGO NEVES, candidato do Partido Verde, **foi reeleito para a Prefeitura de Niterói**, com quase 60% dos votos válidos, sendo o único reeleito da Região Metropolitana do Estado.

E não foi uma reeleição qualquer: em relação ao pleito de 2012, RODRIGO ampliou a margem de votos sobre o seu adversário, Felipe Peixoto (PSD), com quem disputou o segundo turno nas duas ocasiões: em 2012, RODRIGO vencera com 52,55% dos votos válidos; em 2016, venceu com 58,59% dos votos.

Tais circunstâncias levam a uma única conclusão: **o DEFENDENTE foi reconhecido pela população de Niterói como um bom Prefeito**, sendo merecedor da renovação desta confiança para o exercício de um novo mandato.

E foi justamente durante este segundo mandato que esse reconhecimento se fez ainda mais evidente.

No ano de 2016, RODRIGO foi agraciado com o Prêmio **"Prefeito Empreendedor"**, do SEBRAE, na categoria "Melhor Projeto Estadual" (fls. 870/871 do Anexo); em 2017, a Prefeitura de Niterói foi premiada como uma das melhores cidades em saneamento no País, pela

25

Associação Brasileira de Engenharia e Saneamento Ambiental – ABES (fl. 873 do Anexo). No mesmo ano, Niterói conquistou nota 10 na "**Escala Brasil Transparente**", metodologia da Controladoria Geral da União para medir a transparência pública em estados e municípios (fls. 875/876 do Anexo).

A cidade de Niterói foi colocada em primeiro lugar no ranking do MPF e, no ranking da FIRJAN, o Município saiu do 58º lugar, em 2012, para primeiro lugar em 2017. A criação do Portal da Transparência, a edição da Lei de Acesso à Informação e a criação do Código de Ética do Servidor Público foram importantes inovações na gestão do DEFENDENTE.

Além disso, em 2018, Niterói entrou no ranking nacional das dez cidades mais inteligentes, a partir de avaliação que envolvia critérios como mobilidade, acessibilidade, urbanismo, meio ambiente, energia, tecnologia e inovação, economia, educação, saúde, segurança, empreendedorismo e governança (fls. 878/880 do Anexo). Por fim – três dias antes de sua prisão! – **RODRIGO NEVES assinou decreto tornando públicas as declarações de bens do primeiro escalão do governo municipal** (fls. 882/885 do Anexo).

No mais, durante a gestão do DEFENDENTE, o Fundo da Previdência dos Servidores passou de 10 milhões para 400 milhões, e com uma gestão responsável, a cidade de Niterói iniciou o ano de 2019 com um caixa de 1 bilhão de reais!

Tais fatos, públicos e notórios, não condizem com a imagem que esta denúncia, absurda e irresponsável, faz do DEFENDENTE: a imagem de um gestor corrupto, que se reuniria às escondidas com empresários do setor de transportes coletivos, para tratar de pagamentos espúrios, quando, CLARAMENTE, **a sua prática à frente do município de Niterói aponta para o extremo oposto**!

Ao longo da inicial, como já visto, o MP se incumbe de fabricar uma promíscua relação entre o DEFENDENTE e os corréus MARCELO TRAÇA, JOÃO CARLOS FELIX TEIXEIRA e JOÃO DOS ANJOS SILVA SOARES, empresários do ramo dos transportes públicos, como se todos estivessem em permanente conluio, para lesar os cofres públicos e os cidadãos do município de Niterói.

Em seu censurável propósito persecutório, o órgão acusatório imputa ao DEFENDENTE a prática do crime de corrupção passiva e afirma que os pagamentos espúrios, alegadamente 20% do reembolso das gratuidades, tinham por finalidade a prática de atos de ofício que apoiassem *"projetos de interesse do setor rodoviário naquele Município, bem como para incrementar as atividades de combate ao transporte clandestino de passageiros"*.

UMA GROSSEIRA INVERDADE!

Desde que assumiu a Prefeitura, o **DEFENDENTE vem confrontando diretamente os interesses das empresas de ônibus e de seus respectivos sindicatos.** E há, pelo menos, **oito fatos** que corroboram essa afirmação:

27

PRIMEIRO FATO: o DEFENDENTE **deixou de pagar as chamadas gratuidades nos primeiros anos de sua primeira gestão**, pois assumiu um município quebrado, o que o obrigou a priorizar o pagamento dos salários dos servidores públicos. Para constatar isso, basta comparar a evolução do valor da dívida da Prefeitura com os consórcios TRANSIT e TRANSOCEÂNICO (DOC. 03 – fls. 27 a 29 do Processo Administrativo 0800001562/2017) e o valor que foi efetivamente pago aos mesmos (DOC. 04), entre os anos de 2013 e 2016.

Como se vê destes documentos, em 2013, primeiro ano de mandato do DEFENDENTE, a Prefeitura devia cerca de R$ 4,2 milhões ao consórcio TRANSNIT e R$ 4,4 milhões ao consórcio TRANSOCEÂNICO, cerca de R$ 8,6 milhões ao todo. No entanto, só foi liquidado cerca de R$ 2,4 milhões, o que corresponde a **menos de 30% da dívida daquele ano** – isso sem contar juros, multa e correção monetária que viriam a ser acrescentados posteriormente.

Em 2014, o mesmo se verifica: a Prefeitura ficou devendo cerca de R$ 5,4 milhões ao consórcio TRANSNIT e R$ 5,5 milhões ao consórcio TRANSOCEÂNICO, cerca de R$ 11 milhões ao todo. No entanto, só foi liquidado pouco mais de R$ 1 milhão, **menos de 10% da dívida**, desprezando-se, ainda, juros, multa e correção monetária.

28

SEGUNDO FATO: até julho de 2017, no que diz respeito ao reembolso das gratuidades, a Prefeitura só havia pagado 25% do total efetivamente devido desde 2013 – R$ 79.907.432,75 (VIDE DOC. 03). Após uma negociação coordenada principalmente pelas Secretarias de Urbanismo e Mobilidade, bem como de Planejamento, Orçamento e Modernização da gestão de Niterói, foi celebrado um termo de reconhecimento de dívida com os dois consórcios, de modo que esse valor foi reduzido para R$ 50 milhões, a serem pagos em 25 parcelas (DOC. 05), ou seja, **uma economia de 30 milhões para os cofres da Prefeitura.**

Fosse verossímil o esquema descrito por MARCELO TRAÇA e pelo MP na denúncia, o DEFENDENTE teria, deliberadamente, aberto mão de R$ 6 milhões em propina (20%), <u>o que não faz o menor sentido</u>!

TERCEIRO FATO: o DEFENDENTE, ainda no primeiro ano de seu primeiro mandato, em 2013, **<u>unificou e reduziu tarifas das passagens</u>**. Antes de assumir a Prefeitura de Niterói, a cidade tinha três preços de passagens: R$ 3,10 para a Região Oceânica e Pendotiba, R$ 2,95 a tarifa com ar-condicionado e R$ 2,75 para ônibus regulares. O valor da passagem foi unificado **no menor preço**, qual seja, R$ 2,75.

QUARTO FATO: durante 15 anos, a tarifa de Niterói foi igual à do Rio de Janeiro, e as empresas de ônibus pretendiam que ela voltasse a esse patamar. Entretanto, após a unificação de preço promovida na gestão do DEFENDENTE, ela **sempre** permaneceu abaixo do valor praticado na capital[6].

QUINTO FATO: todos os aumentos das passagens estiveram lastreados em estudos de equilíbrio financeiro contratual. O último aumento, para a tarifa atual – R$ 3,90 – foi precedido de um estudo da Fundação Getúlio Vargas (DOC. 06), onde se chegou a este valor, reputado justo[7]. Por isso, **é inverídica** a afirmação que membros do MP fizeram à imprensa de que o custo da corrupção foi transferido ao cidadão por meio do aumento da tarifa. Aliás, o contrato de concessão prevê reajuste anual pela inflação e bianuais por outros índices. Dos oito reajustes previstos somente três foram concedidos. Além disso, o próprio contrato diz que as gratuidades não compõem o cálculo de tarifas.

SEXTO FATO: o DEFENDENTE vetou novos acréscimos na passagem para o ano de 2018 – contrariando, inclusive, as cláusulas 5.6 dos contratos de concessão (fls. 179 e 258), respectivamente) – congelando o preço em R$ 3,90[8], tudo sem abrir mão do projeto de prosseguir com a climatização da

[6] Conforme matéria do Jornal "O Fluminense": http://www.ofluminense.com.br/pt-br/cidades/passagem-de-%C3%B4nibus-em-niter%C3%B3i-sobe-para-r370-no-s%C3%A1bado
[7] Vide matéria d'O Globo, disponível em: https://oglobo.globo.com/rio/bairros/revisao-indica-que-valor-da-passagem-de-onibus-em-niteroi-justo-22361107.
[8] Conforme matéria d'O Globo, disponível em: https://oglobo.globo.com/rio/bairros/conclusao-de-revisao-tarifaria-dos-onibus-de-niteroi-ficara-para-fevereiro-22256168.

frota, que implica um consumo 35% superior de gasolina[9] e, portanto, mais gastos para os consórcios. Mesmo assim, ao contrário do ajuste previsto na cláusula 5.3 dos contratos de concessão (fls.178 e 257), a tarifa não foi aumentada.

SÉTIMO FATO: A climatização dos ônibus não consta do Contrato de Concessão, e o prefeito anterior, por meio de decreto, facultou às empresas de ônibus a climatização da frota, permitindo uma tarifa diferenciada. O prefeito RODRIGO NEVES, ao contrário, determinou percentuais de climatização da frota, bem como prazo, tudo isso sem diferenciação de tarifas. Dessa maneira, Niterói hoje tem uma das frotas mais climatizadas do Estado, senão a primeira, com a menor tarifa.

OITAVO FATO: Por fim, o DEFENDENTE também assinou decreto reduzindo o tempo máximo de vida útil da frota de ônibus do município de 10 para 6 anos, de forma que as empresas foram obrigadas a investir na renovação de suas frotas.

Em síntese, todos estes fatos evidenciam que ao longo dos dois mandatos do DEFENDENTE **os interesses do Prefeito e dos empresários do setor rodoviário entraram em conflito em inúmeras ocasiões**, o que desmonta totalmente a ilação do MP de que haveria um conluio para desviar valores pagos pela Prefeitura, a título de reembolso pelas gratuidades.

[9] Idem nota 4.

E NÃO É SÓ!

Quando afirmou que o pagamento de propina visava, também, à prática de atos de ofício voltados para o *"combate ao transporte clandestino de passageiros"*, o corréu/concorrente/delator MARCELO TRAÇA, externou, mais uma vez, a sua **leviandade**!

Em primeiro lugar porque, fosse este um problema do Município de Niterói, nada mais normal do que a Prefeitura combatê-lo.

Mas o fato é que este não era um problema em Niterói. As vans clandestinas que ali transitavam, em geral, eram aquelas que operavam **itinerários intermunicipais** e vinham de São Gonçalo. Ademais, nestes casos, a responsabilidade pela fiscalização não era da Prefeitura de Niterói, e sim do DETRO-RJ – Departamento de Transportes Rodoviários do Estado do Rio de Janeiro – assim estabelecida no Decreto nº 25.955 de 07 de janeiro de 2000.

Portanto, o combate ao transporte alternativo irregular **JAMAIS** poderia ser uma contrapartida do pagamento de propina, pois tal não estava ao alcance do DEFENDENTE em seu rol de atribuições!

A gestão do Prefeito RODRIGO NEVES à frente do Município de Niterói desmente com contundência esta denúncia arbitrária e abusiva.

E AINDA HÁ O DIREITO A NOS SOCORRER DESTA VIOLÊNCIA!

32

II. EVIDENTE FALTA DE JUSTA CAUSA (ART. 395, III, CPP)

A inicial imputa ao DEFENDENTE os crimes de organização criminosa (art. 2, §2º, II e IV da Lei 12.850/2013) e corrupção passiva (art. 317 do Código Penal).

Como já visto, ambas as imputações derivam de insustentáveis ilações. Quanto ao delito de organização criminosa, a imputação resulta da fantasiosa transposição do esquema de corrupção desvendado no sistema de transportes públicos do Estado do Rio de Janeiro – "a caixinha da FETRANSPOR" – para o município de Niterói.

Com o propósito de estabelecer este elo imaginário entre os fatos aqui denunciados e aqueles denunciados no contexto da Operação Lava-Jato, o MP distingue **núcleos de atuação:** o DEFENDENTE e o corréu DOMÍCIO comporiam o **núcleo político**, sendo que o DEFENDENTE teria autorizado e credenciado "*DOMÍCIO MASCARENHAS a agir em seu nome junto ao empresariado [...] para a obtenção de vantagens econômicas indevidas calculadas na base de 20% sobre os valores pagos [...] a título de reembolso de gratuidade de passagens*".

O **núcleo econômico** seria formado por "*executivos do setor de transporte coletivo em atuação no Município niteroiense*" – presume-se que o MP esteja se referindo a JOÃO DOS ANJOS e JOÃO CARLOS FÉLIX, já que não explicita os componentes deste grupo. Por último, o **núcleo financeiro** seria composto, segundo a inicial, por "*pessoas ligadas àquele*

33

setor econômico, responsáveis pela arrecadação e repasse de valores obtidos de forma espúria" – "*pessoas*" inominadas que o MP supõe existirem, com a mesma **ALEATORIEDADE** com que supõe existir tal núcleo financeiro.

No entanto, todos os elementos (ou melhor, a **FALTA** deles) demonstram a inverossimilhança da "*organização criminosa*" fabricada pelo MP, que se limitou a reescrever, na denúncia, trechos da estória contada pelo delator MARCELO TRAÇA, nos dois depoimentos que prestou – **e que se desmentem, como visto!** – atribuindo-lhes peso de verdade incontestável.

E, insista-se: as conversas de *whatsapp* de fls. 426/448 e 894/898 do Anexo **NÃO** servem como elementos de corroboração do afirmado pelo corréu delator, porque não denotam, senão, a simples marcação de encontros absolutamente naturais entre agentes públicos e empresários concessionários de serviços públicos.

Lembremos ainda que de todas estas mensagens **apenas UMA foi trocada diretamente com o DEFENDENTE**, no dia 24 de maio de **2017**, para marcar um encontro no Centro de Comando de Operações, próximo a Charitas. E que nem mesmo com relação ao alegado jantar no Fasano, em 30 de dezembro de **2015** – um "*ambiente de alta gastronomia*", como faz questão de pontuar a denúncia – o corréu delator apresenta qualquer elemento que pudesse corroborar que tal encontro tenha de fato ocorrido, quanto mais que ele tivesse servido a tratativas de propina.

34

Em relação à imputação de **corrupção passiva**, as ilações também abundam: segundo o MP, mais uma vez copiando e colando o depoimento do indeciso delator MARCELO TRAÇA, os supostos pagamentos – alegadamente 20% do reembolso das gratuidades – tinham por finalidade a prática de atos de ofício que apoiassem "*projetos de interesse do setor rodoviário naquele Município, bem como para incrementar as atividades de combate ao transporte clandestino de passageiros*".

No entanto, a esta altura, já restou evidente que o DEFENDENTE, em diversas ocasiões, contrariou os interesses dos empresários do setor de transporte. Contrariou, inclusive, os interesses de MARCELO TRAÇA, proprietário da RIO ITA e da FAGUNDES, empresas que fazem itinerários entre Niterói e São Gonçalo, cujas rotas se superpunham – e, portanto, concorriam – com as rotas de alguns ônibus que rodam exclusivamente no município de Niterói.

Por outro lado, também já restou documentalmente comprovado que o combate ao transporte clandestino, naquele caso, não poderia ser uma contrapartida ao oferecimento de propina, porque era de responsabilidade do DETRO e não da Prefeitura de Niterói (Decreto nº 25.955 de 07 de janeiro de 2000).

E, não bastasse, também não há respaldo para a afirmação – como todas as outras, transportadas acriticamente dos depoimentos de MARCELO TRAÇA – de que "*os atos de ofício referentes aos pagamentos das verbas inerentes às gratuidades eram retardados pela máquina pública sob a administração primeira de RODRIGO NEVES [...] como forma de pressionar o pagamento de propina*".

Isso porque, como se viu: **i)** o atraso nos pagamentos das gratuidades se deu em razão da indisponibilidade de recursos nos primeiros anos de gestão do DEFENDENTE, tanto que, em 2017, com a entrada de recursos dos *royalties*, houve uma renegociação da dívida com os consórcios que reduziu a mesma em quase R$ 30 milhões; e **ii)** não há relação entre as datas em que a denúncia afirma terem ocorrido encontros de DOMÍCIO com empresários de setor de transportes e as datas de liberação dos valores devidos aos mesmos a título de gratuidades. Fossem tais encontros destinados a "*pressionar o pagamento de propina*", era de se esperar que as liberações se dessem em datas próximas a estas reuniões, **o que não aconteceu**!

Portanto, não só **não** há elementos de corroboração aptos a sustentar a versão do delator MARCELO TRAÇA, como, em contrapartida, há elementos fáticos e lógicos que demonstram que os depoimentos do corréu delator estão repletos de inverdades.

Nesse sentido, **a jurisprudência dos Tribunais Superiores é firme no sentido de que delações sem prova de corroboração não podem sustentar a propositura de uma Ação Penal**, como pretende o MP neste caso. Senão, vejamos:

> "*EMENTA: Inquérito. Corrupção passiva (art. 317, § 1º, c/c o art. 29 do CP). Denúncia. Parlamentar federal. Suposto envolvimento em esquema de corrupção de agentes públicos*

36

relacionado à Diretoria de Abastecimento da Petrobras. Excesso de acusação. Não ocorrência. Mera contextualização dos fatos no âmbito da chamada "Operação Lava Jato". Inépcia. Não ocorrência. Descrição suficiente do fato criminoso e suas circunstâncias. Vantagem indevida. Suposta participação do denunciado em sua solicitação. ***Imputação calcada em depoimentos de réus colaboradores. Ausência de provas minimamente consistentes de corroboração. Fumus commissi delicti não demonstrado. Inexistência de justa causa para a ação penal. Denúncia rejeitada (art. 395, III, CPP).*** *1. A denúncia, ao contextualizar os fatos no âmbito da chamada "Operação Lava Jato", narrou o desvendamento de um "grande esquema de corrupção de agentes públicos e de lavagem de dinheiro" no âmbito da Petrobras. (...)* ***5. A justa causa para a ação penal consiste na exigência de suporte probatório mínimo a indicar a legitimidade da imputação e se traduz na existência, no inquérito policial ou nas peças de informação que instruem a denúncia, de elementos sérios e idôneos que demonstrem a materialidade do crime e de indícios razoáveis de autoria (Inq nº 3.719/DF, Segunda Turma, de minha relatoria, DJe de 29/10/14). 6. Na espécie, encontra-se ausente esse substrato probatório mínimo que autoriza a deflagração da ação penal. 7. Se os depoimentos do réu colaborador, sem outras provas minimamente consistentes de corroboração,***

37

Técio Lins e Silva
Ilídio Moura
Letícia Jost Lins e Silva
Darcy de Freitas
Adriano Prata Pimenta
ADVOGADOS

não podem conduzir à condenação, também não podem autorizar a instauração da ação penal, por padecerem da presunção relativa de falta de fidedignidade. 8. A colaboração premiada, como meio de obtenção de prova, tem aptidão para autorizar a deflagração da investigação preliminar, visando adquirir coisas materiais, traços ou declarações dotadas de força probatória. Essa, em verdade, constitui sua verdadeira vocação probatória. *9.* ***Todavia, os depoimentos do colaborador premiado, sem outras provas idôneas de corroboração, não se revestem de densidade suficiente para lastrear um juízo positivo de admissibilidade da acusação, o qual exige a presença do fumus commissi delicti.*** *10. O fumus commissi delicti, que se funda em um juízo de probabilidade de condenação, traduz-se, em nosso ordenamento, na prova da existência do crime e na presença de indícios suficientes de autoria. 11.* ***Se "nenhuma sentença condenatória será proferida com fundamento apenas nas declarações de agente colaborador" (art. 4º, § 16, da Lei nº 12.850/13), é lícito concluir que essas declarações, por si sós, não autorizam a formulação de um juízo de probabilidade de condenação e, por via de consequência, não permitem um juízo positivo de admissibilidade da acusação.*** *12. Na espécie, não se vislumbra a presença de elementos externos de corroboração dos depoimentos de colaboradores premiados, mas simples registros genéricos de viagens e reuniões. 13.*

38

Técio Lins e Silva
Ilídio Moura
Letícia Jost Lins e Silva
Darcy de Freitas
Adriano Prata Pimenta
ADVOGADOS

<u>Denúncia rejeitada, nos termos do art. 395, III, do Código de Processo Penal</u>".

(Inq 3998, Relator: Min. EDSON FACHIN, Relator p/ Acórdão: Min. DIAS TOFFOLI, Segunda Turma, julgado em 18/12/2017, ACÓRDÃO ELETRÔNICO DJe-045 DIVULG 08-03-2018 PUBLIC 09-03-2018).

O STF estabeleceu este mesmo entendimento nos recentes **Inq 4074**[10] e **Inq 3994**[11], cujas ementas a Defesa deixa de transcrever, por serem muito parecidas com a do **Inq 3998**, acima reproduzido.

E, alinhado ao entendimento da Suprema Corte, o posicionamento do Superior Tribunal de Justiça:

"*PENAL E PROCESSUAL PENAL. RECEBIMENTO DE DENÚNCIA. CONSELHEIRO DE TRIBUNAL DE CONTAS. PECULATO. PRESCRIÇÃO. JUSTA CAUSA. INDÍCIOS DE AUTORIA E PROVA DE MATERIALIDADE. DENÚNCIA. EXIGÊNCIAS DO ART. 41 DO CPP. PEÇA REJEITADA.*

(...)

<u>6. Por sinal, as informações prestadas pelo réu colaborador não constituem prova no sentido pleno, mas instrumento de obtenção de prova, podendo ser valoradas como indícios</u>

[10] Inq 4074, Relator(a): Min. EDSON FACHIN, Relator(a) p/ Acórdão: Min. DIAS TOFFOLI, Segunda Turma, julgado em 14/08/2018, ACÓRDÃO ELETRÔNICO DJe-221 DIVULG 16-10-2018 PUBLIC 17-10-2018

[11] Inq 3994, Relator(a): Min. EDSON FACHIN, Relator(a) p/ Acórdão: Min. DIAS TOFFOLI, Segunda Turma, julgado em 18/12/2017, ACÓRDÃO ELETRÔNICO DJe-065 DIVULG 05-04-2018 PUBLIC 06-04-2018

39

para o recebimento da denúncia quando sua narrativa for corroborada por outros elementos, o que não ocorre na hipótese dos autos.

7. De mais a mais, o recebimento da denúncia pressupõe que a ação penal tenha alguma viabilidade condenatória, a qual, à luz dos elementos frágeis da prova examinada, não parece existir no caso.

8. Denúncia rejeitada por ausência de justa causa".

(APn 746/MT, Rel. Ministro HUMBERTO MARTINS, Rel. p/ Acórdão Ministra MARIA THEREZA DE ASSIS MOURA, CORTE ESPECIAL, julgado em 19/12/2016, DJe 15/02/2017).

Da leitura das ementas acima transcritas, nota-se que a presença de elementos de corroboração dos fatos alegados em delação premiada **é indispensável para o recebimento da Ação Penal. Na ausência de tais elementos, rejeita-se a denúncia por falta de justa causa**, nos termos do art. 395, III do CPP.

Aliás, importante ressaltar: se é certo que este cenário desautorizava o oferecimento de denúncia, com mais razão, também desautoriza a prisão e o afastamento do DEFENDENTE do cargo de Prefeito de Niterói – faces da violência sofrida pelo DEFENDENTE neste processo.

Tentando salvar-se deste deserto probatório, o MP, como dito, procura se apoiar na delação de RENATO PEREIRA, o qual - repita-se - teve o seu contrato com o município de Niterói encerrado por decisão da administração do DEFENDENTE.

No entanto, este depoimento, prestado ao MP estadual, nos autos do sigiloso PIC, tampouco empresta justa causa para o recebimento da Ação Penal, por dois singelos motivos.

Em primeiro lugar, porque aquele depoimento é igualmente impreciso e desprovido de elementos de corroboração. Em segundo lugar, porque **a própria lei presta desconfiança à pretensão de utilizar-se de uma delação para corroborar outra** (art. 4°, §16, da Lei 12.850/2013), a chamada "**corroboração recíproca ou cruzada**". Senão, confira-se o seguinte trecho do voto do Ministro DIAS TOFFOLI no HC 127483/PR, citando o magistério do processualista GUSTAVO BADARÓ:

> *"Importante salientar que, para fins de corroboração das 'declarações heteroinculpatória' do agente colaborador,* ***não são suficientes, por si sós, as declarações harmônicas e convergentes de outro colaborador****".*
>
> *[...]*
>
> *Como anota Gustavo Badaró:*
>
> *'A lei não define a natureza do meio de prova do qual advirão os elementos de corroboração do conteúdo da delação. Em princípio, portanto,* ***a corroboração pode se dar por intermédio de qualquer meio de prova ou meio de obtenção de prova: documentos, depoimentos, perícias, interceptações telefônicas...****'*

41

Mas uma questão interessante é se serão suficientes para justificar uma condenação duas ou mais delações com conteúdos concordes. É o que se denomina mutual corroboration ou corroboração cruzada. *Ou seja, o conteúdo da delação do corréu A, imputando um fato criminoso ao corréu B, ser corroborado por outra delação, do corréu C, que igualmente atribua o mesmo fato criminoso a B.*

Cabe observar que a regra do § 16 do art. 4º da Lei 12.850 não atinge a delação premiada quanto a sua admissibilidade. Ao contrário, é uma prova admissível que, contudo, recebe um descrédito valorativo, por ser proveniente de uma fonte considerada 'impura', o que justifica seu ontológico quid minus em relação ao testemunho.

Se assim é, e se o próprio legislador atribui à delação premiada em si uma categoria inferior ou insuficiente, como se pode admitir que a sua corroboração se dê com base em elementos que ostentam a mesma debilidade ou inferioridade?

Assim sendo, ***não deve ser admitido que o elemento extrínseco de corroboração de uma outra delação premiada seja caracterizado pelo conteúdo de outra delação premiada****. Sendo uma hipótese de grande chance de erro judiciário, a gestão do risco deve ser orientada em prol da liberdade. Neste, como em outros casos, deve se optar por absolver um delatado culpado, se contra ele só existia uma delação cruzada, a correr o risco de condenar um delatado*

42

Técio Lins e Silva
Ilidio Moura
Letícia Jost Lins e Silva
Darcy de Freitas
Adriano Prata Pimenta
ADVOGADOS

inocente, embora contra ele existissem delações cruzadas.' (O valor probatório da delação premiada: sobre o § 16 do art. 4º da Lei nº 12.850/13. ***Revista Jurídica Consulex****, n. 443, fevereiro 2015, p. 26-29)".*

À luz de tudo o que aqui foi dito, Senhoras e Senhores Desembargadores, resta mais do que evidente que não há nada que possa emprestar valor fático-probatório às irresponsáveis palavras de MARCELO TRAÇA, e, portanto, nada que possa emprestar seriedade e justa causa à Ação Penal que o Ministério Público pretende, a qualquer custo, mover contra o DEFENDENTE.

A denúncia é VIOLENTA e GRAVE! E IMPROCEDENTE!

Pretende, arbitrariamente, afastar do poder um Prefeito democraticamente (re)eleito para gerir uma das cidades mais importantes do Estado do Rio de Janeiro – a quinta maior população, o terceiro maior Produto Interno Bruto (PIB) e o melhor Índice de Desenvolvimento Humano (IDH), dentre os 92 municípios fluminenses.

E, diante da seriedade e importância dos elementos em jogo, diante da falta de qualquer elemento de comprovação do afirmado na inicial acusatória, torna-se imperiosa a rejeição da denúncia, POR FALTA DE JUSTA CAUSA, nos termos do art. 395, III do CPP.

43

III. CONCLUSÃO

O fantasioso enredo encampado e exagerado pelo MP, que atribui ao DEFENDENTE o recebimento de **mais de R$ 10 milhões em propina**, também é inteiramente **INCOMPATÍVEL** com a sua **vida simples e sem luxos**: RODRIGO é casado há 24 anos com FERNANDA SIXEL BARRETO, com quem possui três filhos – de 24, 21 e 14 anos de idade – e uma neta a caminho, filha da primogênita MAYARA, hoje Advogada e esteio para assegurar a sua visita [12].

A família vive em um apartamento de classe média, em Niterói, único bem imóvel que possui, como se vê da declaração de Imposto de Renda (VIDE DOC. 01). Inclusive, como muitos cidadãos de classe média, o DEFENDENTE teve seu nome recentemente inscrito no Serviço de Proteção ao Crédito - SPC por dívidas de cartão de crédito (VIDE DOC. 02).

Esta denúncia provoca temor por diversas razões: porque expõe uma prática irresponsável que, conquanto não represente a nobre instituição do Ministério Público, vem se mostrando mais e mais corriqueira; pelo descaso com a reputação e a dignidade das pessoas que acusa, impossibilitadas de esclarecer os fatos que se lhe atribuem antes de terem suas casas invadidas e de serem arrastadas à prisão; mas, sobretudo, causa receio esta desproporcional relação de impotência do cidadão frente ao poder de um Estado sem freios, que tudo pode, para o qual garantias

[12] A autorização para a visitação de cidadãos presos é dada – pasmem! – pelo DETRAN, e leva 21 dias para ser expedida. O DEFENDENTE foi preso em 10 de dezembro do ano passado e não pôde ter o conforto da Família nem no Natal nem na passagem de ano. Não fosse a filha Advogada, teria ficado absoluta e duplamente castigado pela injustiça da própria prisão.

44

fundamentais são balela e podem ser prontamente dispensadas diante de mera suspeita, por mais inverossímil que seja.

HÁ QUE IMPOR UM FREIO A ESTES DISPARATES!

RODRIGO NEVES BARRETO, Pai de Família, Sociólogo, Prefeito reconhecido pela qualidade de sua gestão a quem dela tomar conhecimento, de uma hora para outra, sem justa razão, foi sordidamente transformado em um corrupto, membro de organização criminosa, cuja "*periculosidade desafia a ordem pública do Estado*", encontrando-se preso e afastado de suas funções desde **10 de dezembro do ano passado!**

E sem nunca ter sido ouvido!

É preciso resgatar a fé na Justiça, e só um Judiciário atento e forte será disso capaz, de olho no combate à corrupção e outras mazelas, mas sem perder de vista os direitos fundamentais que constituem a única garantia que dispomos contra o poder estado, quando este se revela abusivo e atenta contra a dignidade humana.

Este é o caso desta denúncia que, por isso, deve ser **REJEITADA**.

Assim, por todo o exposto, seja pela via da **ABSOLVIÇÃO SUMÁRIA** (art. 397, III, do CPP), seja pela via do reconhecimento de **FALTA DE JUSTA CAUSA** (art. 395, III do CPP), o **DEFENDENTE** está irredutivelmente convicto de que este Grupo de Câmaras saberá colocar um ponto final nesta equivocada e arbitrária acusação, resgatando-lhe a

45

Técio Lins e Silva
Ilídio Moura
Letícia Jost Lins e Silva
Darcy de Freitas
Adriano Prata Pimenta
ADVOGADOS

dignidade, seu mandato e, sobretudo, a sua liberdade, únicas medidas compatíveis com o que seja

JUSTIÇA!

Rio de Janeiro, 21 de janeiro de 2019.

TÉCIO LINS E SILVA
Advogado – OAB/RJ nº 16.165

ILÍDIO MOURA
Advogado – OAB/RJ nº 20.408

LETÍCIA LINS E SILVA
Advogada – OAB/RJ nº 75.217

RONNY NUNES
Advogado – OAB/RJ nº 201.576

Rol de testemunhas anexo

46

Técio Lins e Silva
Ilidio Moura
Letícia Jost Lins e Silva
Darcy de Freitas
Adriano Prata Pimenta
ADVOGADOS

ROL DE TESTEMUNHAS

A qualificação completa das testemunhas a seguir arroladas será oportunamente apresentada.

1) **AXEL SCHMIDT GRAEL**

2) **GIOVANNA GUIOTTI TESTA VICTER**

3) **GILSON CHAGAS E SILVA FILHO**

4) **CARLOS RAPOSO**

5) **RENATO DA GAMA BARANDIER**

6) **PLÍNIO COMTE LEITE BITTENCOURT**

7) **JOAQUIM ANDRADE NETO**

8) **MARIA CRISTINA BARBOSA GONÇALVES SILVA**

Rio de Janeiro, 21 de janeiro de 2019.

TÉCIO LINS E SILVA
Advogado – OAB/RJ nº 16.165

ILIDIO MOURA
Advogado – OAB/RJ nº 20.408

LETÍCIA LINS E SILVA
Advogada – OAB/RJ nº 75.217

RONNY NUNES
Advogado – OAB/RJ nº 201.576

47

CRÉDITOS DAS IMAGENS

Página 162 Arquivos de família
Página 163 Reproduções Facebook e reprodução (carta)
Página 164 Reprodução site "A Tribuna" e arquivo de família
Página 165 Arquivos de família e reprodução Facebook (cartaz)
Página 166 Arquivos de família
Página 167 Tânia Rego / Agência Brasil (Complexo de Gericinó) e reproduções
Página 168 Mariah Araujo (sessão na Câmara de Vereadores) e reproduções
Página 169 Reprodução Instagram (post de Cadu), reprodução Facebook (cartaz) e reproduções
Página 170 Reproduções Facebook
Página 171 Arquivo de família e reprodução Facebook
Página 172 Reproduções "O Globo" e reprodução G1
Página 173 Fotos de Luciana Carneiro / Prefeitura de Niterói
Página 174 Luciana Carneiro / Prefeitura de Niterói (Bagueira com Rodrigo) e arquivos de família
Página 175 Fotos de Luciana Carneiro / Prefeitura de Niterói e reprodução site GB News
Página 176 Fernando Stern (Rodrigo com a família), arquivo de família (praia) e Douglas Macedo (Rodrigo com Axel)
Páginas 271 a 317 Reproduções

Este livro está em conformidade com o Artigo 5 da Constituição, que assegura o direito de informar e do cidadão de ser informado. Ainda assim, se algum leitor detectar imprecisão ou incorreção nos fatos narrados, autor e editor se propõem a reexaminá-los e a fazer correções numa próxima edição. Para isso, é necessário entrar em contato pelo e-mail **contato@maquinadelivros.com.br**

Este livro utilizou a fonte Glosa Text. A primeira edição foi impressa na Gráfica Rotaplan, em papel Pólen Soft 80g, em março de 2022, exatamente três anos após Rodrigo Neves ser libertado.